读客文化

耶鲁古文明发现史

A Little History of Archaeology

[英] 布莱恩·费根 Brian Fagan　著

刘海翔　甘露　译

人民日报出版社

图书在版编目（CIP）数据

耶鲁古文明发现史 / （英）布莱恩·费根著；刘海翔，甘露译 . —— 北京：人民日报出版社，2020.3

ISBN 978-7-5115-6301-9

Ⅰ . ①耶… Ⅱ . ①布… ②刘… ③甘… Ⅲ . ①考古学 – 通俗读物 Ⅳ . ① K851-49

中国版本图书馆 CIP 数据核字（2019）第 295433 号

A Little History of Archaeology
©2018 Brian Fagan
Originally published by Yale University Press
Published in Agreement with Yale Representation Limited, through Bardon-Chinese Media Agency
Simplified Chinese translation copyright ©2020 by Shanghai Dook Media Group Ltd.
All rights reserved.

中文版权 © 2020 读客文化股份有限公司
经授权，读客文化股份有限公司拥有本书的中文（简体）版权
著作权合同登记 图字 01-2019-2854

书　　　名	耶鲁古文明发现史	
作　　　者	[英] 布莱恩·费根	
译　　　者	刘海翔　　甘　露	
出 版 人	刘华新	
责 任 编 辑	林　薇	
特 约 编 辑	许凯南　　周　喆　　蔡若兰　　赵芳葳	
封 面 设 计	陈　晨	
出 版 发 行	人民日报出版社	
出版社地址	北京金台西路 2 号	
邮 政 编 码	100733	
发 行 热 线	（010）65369527 65369512 65369509 65369510	
邮 购 热 线	（010）65369530	
编 辑 热 线	（010）65369526	
网　　　址	www.peopledailypress.com	
经　　　销	新华书店	
印　　　刷	北京中科印刷有限公司	
开　　　本	890mm×1270mm 1/32	
字　　　数	220 千	
印　　　张	10	
印　　　次	2020 年 3 月第 1 版　2020 年 3 月第 1 次印刷	
书　　　号	ISBN 978-7-5115-6301-9	
定　　　价	49.90 元	

如有印刷、装订质量问题，请致电 010-87681002（免费更换，邮寄到付）

献给

弗农·斯卡伯勒

非凡的水资源专家

是他向我介绍了巴厘

并在风雨兼程中给我鼓励

目　录

第一章 "好奇心引发的历史回眸"

公元79年8月24日，意大利的维苏威火山犹如巨炮轰鸣。火山口喷出漫天的灰烬、灼热的火山熔岩，以及大量的岩石和烟雾。白昼变成了黑夜，火山灰像纷飞的大雪覆盖了附近的赫库兰尼姆和庞贝两座城市。

午夜时分，滚烫的气体和泥石从山坡上如雪崩般倾泻而下，依次冲过两个罗马城镇。赫库兰尼姆完全消失了；庞贝城内，只有高大的建筑物在火山碎片中露出屋顶，城里数百人丧生。事件的目击者、作家小普林尼[1]这样写道："我可以听到妇女的尖叫、婴儿的哭声，还有男人的呼喊。"接着，只剩一片死寂。

1　小普林尼（Pliny the Younger，约61—113），古罗马文人，曾在书信里对当时的罗马社会、生活和政治进行了详细的描述，成为研究当时历史的珍贵材料。

不久以后，庞贝城遗址成了一片巨大的荒草地。等再有人来打扰这两座被掩埋的城市，已经是十六个世纪之后的事了。1709年，一名农民在赫库兰尼姆挖井时，发现了一些被雕刻过的大理石。于是，当地的一位亲王派人去那儿展开挖掘，结果找到了三尊完好无损的女性雕像。这偶然的发现吸引着人们前往这座被掩埋的城市中心地带探寻罗马宝藏——正是这种挖宝活动，引发了考古学这门学科的诞生。

满身金饰的法老、失落的文明、在遥远的土地上英勇的冒险——直到现在还有许多人认为，考古学家是浪漫的冒险家，一生都在挖掘金字塔和失落的城市。其实，今天的考古学远不止于险象环生的旅行和炫人眼目的发现。考古学也许是从寻宝开始的——而且遗憾的是，时至今日，对遗址的盗掘依然与严肃的考古学并存着——但是寻宝绝对不是考古学：寻宝是快挖乱翻，其目标只有一个，那就是找到宝贵的物品、卖给富有的收藏家；而考古学是对过去的科学研究，是对长达三百多万年人类行为历史的研究。

考古学是如何从为寻觅神奇的宝藏、探求遗失的文明而进行的凌乱搜寻，演变成今天这种对过去历史的严肃回溯探讨的？从四个世纪前的业余挖掘者，到今天组织严密的研究团队，这本书通过介绍一些最著名的考古学家的工作，来向读者讲述考古学的故事。许多开创性的考古学家，都是曾经长期在偏远的土地上独自工作的、极具传奇色彩的人物，在生命中的特定时刻，他们都对过去产生了迷恋。一位早期学者把考古学称为"好奇心引发的历史回眸"。他的观点是完全正确的，考古学的诞生就是因为我们对过去的人类事物产生了强烈的好奇心。

在英格兰南部的一个阴雨天里，我父母带着当时只有十几岁的我来到巨石阵[1]（见第三十八章），那是我人生中第一次认识到考古学。巨大的石圈耸立在我们的上方，低沉的灰暗云层在天空旋转起来。我们走在巨石之间（当时还可以这样做），遥看附近山脊上无声的坟墓——这巨石阵好像对我施了魔法，它让我从此对考古学着迷而不能自拔。

　　随后，我对英国人约翰·奥布里（1626—1697）产生了好奇，为什么他经常去巨石阵？1649年，他在那一带猎狐的时候，在埃夫伯里又发现了另一处很壮观的石圈。奥布里对埃夫伯里和巨石阵这两个石阵的形成感到困惑，据说它们都是"古英国人"建造起来的。这些身披动物皮毛的先人是怎样的人？奥布里猜测，他们的文明程度应该"比（美国本土的）印第安人要高一些"。

　　奥布里和他的后继者们，对古罗马以前的欧洲历史知之甚少。当然，他们有一些坟堆、石圈等古物供研究；还有在后来的耕作中，以及偶尔在坟堆附近挖沟时，他们发现的一些杂乱无章的石器、陶器和金属物品（见第九章）。但是这些遗物都来自完全不为人知的先人，而不是来自像庞贝这样有文字记录的罗马城市——庞贝城被掩埋的确切日期，在历史文献里有所记录。

　　1748年，考古人员在赫库兰尼姆开始了严肃的挖掘工作。那不勒斯国王查尔斯二世委派西班牙工程师罗克·杰奎因·埃尔库比尔去往城市的深处探掘。埃尔库比尔运用了专业矿工所使用的火药来炸开通道，在灰烬中挖掘而进，整理出了完整的建筑物和

1　Stonehenge，斯通亨奇环状列石，又名斯通亨治巨石栏，俗称"巨石阵"。

宏伟的雕像。国王在宫殿里展示了这些发现。但是这项发掘活动是在严格的保密中进行的。

德国学者约翰·约阿希姆·温克尔曼（1717—1768）是第一位严肃的考古研究者。他在1755年成为罗马枢机主教阿尔巴尼的图书管理员（他必须转信天主教，这使他的新教徒朋友们大为恐慌）。这个职位让他有机会读到不少书籍，也能看到埃尔库比尔所发现的物品。温克尔曼在七年后才有机会造访这个被秘密发掘的遗址。那时，他在古罗马艺术领域已经积累了渊博的知识——在这方面，与同时期人相比，他所有的知识储备使他更像是一位现代考古学家。温克尔曼也是第一位在文物发掘城镇实地进行艺术研究的学者。

温克尔曼指出，通过这些被发掘出来的物品，考古学者可以研究在罗马时代使用这些物品的人和他们的日常生活，为我们了解那个时代的人提供了重要的信息来源。在盗掘横行的时代，这无疑是一个革命性的想法。不幸的是，温克尔曼永远无法亲自通过发掘活动来检验他的理论：1768年，他在意大利的里雅斯特[1]等待登船的时候，盗贼为抢夺他的金币而将他杀害了。这位杰出的学者首创了考古学基本原理：所有的文物，哪怕并不起眼，背后都有一个故事。

有时候，这个故事是非同寻常的。我曾经去过一个其起源可以追溯到19世纪50年代、已经废弃了的中非村庄。这个遗址乍看上去只有一堆倒塌的牛圈、磨石和碎片，似乎没有什么吸引人的东西。后来，我在一堆陶器中捡到一把五十万年前的石斧。我立

1　的里雅斯特（Trieste），意大利东北部边境港口城市。

刻意识到这石斧一定是被人从别处带到了村里，因为村里并没有其他的石头工具，也没有早期人类活动的迹象。

这大概是我第一次从故事叙述者的角度来思考这些过去工具的来历。我想象着那是某个村民，也许只是一个孩子，在离村庄8公里左右的河滩边，捡起了一把形状奇特的石斧，把它带回家。人们看着石斧，耸耸肩，就又把它扔掉了；或许是某个年老的村民，记得在他年轻的时候也看到过一把这样的石斧，所以将它保存了起来。这里面一定有故事。但是，唉，故事早已消失，只剩下那把石斧。

考古学的故事始自土地所有者和旅行者的好奇心。一些富有而又对古典艺术有兴趣的欧洲人，经常到地中海地区去进行所谓的"远大旅游"。他们回家时，带了很多古罗马或者是古希腊的艺术品。而在家里的土地所有者们，则开始在自己拥有的地块上挖掘那些土墩（坟墓埋葬处）。在晚餐聚会上，他们自豪地向客人展示"2000年前的粗糙文物"。这些文物的挖掘者是业余的，没有经过任何考古专业培训，他们的前辈是像约翰·奥布里这样曾经为巨石阵深感困惑的古董爱好者（对古代感兴趣的人）。

考古学诞生于大约250年前，当时的大多数人都相信《圣经》里写的起源说。随后，法国外交官保罗-埃米尔·博塔和英国冒险家奥斯汀·亨利·莱亚德在伊拉克北部搜寻并找到了《圣经》里所提到的城市——尼尼微，并开始对它进行大规模的考古发掘。莱亚德并不是专业的挖掘者，他通过隧道挖到尼尼微的土堆，沿着亚述国王辛那赫里布的宫殿，经过有雕刻装饰的墙壁而深入地下，想为大英博物馆找到珍贵的藏品。他甚至发现了宫殿门外的石灰石板上有车辙印。

莱亚德、约翰·劳埃德·斯蒂芬斯、海因里希·施里曼……还有许多的其他人，他们发现了世界上最早的文明，是一群卓越的业余爱好者。在后面的章节里，我会对他们逐一进行介绍。还有另外一些业余考古爱好者，他们对石斧和绝种动物的骨头，还有尼安德特人的原始头骨感到不可思议。他们证明，人类的历史要远远超过6000年——基督教从《圣经》中计算出来的时间（见第七章）。直到19世纪末期，这个世界上还没有多少专业的考古学家。事实上，直到第二次世界大战发生的前几年，全世界的专业考古学家总共也只有数百人。

考古学着眼于人类的生活。卡那封伯爵和霍华德·卡特[1]在1924年打开了著名的埃及法老图坦卡蒙的墓葬，就特别能说明这一点。卡特煞费苦心地清理了这座古墓，勾画出三千多年前一位年轻人的独特肖像。他花了八年时间才完成这项工作。然而令人遗憾的是，在成果出版之前，他就离开了人世。自那以后，专家们对这位鲜为人知的法老生平进行了不懈的研究。

另一个不大起眼的故事来自比利时米尔附近的一片沙地。在公元前7000年，有一小群猎人曾在此驻扎。其中有一个人走到一块巨石边坐下来，用他（或她）携带的一块打火石打造了一些石器。不久之后，第二个人加入进来，也制作了一些石器。比利时考古学家丹尼尔·卡恩将石器制作过程中留下来的碎片仔细地拼凑起来。锤子的打击方向揭示了一个非常不起眼的细节：第二个石匠是个左撇子！

现代科学考古不只是依赖于寻找和挖掘遗址，考古学家在实

---

1 英国险家霍华德·卡特在卡那封伯爵（Lord Carnarvon）的支持下挖掘古埃及墓葬，并出大土大量瑰宝，从而震惊了东方世界。

验室中做的实验和在现场的挖掘一样，也能展示同样多的考古事物。我们已经成为侦探，依靠来自许多往往看似无关的、各种各样的微小东西，来研究过去的人——不管是埃及法老这样的个人，还是整个古代社群。

我们将会看到，考古学始于欧洲和地中海地区，现在已经成为一个全球性的研究，考古学家们正在从非洲到蒙古、从巴塔哥尼亚到澳大利亚等地开展工作。一个世纪以前的胡乱挖掘，已经变成开展高度控制和精心规划的勘察活动。今天，我们不仅关注单个的遗址，还关注整个古老的景观。我们高度依赖遥感技术，利用激光、卫星图像和探地雷达来寻找目标，并且能够规划出非常小范围的挖掘。现在，我们一个月内挖开的泥土量，比从前挖掘一天的泥土量还要少得多。在与专业研究人员的合作下，拥有金属探测器的业余考古学家，在英国也获得了卓有成效的发现。这其中包括英格兰中部斯塔福德郡发现的约3500件盎格鲁-撒逊人的金银器，这个时间可以追溯到公元700年左右。现代科学的考古学，其目的是调查和搜集信息，而不是淘宝。

考古学为什么重要？因为它是我们研究人类社会变化的唯一途径，这个变化漫长而久远。考古为书上记录的历史增添了生动的细节——比如在伦敦市中心区挖掘时，挖掘者从19世纪酱料作坊的垃圾堆里发现的物品。但是我们大部分工作都着眼于史前史，也就是人类有文字记录的历史之前的时代。考古学家发现了早在欧洲人抵达之前，非洲社会那些没有被记载过的丰富历史。我们正在研究人类是如何移居到太平洋偏远的岛屿上的，也在分析美洲殖民者的第一个定居点。在像肯尼亚这样的国家里，我们正在通过铁锹的挖掘，来追寻过去无法书写的该国历史。

最重要的是，考古学为我们作为人类的活动进行了定义。它揭示了我们共同的祖先来自非洲，并展示了我们的相同与不同之处。我们研究各地的人及其迷人的多样性，考古学就是人学——关于人的研究科学。

考古学的发展是19世纪和20世纪研究的重大成就之一。当我们的故事开始时，每个人都认为人类在地球上已经生活了六千多年，现在这个时间扩大到了300万年前，而且这个数字还在变化。尽管做过这么多严肃的学术研究，我们仍然为那些惊人的、往往是让人意想不到的考古发现而深感赞叹。正是这些伟大的发现，让人类的过去有了活力。人们在挖井时发现了中国的秦始皇兵马俑（第三十一章）；还在英格兰东部发现了一个有着三千多年历史的村庄曾被大火迅速烧毁，而一顿尚未吃的饭在锅里被保存下来（第四十章）；另外，我们还发现了生活在200万年前的一些人是左撇子。这些发现让我们热血沸腾——而我们每天都有着类似的新发现。

演员已经走上舞台，大幕即将拉开，让历史大戏开场吧！

第二章　驴子和法老

　　现在的人无法想象在200年前的埃及还是一个遥远的国度，一个鲜为人知的地方。而今天，法老及其陵墓，还有金字塔，都已经为大家耳熟能详。就在1798年，当法国将军拿破仑·波拿巴抵达尼罗河时，他感觉自己简直像是在造访另一个星球。当时的埃及是一个鲜有欧洲人涉足的地方，它只是首府设在君士坦丁堡（现在的伊斯坦布尔）的奥斯曼帝国的一个省，而这个帝国同样是欧洲人很难到达的伊斯兰国家。

　　当时有少数欧洲游客来到开罗，他们在熙熙攘攘的市场闲逛，或者参观过吉萨金字塔。一些法国旅行家沿尼罗河逆流而上，还到达很远的地方。（我自己就有一份相当精确的埃及地图，是由当年法国的皇家地理学家罗伯特·德沃公迪于1753年绘制的。）有些旅游者购买了用古埃及的木乃伊磨出的粉末——它被珍视为疗效颇强的药物，甚至法国国王也如此认为。有些古埃及的雕塑流传到欧洲，引起了人们极大的兴趣。

虽然埃及早就被公认为早期文明的中心，但它的远古历史及壮观的古迹却不那么为人所知。当时虽然有些外交官已经意识到，买卖充满异国特色的埃及艺术品可以赚钱获利，但埃及相对偏远的位置却让此事难以实现。直到1790年，苏伊士地峡成了一个自然门户（苏伊士运河要到1869年才挖掘通航），有人由此开始觊觎英国人在印度攫取的大量财富——埃及这才走上了世界舞台。

29岁的拿破仑·波拿巴于公元1797年打败意大利，从此引发了对艺术和考古学的兴趣。他那不安的头脑里充满了通过军事征服四方、统一世界的想法，并对法老所在的土地有着深深的好奇心。1798年的7月1日，拿破仑率领38,000人的大军，乘坐328艘战舰到达埃及。在这支队伍中，有167名负责测绘和研究古代与现代埃及的专家。

拿破仑酷爱科学，尤其是有关动物皮毛方面的考古成果。他带去的科学家都是颇有天赋的年轻人，其中包括农业专家、艺术家、植物学家（植物种植专家）和工程师，但没有一位是考古学家——因为当时还没有古埃及学、古物学之类的研究领域。拿破仑的士兵们把这些科学家称为"驴子"——据说是因为在战斗时，他们和驴子一起被编排在步兵队形的中央，受到重点保护。领导这些科学家的人是位名叫多米尼克—维旺·德农的男爵——一位杰出的外交官和天才艺术家。他很适合担任此职，因为他精通绘画，擅长写作，并且充满感染人的热情。德农把对古埃及的研究推上了科学的殿堂。

拿破仑忙于重组埃及的工作，不过他还是抽空去参观了金字塔和狮身人面像——那个拥有人类头部和狮子身体的神秘雕像。拿破仑对科学的兴趣是真诚的，他时时关注着他的"驴子"们。他还在开罗创立了埃及研究院，经常去那里参加讲座和研讨会。1799年6月，在埃及尼罗河三角洲的罗塞塔附近，建造防御工事的法国士兵在一堆巨石中发现了一块神秘的石头，这个发现令拿破仑大为着迷。石头上写满了三种不同类型的文字：一种是古埃及的正式文字，另一种是通俗体书写的文字，还有一种则是用希腊语写的。这块石头后来成了一把钥匙，让法国人能够解读他们在尼罗河沿岸的寺庙和墓葬上所看见的奇怪符号。

士兵们把被后世称之为"罗塞塔石碑"的石头送到了开罗。在那里的专家们很快就翻译出了希腊文字。石碑上刻有公元前196年古埃及法老托勒密五世国王登基的诏书。诏书本身并没什么特别令人兴奋之处，但专家们立即意识到，石碑上的希腊文字可能会成为解锁的关键，通过它，人们可以解读古埃及人使用的难解的象形文字。（"hieroglyph"即"象形文字"，该字来源于希腊语"神圣的象征"一词）。二十三年之后，该石碑果真起到了这个作用（详见第三章）。

与此同时，科学家们分成小组，跟着军队在埃及各地行进；他们有时还与步兵并肩作战。德农和他的同事们在战火中把古迹一一临摹下来。在上埃及丹德拉一座象征着牛神的哈托尔女神庙里，德农在石柱间忘情徘徊，夕阳不知不觉已西下——直到他的指挥官到来才把他带回队里。德农对古埃及文明有很高的热情，他的工程师们则有所不同。他们有时会放下测绘庙宇和坟墓的工作，去掠夺小物件。当画笔快用完的时候，他们就熔化铅弹做出画笔，继续临摹工作。

那里的建筑风格奇特，完全不同于古希腊或罗马的庙宇，即使是最不起眼的私人建筑也令人惊奇。当法国军队在卡纳克和在上埃及的卢克索看到太阳神阿蒙庙时，士兵们在军乐队的演奏中列队敬礼，表达对古埃及人的敬意。

拿破仑也许是个军事天才，但他的埃及远征却以失败告终。1798年8月1日，英国海军司令霍雷肖·纳尔逊上将在亚历山大城附近的阿布齐尔湾摧毁了法国舰队，拿破仑逃回到法国。

当法国军队于1801年投降时，随军的科学家们被安全地送回法国。英国人允许他们自行保存在埃及发现的大部分物品，但是罗塞塔石碑却被留下并送到了（伦敦的）大英博物馆。

尽管在军事上失败了，但埃及远征却是一次科学上的胜利。拿破仑将军的"驴子"们考察了吉萨金字塔的通道，测量了狮身人面像。除了绘制尼罗河地形图，他们也测绘了地处河流上游卡纳克、卢克索和菲莱一带的雄伟的埃及神庙。那些素描准确地记录了巨大石柱上的象形文字，以及出现在神庙墙壁上的神灵和法老形象——在当时的条件下，这些记录已属非常准确的了。他们出版的二十卷《埃及行记》（*Description del' Egrpte*）描绘了法老的圣甲虫（据称是一种神圣的甲虫）、珠宝首饰、雕像、精美的罐子和黄金装饰。《埃及行记》用细腻的线条、巧妙的色彩，把埃及艺术和建筑的异国风情表现得栩栩如生。这些册子在当时引起了相当大的轰动。当人们看到古代埃及的财富就摆在那里，似乎唾手可得，他们为之疯狂了。

这种激动之情极大地激发了欧洲人对外来物品的渴望和对埃及古董的疯狂争夺。不可避免地，络绎不绝的收藏家、外交家和其他形迹可疑的人出现在尼罗河畔，寻幽探宝。没有人是为了寻求知识或考古研究而来，都是只想找到壮观的古代珍宝，然后再把它们以最高价格出售。像拿破仑的科学家们所做的那种严肃研究，现在让位给了单纯的寻宝行动。

埃及此时仍然是奥斯曼帝国的一部分，统治着埃及的穆罕默德·阿里是一位曾在土耳其服役过的阿尔巴尼亚军人。他为商人和外交官打开了进入自己领地的大门，同时也向游客和古物商人开放。保存完好的木乃伊和精美的艺术品能够卖出大价钱——巨大的诱惑导致了政府介入了古董收藏的生意。英国和法国在开罗的最高外交官亨利·索尔特和贝纳迪诺·德霍维提，就被分派了为博物馆收集壮观藏品的任务，他们也乐于担当此任——这就是为什么，这群铁腕人物变身的盗墓贼，会最终成为埃及学的创始人。

乔万尼·巴蒂斯塔·贝尔佐尼（1778—1823）出生在意大利的帕多瓦，是一名理发师的儿子。他以杂技表演为生，时常在欧洲巡演。1803年，他到了英格兰，在萨德勒·威尔克剧院（当时还是一个不入流的音乐厅）获得了一个大力士的角色。贝尔佐尼相貌英俊，身材高大。他身高近两米，力大无比，人称“来自巴塔哥尼亚的大力神”，是个衣着鲜亮的举重大师，他能用一个巨大的铁框架举着十二位表演者走过舞台。

在多年的演艺生涯中，贝尔佐尼获得了举重方面的实践经验，他能够熟练使用杠杆和滚筒，还懂得“液压技术”——也就是一种用到水的舞台技巧，而这些对于盗墓者来说，都是很有用的技能。贝尔佐尼是一个不安分的人，他和妻子莎拉于1815年到达埃及。英国外交官亨利·索尔特聘请了他，让他从尼罗河西岸、卢克索对面的法老拉美西斯二世的国王神庙里，搬运出一个巨大的雕像。在此之前，拿破仑的士兵曾经试图把这个著名的雕像搬移到河边，但却没能成功。贝尔佐尼雇用八十名工人，打造了一个粗糙的木制马车，依靠四个木制滚筒移动。他用杆子做杠杆，让几十人合力举起沉重的雕像，然后把马车和滚筒移到雕像下面。五天后，法老的雕像被移到河岸上。他安排雕像漂到下游，然后自己返回卢克索。今天，你可以在大英博物馆看到这座拉美西斯法老的雕像。

每当有地方官员要找他麻烦时，贝尔佐尼的身高和体力都成了强大的武器（他也准备好在必要时使用枪炮），因此地方官员们不大敢惹他。他决心坚定，行事残酷，加上善于讨价还价——这些都有帮助他顺利地获取大量的古物。

贝尔佐尼专注于挖掘尼罗河西岸的墓穴。他与库尔纳（Qurna）的盗墓者交好，他们把贝尔佐尼带到悬崖深处的狭窄通道中——在那里，他们发现了数以百计缠着绷带的木乃伊。贝尔佐尼曾提到，吸入木乃伊灰尘是"让人呼吸相当不畅快的体验"。当时，还有人就生活在这些坟墓里——他们完全无视和他们共存的成堆的木乃伊的手、脚甚至头骨。他们甚至把木乃伊、死人的骨头，还有裹缠死人的布带当柴烧，用来生火做饭。

贝尔佐尼的法国对手贝纳迪诺·德霍维提看到他的成功，声称自己在卢克索附近拥有挖掘权——这给贝尔佐尼造成了很大的麻烦。无奈之下，他只好乘船到尼罗河上游去探索阿布辛贝庙。在两名正在旅行的英国海军军官的帮助下，尽管遇到工人反叛、悬崖黄沙滑坡等麻烦，贝尔佐尼还是成功地打开了阿布辛贝庙的通道。在那里，他发现了一个有石柱支撑的大厅，里面有八尊拉美西斯二世的雕像，但没有发现可以带走的小型文物。

回到卢克索之后，贝尔佐尼发现德霍维提的人在库尔纳一带挖掘。当他们的头头威胁要割断他的喉咙时，贝尔佐尼只好转移到国王山谷——这是埃及最伟大的法老的埋葬地。自罗马时代开始，就已经有人前去该山谷寻宝，但贝尔佐尼很有考古天赋。他很快就找到三座坟墓的所在地。不久之后，他又有了一个惊人的发现——塞提一世的墓地。这位塞提一世是拉美西斯二世的父亲，也曾是埃及最重要的统治者之一。其统治时期为公元前1290年到公元前1279年。墓道里满是奇妙的绘画；在墓室里，他们还发现了一个根据法老的身体形状用雪花石膏（软岩）质材雕塑而成的石棺。石棺晶莹剔透，但里面却是空的——因为在法老死后不久，这座陵墓就不幸遭遇盗掘。

贝尔佐尼的挖掘进行得很顺利，他先后打开了四座皇家陵墓。回到开罗后，贝尔佐尼还是躁动不安。不久他成功地进入位于吉萨的哈夫拉大金字塔内部，成为中世纪以来第一个进入大金字塔的人。他把自己的名字用烟灰写在墓室的墙上——这些字至今清晰可辨。贝尔佐尼是个高调的人，他决定做一个和塞提一世的墓一模一样的复制品，送到伦敦展出。他和一位艺术家在坟墓里住了一个夏天，临摹墓道上的画和众多的象形文字，并用蜡浇注了数百个雕像模型。事情发展到这个程度，德霍维提更是嫉妒万分，他手下的人甚至拿枪威胁贝尔佐尼放弃在埃及的事业。出于对自己生命安全的考虑，这个曾经的杂耍演员永远地离开了埃及。

回到伦敦后，贝尔佐尼在今天的皮卡迪利广场附近举办了一次极为成功的、名为"致敬埃及"的展览。展出了他探索过的坟墓和考古发现。他还写了一本有关自己冒险经历的畅销书。但随着参观人数逐渐减少，展览最终草草收场。这位曾经的杂耍演员仍然渴求名利，他于1823年还进行了一次寻找西非尼日尔河源头的探险，结果在贝宁死于高烧。

作为一个传奇人物，说到底，乔万尼·贝尔佐尼只是一个杂耍演员和盗墓贼。人们可以把他说成是一个没心没肺的寻宝者，但他远不止于此。开始的时候，他是一个追求名利的人，那他算得上是考古学家吗？毫无疑问，他有着惊人的考古直觉和本能。如果放在今天，他也许会成为一个成功的考古学家。但在他的时代，没有人能读懂象形文字，也没有人知道如何挖掘和记录过去的历史，和当时的其他人一样，他用自己的发现是否值钱来衡量成功与否。但不可否认的是，这位喜欢炫耀的意大利人的确为埃及学的研究奠定了一些初步可行的基础。

第三章　解读古代埃及

　　"我明白了！"让-弗朗索瓦·商博良气喘吁吁地大声喊出这一句后，就晕倒在他弟弟的脚下。商博良破解了古埃及象形文字的复杂语法，解决了千古之谜。

　　拿破仑的科学家们、乔万尼·贝尔佐尼，还有许多其他人都研究了罗塞塔石碑上的铭文，但都没能成功。古埃及人和他们的法老都是寂寂无名、没有历史记载的人。寺庙铭文中所说的国王是谁？谁是受到人们祭拜的男女众神？埋葬在吉萨金字塔附近华丽坟墓中的重要人物是谁？贝尔佐尼和他同时代的人都陷入一团考古迷雾中。

　　起初，专家们错误地认为，象形符号是图像符号。到了18世纪90年代，丹麦学者约尔根·索伊加提出了一个理论，认为这些符号代表的不是物品，而是声音：它们代表的是一种将人的话语转换为代表语音的脚本。1799年，罗塞塔石碑和碑上的两种象形文字被发现，[1]这是考古学的一大进步。一种象形文字是没有人可以解读的正式书写系统，但另一种简化文字是普通人使用的。现在大家知道了，这种简化文字看上去显然是象形文字的字母版，它在古埃及是被广泛应用的。

罗塞塔石碑是第一个突破。第二个突破则出自托马斯·扬[2]，一位精通语言与数学的英国医生，他对古希腊语的了解，使他得以解读一种文本。他能够在罗塞塔碑文上的六个漩涡装饰中，识别出法老托勒密四世的名字（在一个代表君主名字的椭圆形中，有一组象形文字），然后他把象形文字对应到希腊字母中所拼写的法老名字中去。遗憾的是，托马斯·扬认为大部分象形文字是非拼音的，所以他解读象形文字的努力也最终失败了。

扬的对手是让-弗朗索瓦·商博良（1790—1832），一个脾气暴躁的语言天才。他是一个贫困书商的儿子，八岁才开始接受正规教育；但他很快就显示出非凡的绘画和语言才能。十七岁时，他已经掌握了阿拉伯语、希伯来语和梵语，还精通英语、德语和

1　罗塞塔石碑由上至下共刻有同一段诏书的三种语言，最上面是14行古埃及象形文（又称为圣书体，代表献给神明的文字），句首和句尾都已缺失；中间是32行埃及草书（又称为世俗体，是当时埃及平民使用的文字），是一种埃及的纸莎草文书；再下面是54行古希腊文（代表统治者的语言，这是因为当时的埃及已臣服于希腊的亚历山大帝国之下，来自希腊的统治者要求统治领地内所有的此类文书都需要添加希腊文的译版），其中有一半行尾残缺。在公元4世纪结束后不久，尼罗河文明式微，不再使用的埃及象形文之读法与写法彻底失传。虽然之后有许多考古与历史学家极尽所能，却一直解读不了这些神秘文字的结构与用法。直到时隔1400年之后罗塞塔石碑出土，它独特的三语对照写法，意外地成为解码的关键——因为三种语言中的古希腊文是近代人类可以阅读的，利用这一关键点来比对、分析碑上其他两种语言的内容，就可以了解这些失传语言的文字与文法结构。——编者注

2　在尝试解读罗塞塔石碑的学者中，19世纪初期的英国物理学家托马斯·扬（Thomas Young），第一次证明，碑文中曾屡次提及"托勒密"这一人名的发音。

意大利语。商博良在年轻时就痴迷于象形文字，还学会了科普特语[1]，他认为这种早期基督教时期的埃及语可能会保留一些古埃及元素。

商博良和他的弟弟雅克-约瑟夫于1807年搬到了巴黎，他们在那里的生活很贫困。这个年轻的语言学家把注意力转向了罗塞塔石碑，他用几个月的时间反复研究了众多埃及纸莎草纸文献（写在纸草茎芦苇上的文件）。这项研究令他颇为沮丧，无论朝哪个方向探索都会遇到死胡同。与扬不同的是，他确信埃及文字是表音文字。他扩大范围，研究包括埃及和希腊的纸莎草纸文献，以及来自上埃及的带有克利奥帕特拉女王漩涡装饰标识的方尖碑[2]。

1822年，他收到了来自阿布辛贝庙的象形文字的精确复制品，这让他确定了代表拉美西斯二世的漩涡装饰标识，之后他又辨认出另一个法老图特摩斯三世之名的象形文字。这时，他意识到象形文字不包括元音：二十四个符号代表单辅音（很像英语中的字母），起到字母表的作用。写法通常是从右到左，但又不固定，且在单词之间没有空格或标点符号分隔。商博良兴奋地冲进他弟弟的房间，因为他破译了古埃及文，这种被他称为"有时比喻、有时象征、有时代表语音"的文字。

商博良在1822年9月27日向法国金石学院提交了他的调查结

1　科普特语（Coptic language）是古埃及语言发展的最末阶段，形成于纪元前。纪元伊始，人们开始借鉴希腊文字，创造出科普特字母。公元3世纪，出现大量用科普特语誊抄的希腊文献，尤其是基督教经文。迦克墩公会议后，亚历山大学派反对确立耶稣"一位二性"的信经，与罗马天主教分道扬镳，出现了科普特教派。科普特语言文字在科普特教派信徒的使用中得到继承发扬。科普特曾在埃及各地广泛使用，但后来逐渐被阿拉伯语所取代。现在，科普特语只在埃及科普特人的教会中使用。——编者注
2　克利奥帕特拉女王（Queen Cleopatra），埃及艳后。

果。时人都认为这个发现实在太重要，连法国国王也知道了这件事。然而，商博良的成果还是过了好多年后才普遍为人们所接受。他在1824年出版了象形文字摘要，但这却遭到了批评者的疯狂抨击。他喜欢争执的个性和不能接受别人批评的态度，让他看起来很难与人相处。

商博良当上了卢浮宫的埃及部主任，他在象形文字方面的知识让他能够按照正确的时间顺序安排展品。这是一个重大的进步。

但是这个解读古埃及正规文本的人，还从来没有访问过尼罗河。到了1828年，一些有影响力的支持者说服了法国国王，他派遣了一支由商博良带领的法国和（意大利的）托斯卡纳联合探险队前往埃及。在拿破仑的专家们启航去埃及亚历山大30年之后，让-弗朗索瓦·商博良、埃及古物学者伊波利托·罗塞里尼和一群艺术家、绘图员与建筑师们，开始了逆河流而上的探索。他们都换上土耳其服装，以更快地适应当地的炎热气候。的大股东有

这次远征是一次胜利。探险的领队和他的同伴们第一次能够阅读寺庙墙壁上的铭文，了解世界上最古老的纪念碑有着怎样的重要意义。在丹德拉的哈托尔女神庙，兴奋的探险队员们在明亮的月光中跳上河岸。他们在废墟中徜徉了两个小时，直到凌晨三点才回到他们的船上。

在卢克索、卡纳克和国王谷短暂停留之后，探险队员乘着夏季的洪水顺流而下，成功回到开罗。商博良是第一个能够辨别坟墓主人身份、翻译出寺庙墙上所写文字，还能知道法老如何祭祀神灵的学者。他在埃及耗尽所有精力之后，于1830年1月回到巴黎。两年后，年仅四十二岁的商博良因中风而去世。象形文字该

如何解读，在很长的时间内一直都有争议；直到他去世十五年后，大家才普遍认同他的翻译。

与此同时，大批动机不纯的游客涌入尼罗河流域。贝尔佐尼和德霍维提的成功，激励了其他寻宝者前来求名逐利，古埃及迅速成为一个赚大钱的地方。商博良为古迹的被破坏而深感痛心：人们为了牟利，公开盗墓、掠夺财宝，挖出雕像，从寺庙的墙壁上把艺术品敲掉、拿走。

商博良写信给穆罕默德·阿里，向他抱怨文物交易的弊端和文物的损失。他的信促使阿里通过了一项禁止文物出口的法律，授权建造博物馆，并禁止破坏古迹——在没有官员监督的情况下，这项法律形同虚设。但这至少是朝着正确方向迈出的一步——哪怕阿里和他的继任者们把大部分的博物馆展品或卖或送给了身份显赫的外国人。所幸，开始有一些游客来到尼罗河，目的是为了探索信息而不是攫取文物。

商博良戏剧性地宣称已经破译象形文字，引发了人们从收集文物向研究文物的转变，人们终于有了一种可以了解古埃及文明秘密的方法。一些有影响的学者，比如专门研究经典的考古学家和旅行者威廉·盖尔爵士，开始鼓励有潜力的年轻人去做古埃及研究；其中一个受到鼓舞的人就是约翰·加德纳·威尔金森（1797—1875）。威尔金森的父母在他年轻时就去世了，给他留下些许遗产。在等待入伍当兵的时候，他曾前往地中海地区旅行了一次。他在罗马遇到威廉·盖尔爵士——这位在当时可能是最了解古埃及的人。年轻的威尔金森学了一点阿拉伯语，怀着满腔热情，于1821年底抵达亚历山大城。虽然这发生在商博良破译埃及文字之前，但威尔金森了解托马斯·扬的象形文字解读法，也看了不少埃及的文物，所以他比之前的任何人都做了更充分的准备。他逆着河流而上，一心扑到了埃及学的研究中。

这是一个在当时与众不同的考古学家。贝尔佐尼和他的同行就像是挖掘机，挖掘出了艺术品和工艺品；而威尔金森则用一个更加广阔的视野来研究埃及学。在这方面，他远远领先于他的时代。他意识到，只有将考古发现和碑铭研究结合起来，才能了解古埃及的文明及其人民。

年轻的威尔金森对获取文物没有兴趣，他只是抄写碑文，画下纪念碑和陵墓，他是一个真正的研究历史的学人。虽然是手绘的，但他的作品即使用现代标准来看，也是非常精确的；尤其是他临摹象形文字的图画，比拿破仑的专家们画得还要好。

在接下来的十二年里，威尔金森在尼罗河流域和沙漠深处到处游历。有时是他独自一人或仅有他的朋友詹姆斯·波顿相伴；另一些时候，则会有少数志同道合的考古学家和艺术家加入他的行列。为了确保在这片遥远土地上的安全，他们学会了土耳其人的生活方式，甚至在他们的仆人面前，也假扮自己是穆斯林。

在研究初期，威尔金森对象形文字一无所知。1823年，盖尔送给他一本商博良的象形文字概论书，这让他意识到那位年轻的法国人取得了多大的突破。但威尔金森在对比了科普特语和古埃及文字之后，他发现了商博良的粗枝大叶。商博良在破译古埃及文的时候犯了"可怕的错误"。

威尔金森从来没有见过商博良，但他不喜欢那个法国人追求名声、还不能容忍别人批评自己的做派。商博良行事诡秘，与其他学者激烈争吵，夸耀自己工作的成就。相比之下，威尔金森更喜欢待在幕后，静静地描绘、记录，潜心研究寺庙和坟墓的具体年代。

　　一旦掌握了识别象形文字的知识后，永远好奇的威尔金森转移到了其他方面的研究。从1827年起，他大部分时间都是在尼罗河西岸的卢克索度过的。他在那里占据了一个墓地（是公元前15世纪一个名叫阿梅楚的高官之墓），一边欣赏着尼罗河谷对岸的壮丽景色，一边在里面过得有滋有味。他铺开地毯，竖起隔板隔成房间，还建了一个私人图书馆。他在那里招待自己的朋友，像那时的所有其他人一样，壁炉里烧着木化了的木乃伊——这可不是今天的人会做的事！

　　威尔金森不是一个喜欢早起的人，他十点半才吃早饭。但他完成了惊人的工作量，包括绘制出了第一张尼罗河西岸墓群的地图。他为国王谷的坟墓标记了数字顺序——如今这一排序方式仍然为人们所使用。他集中关注贵族的坟墓，意识到这些墓葬为人们了解古代埃及人的生活提供了丰富的信息。那些纪念建筑为人们提供了一个重回旧时光的机会，仿佛在与古人一道生活——就像一个旁观者一样，边走边目睹着眼前正在发生着的事情。

　　我喜欢去探寻埃及古墓壁画，哪怕那些画现在已经基本褪色。从壁画上你可以看到贵族庄园里的生活：劳工们在监工警惕的看守下收获着作物，牛被宰杀，穿着鲜艳服装的客人们聚在一起吃饭。甚至还有一幅迷人的绘画，表现一位贵族在垂钓时，他的猫陪伴在一旁。

　　在19世纪20年代到30年代之间，有一批为数不多的学者为埃及学奠定了稳固的基础。他们是严肃的研究人员，威尔金森是他们中的一员，他们都对自己的工作和由此获得的知识充满热情。他们或一起工作，或独立研究。威尔金森本人则于1833年离开埃及，构思、撰写了一本有关古埃及人生活的著作——《古埃及人的风俗与习惯》（*Manners and customs of the Ancient Egyptians*），此书于1837年出版，由于书的售价不算太高，中产阶级也能买得起，所以销量颇佳。

这本书带领读者沿着时间顺序走过古代埃及，为读者提供了大量的细节。由于有了从绘画、纸莎草纸文献和铭文上得来的细节佐证，使得这本书中的古埃及人物栩栩如生。威尔金森具有罕见的天赋，向广大受众传达了重要的、原创性的研究成果，他也因此成为一个家喻户晓的名人，并被维多利亚女王封为爵士。

商博良和威尔金森是新一代的学者。他们生动地描绘了一个多姿多彩、充满活力的古埃及文明。他们都意识到光靠考古本身无法重建古代文明，任何细致的研究都要依赖发掘者与铭文及文字记录者之间密切的合作。

威尔金森最为杰出的成就是用通俗手法描述了古埃及人。他对世界上最早的文明进行了严肃的研究，并使这种研究成为众人关注的焦点。自此，过去对尼罗河沿岸大规模的破坏行为，逐渐被更有条理的研究活动所取代。

后继者要再过六十年才再次来到尼罗河边。但拜商博良和威尔金森所赐，让后继者们都成了考古专业的学者。

第四章　挖到尼尼微

　　巴比伦和尼尼微，《圣经》中提到的这些伟大城市，足以让人产生浪漫的联想。《旧约全书》中提到的尼布甲尼撒王（在位时间公元前604—前562），是古巴比伦（今天伊拉克南部）最强大的国王。他是一个冷酷无情的征服者，以在他的首都囚禁犹太人而闻名。他利用强大帝国创造的财富，建造了一个壮观的首都。根据后来希腊人的记载，由成千上万个奴隶建造起来的城墙非常厚重，战车都可以在城墙上面行驶。

　　据说尼布甲尼撒为他的宫殿建造了奇妙的空中花园，成为古代世界七大奇迹之一。空中花园是否真的存在过，至今还是个悬而未决的谜。亚述文明崩溃时，他的首都消失了。当时少数到过巴比伦的欧洲旅行者发现，自己身处一片满是尘土的干旱土堆上。好几个世纪之后，德国的考古学家们才得以重见其中的一部分（见第二十章）。

尼尼微位于现在伊拉克北部的上游。在公元前612年的时候，尼尼微曾是亚述的一个主要城市，《圣经·创世记》中提到过它。据先知以赛亚所说，上帝惩罚了傲慢的尼尼微人，让尼尼微变成"一个荒凉、干旱、有如旷野"的地方，地面上看不到任何建筑物或庙宇。后来欧洲的游客在形容那个地方时说，上帝的怒火的确毁灭了亚述人。

巴比伦和尼尼微被历史所淹没，人们只有在读《圣经》的时候才知道这些地方。直到惊人的考古发现证实了《圣经》里所提到的历史真实性。法国亚洲学会一批有影响力的学者在1841年将挖掘尼尼微视为另一个能引起轰动效应的、为法国增光的机会。法国政府在1842年任命保罗-埃米尔·博塔（1802—1870）为法国驻摩苏尔的领事（代表）。博塔曾作为一名外交官出使埃及，他能说一口流利的阿拉伯语，这也是其能够获得这个新职位的主要原因。他的非正式任务是去挖掘尼尼微，尽管他并没有相关的经验。

起初，博塔毫无章法的挖掘基本上是徒劳无功的，因为他只是在尼尼微的库扬季克（Kuyunjik）土丘上挖掘了部分没什么遗迹的表层（即没有遗骸或工具的土层）。像尼尼微这种城市的土丘，是一层一层地逐渐形成的——最早的、也常常是最重要的地层，往往处于土层的最底部。但博塔对此一无所知，他在地表一带挖来挖去，只发现了一些雕刻过的砖头和石膏的碎片，并没有什么特别的收获。

经过数月的努力之后，他的运气来了。一个来自库扬季克北边约22公里的霍尔萨巴德的村民向博塔展示了一些刻砖。村民还给他讲了一些故事，说在自己家的周边曾挖掘出无数的古董——而他的家是在一个古老的土墩上。博塔于是派了两人去调查。一星期后，其中一位兴冲冲地跑回来，说他们随便挖掘了一下，就发现了雕刻有奇异动物形象的城墙。

博塔立刻骑马去了霍尔萨巴德。在那个被挖掘过的小坑里，他看到了雕刻精美的墙面显露出来，惊呆了：前所未见的、留着胡子的男人身着长袍，与长了翅膀的动物及其他野兽走在一起。博塔迅速将他的人员调到霍尔萨巴德，仅仅几天，便挖出了一个古老而不知其名的国王的宫殿——在里面，他们发现了一系列经过雕刻的石灰石板。

博塔写信给巴黎汇报这次胜利，他自豪地声称已经发现了《圣经》里提到的城市："尼尼微被再次发现"。法国政府决定进一步发掘，给博塔拨了3000法郎的款项。博塔雇了300多人，因为他知道，要扩大挖掘范围才能找到更重要的发现。他在美索不达米亚地区（希腊语的意思是"河流之间的土地"）开始了大规模的发掘，这种大规模发掘的方法一直延续到20世纪。

法国还很明智地为他从巴黎派来了一个很有经验的考古艺术家——尤金·拿破仑·弗兰丁。这两个人在这些土墩上一直忙碌到1844年10月下旬，他们发掘出了一个面积超过2.5平方公里、被城墙围绕的宫殿。发掘队伍最大限度地沿着宫殿的城墙掘进。这些出土文物所表现的主题有国王的征战、围攻城市、狩猎禽兽，以及举行复杂的宗教仪式场景；他们还收获了人头狮身和人头牛身的雕塑，它们长久地护卫着宫殿的大门。在以前的发掘中，从来没有出土过类似的珍宝。

弗兰丁于1844年11月带着为霍尔萨巴德出土的珍宝绘制的图

纸抵达巴黎，这让法国学者们欢欣鼓舞。因为这些绘图中呈现的是一种全新的艺术风格，与希腊、尼罗河或罗马的风格迥然有别。博塔也回到了巴黎，他写了一份有关挖掘的报告，加上弗兰丁画的四卷插图，引起了不小的轰动。博塔错误地认为，他在霍尔萨巴德发现的就是尼尼微——当然这不能怪他，就像贝尔佐尼在埃及的时候一样，他无法阅读宫殿上的铭文。我们现在知道，博塔发掘的是都尔沙鲁金，是亚述国王萨尔贡二世（前722—前705）的宫殿，这个国王是一位主动而又成功的征服者。好多年以后，人们通过"楔形文字"（cuneiform）才确定这是他的宫殿。（所谓的"楔形"一词，来自拉丁语中的"楔子"这，用来形容这些字的形状。见第五章）博塔后来逐渐淡出人们的视野，被派往黎巴嫩出任一个不起眼的职位，再也没有回到考古行业。

就在博塔于1842年开始发掘"尼尼微"的时候，一个名叫奥斯丁·亨利·莱亚德的英国年轻人（1817—1894）对在美索不达米亚的考古产生了兴趣。他曾于1840年在尼尼微待了两个星期，研究了该遗址。他有着永不满足的好奇心和杰出的观察力，他决心发掘古城的土墩，考古学成了他的事业追求。

像许多伟大的考古学家一样，莱亚德总是异常活跃。他曾跑到波斯（现在的伊朗）的山里待了一年，和巴赫蒂亚里游牧民族生活在一起，成了当地部落一个值得信赖的顾问。他对当地的政治有相当多的了解，以至英国在巴格达的特使把他派到君士坦丁堡，为那里的英国大使提供咨询服务。1842年，他在摩苏尔曾和博塔一起待了三天，博塔鼓励他参与发掘，然而，莱亚德身无分文。

他在君士坦丁堡当了三年的非官方情报官。那时的英国大使斯特拉福·坎宁爵士勉强同意给他两个月的时间，去发掘尼姆鲁德——也就是摩苏尔下游的一群土堆。莱亚德做了一次豪赌，他相信要从土层的底部才能挖到城市的中心，于是他在土堆上开挖隧道。很快，工人们就发现了一间排放着楔形文字刻砖的大房间——我们现在知道，这是亚述国王亚述纳西拔（前883—前859）的北宫。就在同一天，莱亚德把发掘队拉到南边，顺利出土了以撒哈顿王（前681—前669）所建的西南宫。莱亚德是历史上唯一一个在二十四小时内发现两座古代宫殿的考古学家。

他的发掘方法很简单，就是沿着宫殿外围带有装饰的墙壁掘进。莱亚德发现了成堆的、为建一座更早些时期的宫殿而准备的雕刻，其中包括有战斗和围攻场景的画面。这些发现的风头很快就盖过了那些在霍尔萨巴德挖掘出来的东西。

莱亚德致力于一个目标：找到可以运回到伦敦的、令人惊叹的艺术品和手工艺品。他知道，把自己的奇异发现送到大英博物馆，会让他进入公众视野。基于这个目的，他的考古项目无论怎么讲，都没法被称为经过精心记录的工作。

莱亚德和他的亚述人助理霍尔木兹·拉萨姆在尼姆鲁德土堆上扎营，这让他们能够饱览周围平原上的壮丽景色。在寻找宝藏时，莱亚德还要时常防范来自周围部落的突然袭击。他给当地酋长送了大量的礼物，以此得到他们的忠诚；但在需要使用暴力时，他也会毫不犹豫。最终，他自己也成了某种意义上的头领，能去为别人调解争端和安排婚姻。

非凡的发现随之而来，其中包括三个守护宫殿的有翅膀的公牛雕像。为庆祝这些发现，莱亚德给工人们举办了一个为期三天的派对。在北宫，他的发掘人员发现了一根宏伟的雕刻柱子，上面描绘了一位国王接受朝贡的场景。它记录了亚述国王萨尔玛那萨尔三世（前859—前824）军队的胜利——他曾不断地与邻国，包括与赫梯人（见第二十章）作战。莱亚德造了一辆大马车，把这些沉重的文物拖到底格里斯河岸。接着这些文物被放在山羊皮筏子上，顺流漂到巴士拉下游——筏子的样式类似于亚述浮雕上的那种。接下来，莱亚德在尼尼微开挖库扬季克土丘。通过在那里挖的隧道，他们很快就找到了带有装饰浮雕的九个房间（这种浮雕是在一块平板上雕刻出形象，使之凸出于平面）。

从尼姆鲁德运来的第一批雕塑，于1847年6月22日抵达大英博物馆。当莱亚德回到英国时，他发现自己已然成了风云人物。他于1849年出版了《尼尼微及其遗迹》（*Ninereh and Its Remains*）——一部介绍他工作的"简明速写"，这本书畅销一时。

库扬季克的发掘工作在1849年恢复。莱亚德挖了迷宫般的隧道，沿着装饰华丽的宫殿围墙掘进，却忽略了房间里的珍贵内容。他整天钻在地底下，一有雕刻被挖出来，就借着通风口和蜡烛的光线，把它们临摹下来。昏暗的隧道一直通到守卫着宫殿大门的狮子雕像处，宫殿入口的石灰岩石板上仍然留亚述战车的车辙。莱亚德的发掘队伍挖开了亚述王辛那赫里布（前705—前681）宫殿的整个东南面，这位国王曾经在美索不达米亚、叙利亚、以色列和朱迪亚（Judea）四处征战。

宫殿铭文为国王的征战、围攻和皇家的成就提供了编年记录。栩栩如生的帝王和神灵以浮雕的形式出现，仿佛他们会一步跨出来、质问游客为何闯入。库扬季克的许多浮雕现在在大英博物馆展出，我经常会去参观。这些雕刻令人惊叹，其中有一组浮雕展现了近300名劳工从木筏上把一头巨大的人头公牛拖向宫殿的情景：一个男人坐在公牛上指导着劳工；与此同时，国王在带有遮阳伞的车上巡视监督。

莱亚德最引起轰动的业绩是，他挖掘出了一座不知名的城市，这座城市曾被包围并占领过——直到同时一起出土的楔形文字铭文被破译，人们才得知这座城市的名字（见第五章）。莱亚德主要的关注点在浮雕上面，对那些小一点的文物，除非特别贵重，否则他都没有特别的兴趣。

发掘队伍偶尔会挖出带有楔形文字铭文的泥版。但由于没有经过烧制，它们都非常脆弱，很多泥版都化为尘土。这些泥版是莱亚德的重大发现——虽然过了一段时间后他才意识到这一点——在发掘工作的后期，他发现了数百片黏土字版，并把它们打包装进了六个板条箱。这些泥版是亚述帝国皇家图书馆收藏的文书，这一发现成为莱亚德最重要的成就之一。在1850年的那次发掘后，他通过底格里斯河将一百多箱文物运回英国。

后来，莱亚德在巴比伦以及在其南部的另一个早期城市进行了一次不成功的发掘（因为他的发掘方法过于粗糙，无法处理这些没有烧制过的泥版），之后他就返回英国了。

大英博物馆里保存了许多莱亚德手绘的速写，这是他为那些无法用船运出来的文物保留下来的唯一记录。他有作为一个伟大考古学家的潜质，能够抓住重点而不是纠缠于细枝末节。就像乔万尼·贝尔佐尼一样，他对宝藏的敏锐嗅觉，帮助他找到了亚述的皇家宫殿和其他惊人的发现。但他的方法粗糙得可怕，许多文物因此而丢失了。再过半个世纪之后，德国学者在希腊和美索不达米亚才把考古发掘变成了一门科学（见第二十章）。

莱亚德是个很难用三言两语描述清楚的人。总之，他是一个为了寻找令人兴奋的发现和宝藏而匆忙地、无情地进行挖掘的人。他只用一两个欧洲助理和数百名当地工人就挖开了整个城市，他最终所关心的只是名声和为大英博物馆寻找耀眼的亚述宝藏。不过，他在与当地人打交道方面表现出色，与其中许多人成了挚友——在早期考古学家中，这种现象实不多见。

奥斯丁·亨利·莱亚德留下了雄辩的文字和流畅的描述，他可以被称为一个考古学家，但其实质还是一个冒险家。然而他的确把《圣经》中提到的亚述人重新带入了人们的视线中，他还证明了《旧约》中所说的大部分事件都是基于历史事实而被记录下来的。楔形文字的破解很快就让他的发现显得更为重要（见第五章）。繁重的发掘工作和对资金的不断寻求使他身心疲惫，因此莱亚德在三十六岁时放弃了考古。他改弦易辙成了一个政治家，后来又担任了外交官——这份工作正好可以发挥他善于和来自其他文化背景的人打交道的专长。他最后成为英国驻君士坦丁堡的大使，在当时的欧洲，这可是最重要的外交职位之一，对于一个冒险家和考古学家来说，可谓功成名就了。

第五章　泥版文书和隧道挖掘

　　早在19世纪40年代，考古就已经不再限于发掘失落的文明了。莱亚德在尼姆鲁德和尼尼微取得了辉煌的成就，但同时他的工作也受到阻碍，因为他无法解读亚述宫殿墙壁上那些华丽雕刻所附带的楔形文字铭文。这些强悍的君主发动了战争，围困了城市，并在他们宫殿的大门前竖起人面狮身像——但他们究竟是谁？这位年轻的发掘者意识到了这个问题，可他并不是古代语言专家，他需要有一个人能够读懂墙上的铭文和他从壕沟里挖出的泥片上面的细小文字。在他的第一本书《尼尼微及其遗迹》中，他以为尼姆鲁德就是古尼尼微；但那只是猜测，后来这一猜测被证明是错误的。

　　考察库扬季克土丘和尼姆鲁德的想法，一直在莱亚德脑海里盘旋。与此同时，亨利·罗林森，一位驻巴格达的英国外交官，也在想着这件事。亨利·克莱斯维克·罗林森（1810—1895）是一名出色的骑手、神枪手和有经验的语言学家。他十七岁时加入过印度军队的"孟买掷弹部队"，担任士官。罗林森努力学习了印地语、波斯语和其他多种语言。

1833年，罗林森到库尔德城镇克尔曼沙赫参加一项军事任务，其间骑马去看了贝希斯敦大岩石。波斯国王大流士（前550—前486）曾命人在贝希斯敦一片平滑光亮的岩石上刻下一幅巨大的浮雕，面积111平方米。在离地面90米以上的地方，雕刻了大流士获胜后将高马塔踩在脚下的巨大形象——高马塔在公元前522年曾与他竞争王位。岩石上的碑文采用三种文字——古波斯文、埃兰文（一种曾在伊朗东南部一带通行的语言）和巴比伦文记录了大流士的胜利。

像之前的其他人一样，罗林森意识到这个刻在石灰岩悬崖上、几乎无法接近的铭文，其重要性不亚于"美索不达米亚的罗塞塔石碑"。用字母形式来表现的古波斯文字早在1802年就已经被破译，罗林森攀上峭壁，临摹了岩石上的古波斯文字。罗林森又搭起简易的脚手架，冒着生命危险，爬到悬崖的另一边临摹了岩石上的埃兰文字。

罗林森的军事任务很重，没有足够的时间来解读文本。所以直到1843年他到巴格达从事外交工作之后，才正式开始他的研究。新的职位让他有时间去琢磨楔形文字，有机会精确地临摹贝希斯敦的文字。他还与其他试图解读楔形文字的人建立了联系，尤其是爱尔兰的乡村牧师爱德华·辛克斯和法德语言学家朱尔斯·奥波特。他们三人后来都成为破译楔形文字的功臣。

当罗林森在1847年第三次到贝希斯敦去临摹难以接近的巴比

伦文碑文时，事情有了关键性的突破。一个像山羊一样灵活的库尔德年轻人帮助他完成了碑文的复制。年轻人把攀爬用的绳子固定在岩钉上，爬过石头的表面，他给自己装了一个简易的座椅，然后把湿纸覆在铭文上，纸张干了以，那些文字的印迹就留在了纸上。有了完整的铭文，罗林森得以用波斯语来解读巴比伦的碑文。

罗林森把这个研究扩展到莱亚德在库扬季克和尼尼微发现的碑文上。他审视着位于库扬季克的国王辛那赫里布宫殿墙壁上的浮雕，确定浮雕表现的是围攻和打下一座城市的场景：亚述大军在城墙外安营扎寨，士兵们攻破防御工事、艰难地前进。尽管守军进行了顽强的抵抗，但这座城市最终还是被攻破了。国王辛那赫里布正襟危坐，审判战败城市的居民，把他们贬为奴隶。

罗林森可以读出浮雕旁边的题词："辛那赫里布，万能之王，亚述之王，端坐在宝座上，拉基士之战的战利品尽展现在其面前。"这是在当时极为轰动的考古发现，因为公元前700年拉基士受到围攻一事在《圣经》的《列王纪》（下）中被描述过的。

当这些雕刻品抵达大英博物馆时，伦敦人成群结队地前往参观。这些藏品至今仍在那里展出，很值得一看。由于当时英国的学校里还很重视传授跟《圣经》有关的内容，所有这些发现都引起了公众对考古学的浓厚兴趣。

罗林森还鼓励其他人——其中包括驻巴士拉的外交官J.E.泰勒——去美索不达米亚的南部进行发掘。罗林森派他去探索一个可能在《圣经》中提到过的城市，包括附近的纳西里耶镇上的一些低丘地带——这些地方经常被幼发拉底河[1]淹没。泰勒竟然真的找到了一个刻有文字的陶质圆筒——通过这些文字，罗林森确定这个被当地人称为"穆喀雅"的地方，就是《圣经》中所描述的迦勒底王国的吾珥遗址，此地与《创世记》中的亚伯拉罕有关（见第二十章）。与北方的城市相比，此时的挖掘方法并没有得到很大改进，美索不达米亚南部的发掘者几乎没有什么特别的发现，他们仍然无法处理未经烧制、脆弱易碎的泥砖。

大英博物馆在1852年任命霍尔木兹·拉萨姆（1826—1910）为罗林森手下的发掘部主任。拉萨姆是个亚述人，在当地颇有些人脉，他也曾当过莱亚德的助手（见第四章）。拉萨姆野心勃勃，严酷无情，喜欢争吵。他一心想成为一个别人眼里的优秀考古学家，坚信有重大考古发现就意味着成功。当他在库扬季克恢复发掘的时候，触及到了一个被指定分给法国人负责的区域，于是他就在夜里偷偷地对这块区域进行挖掘，果然，他在挖隧道时惊喜地发现了一块绘有亚述国王在战车上猎杀狮子的雕刻作品，这让他惊喜不已。进过持续发掘后，他们揭开了一个完整的故事：这是一场皇家精心安排的捕猎狮子的场面，画面上还有欢呼的旁观者和垂死挣扎的母狮。就像表现围攻拉基士的雕刻一样，你现在还可以在大英博物馆近距离观赏这件雕刻作品。

不幸的是，拉萨姆在发掘该宫殿的时候非常仓促和草率，他当时只留下了该建筑的一些绘图。这些绘图是由一个熟练的画家威廉·布彻完成的。罗林森把雕刻部分分配给了法国和普鲁士

1　幼发拉底河（Euphrates）是中东名河，发源于土耳其安纳托利亚高原和亚美尼亚高原山区，流经叙利亚和伊拉克，大体上流向东南，最终与位于其东面的底格里斯河合流成为阿拉伯河，注入波斯湾，为西南亚最大河流，全长约2800千米。

国王威廉四世。法国人把这些雕刻分装进235个板条箱，试图送往巴黎的卢浮宫收藏。当时，他们的货物与送往柏林的板条箱一道被放在了羊皮筏上，顺流而下再进行托运。然而，在巴格达南部一带，寻机作案的部落成员袭击并掠夺了筏子，他们把板条箱丢进底格里斯河，还杀死了筏子上的几名船工。最终，法国人在尼尼微上游霍尔萨巴德发掘到的东西，只有两箱到达了巴黎。不幸中的万幸，那些珍贵的猎狮雕刻是单独运送的，它们安全抵达伦敦。

亨利·罗林森在1855年离开巴格达。后来他积极参与了和印度有关的事务，经常访问大英博物馆。那时，该馆已经决定不再赞助亚述的发掘，因为在伦敦已经有足够多亚述王的雕刻。当时适逢英国、法国和俄罗斯之间发生了克里米亚战争（1853—1856），公众对文物的兴趣也逐渐减弱；只有少数学者还保持着热情，继续研究从美索不达米亚运来的莱亚德、拉萨姆和其他人发掘到的泥片，还有馆藏中那些从古董商那里购买来的、非法发掘到的文物。

拉萨姆在清理库扬季克狮子室的地板时，还发现了一大堆黏土片。他当时觉得这些泥版并不重要，便匆匆忙忙地把它们堆放在包装箱里。这可真是错得离谱！三年前，莱亚德曾在两个小房间里（见第四章）找到了亚述巴尼拔国王皇家图书馆的部分馆藏。而现在拉萨姆找到了图书馆的其他收藏——当时因为天花板坍塌，这些泥版掉落在了大厅的地上。馆藏包括国王的档案中关于战争的记录，也有行政和宗教文件。其中一块泥版还记录了国王命令各地官员在全国收集泥版的经过。一个半世纪后，人们仍在为破译来自亚述巴尼拔图书馆的180,000片泥版而努力。来自这些泥版提供的信息，足以编纂一整本古亚述语词典。

亚述研究的重点从田野转移到了博物馆和图书馆。屈指可数的几位楔形文字学者翻阅着来自亚述巴尼拔国王皇家图书馆的泥版。他们在狭窄的研究室里工作，也无法从字典和文法书中得到帮助。这些人中有一个安静且害羞的雕刻学徒，他叫乔治·史密斯（1840—1876），他小时候读过罗林森的著作，由此开始痴迷于楔形文字。

1872年，史密斯已经完成了对泥版的分类，其中有一类是"神话"。他偶然发现半块泥版的上面提到山上的一艘船的信息，也提到有一只鸽子被人派去寻找一个能让人休憩的地方，并被要求找到后返回。史密斯立即意识到这是《创世记》中关于洪水的故事。每个读过《圣经》的人都知道这个故事：诺亚把动物聚集到自己的方舟上，于是在洪水滔天中幸存了下来，然后派出鸽子和乌鸦去寻找陆地。诺亚和他的方舟把人类从濒临毁灭中拯救出来。想到这儿，生性平静的史密斯当即激动地跳了起来，兴奋地在房间里跳来跳去。

1872年12月3日，乔治·史密斯在"《圣经》考古学会"上发表了演讲，这是当时一个关注发掘活动、以便帮助经文学习的组织。英国首相威廉·格莱斯顿也出席了会议。史密斯的演讲非常成功，他翻译出来的故事关键部分与《圣经》的记录有着惊人的相似之处。史密斯推测，这些关键部分可以追溯到早期的神话传说，这个传说就是美索不达米亚文学中的一个经典：《吉尔伽美什史诗》（*The Epic of Gilgamesh*）。吉尔伽美什是乌鲁克城的一个国王，大约生活在公元前2600年，远远早于《圣经》出现的年代。吉尔伽美什为了能够长生不老，四处求索，然而未能如愿。

记录了有关洪水故事的泥版，似乎证明了《圣经》内容的真实性。《每日电讯报》因此向大英博物馆捐献了1000个基尼[1]的金币，资助他们再去尼尼微发掘，来填补故事中的空白部分——但前提是让史密斯来领导这次发掘。令人惊讶的是，在位于库扬季克的那些被莱亚德废弃的土堆中，只用了短短的一周时间，史密斯就找到了有关洪水暴发的最重要的17行文字。

才挖了一个月，史密斯就动身回家了。四个月后，大英博物馆又派他去继续探寻亚述皇家图书馆更多的收藏。在之后三个月内，史密斯找到了超过3000片的泥版，他主要靠依莱亚德在城墙边挖的隧道来发掘房间里的文物。有一阵子，他还雇了600个人来帮助挖掘。史密斯在1875年第三次发掘归来时，因胃部感染而不幸去世，这对大英博物馆来说无疑是一个巨大的损失。

库扬季克的发掘工作在霍尔木兹·拉萨姆的带领下再次恢复。他的团队清理了宫殿的地板，找到了更多的泥版。在一个黏土圆柱上，刻了长达1300行的碑文，记录了亚述巴尼拔国王的南征北战。拉萨姆后来又转移到了巴比伦进行挖掘。但像莱亚德一样，他的挖掘方式太过原始，因而无法找到泥砖质地的宫墙。

他急匆匆地这里挖一锄，那里掘一镐，最后来到了阿布哈巴——一个从前被叫作西帕尔的古城。他发掘出了约170个房间，得到了多达7万片的泥版，其中有一块泥版描述了一个名叫那波尼德的巴比伦国王对考古很感兴趣，曾在前人的城市中进行过发掘的故事。当拉萨姆离开西帕尔返回英国时，古董商们一拥而上，引发了欧洲不同博物馆之间为了收藏楔形文字泥版而进行

1　基尼（guinea），英国旧时金币名。

的不体面的争夺——这对人类历史造成了不可估量的损失。

　　莱亚德、拉萨姆和罗林森是考古学的开拓者。尤其可贵的是，在当地部落纷争、动乱的条件下，他们在遥远的地方进行了坚韧不拔的发掘。尽管这是一种粗放的考古学，没有任何周密的前瞻性规划，但就是这样的考古发掘，证实了《旧约》中提到的许多实，让古代城市有了明确的历史记录。在考古学尚处于起步阶段的岁月里，许多考古学家既是发掘者，也是机会主义者。他们中的一些人成为当时这个领域中的巨人。正是有了他们宽阔的肩膀，一代又一代的专业考古学家们才一次比一次站得更高。

第六章 揭开玛雅之谜

1840年的洪都拉斯，科潘[1]。猴子在树林间玩耍，它们跳跃时折断了枯干的树枝，发出"噼里啪啦"的响声，打破了森林的祥和，也惊扰了河对岸废都的寂静。四五十只猩猩窜来窜去穿行，仿佛是曾经居住在神秘废墟中那些默默无闻的人如幽灵一般再现人间，树林中隐约可见耸立着的金字塔。

约翰·劳埃德·斯蒂芬斯（1805—1852）是一个美国旅行者和律师；弗雷德里克·卡瑟伍德（1799—1854），英国颇具才华的艺术家。当他们看见古代玛雅建筑的一刹那，不禁目瞪口呆。他们努力劈开荆棘灌木，一些耸立着的、精雕细刻的石头——这些建筑和艺术的风格，是他们从来都没看见过的。

---

1 科潘（Copán），洪都拉斯西部的一个城镇。

这两位都是有经验的冒险家。斯蒂芬斯出生在新泽西，十三岁时就进入哥伦比亚大学读书，并在1822年17岁时以年级最优成绩毕业。他的专业是法律，但他更喜欢政治和旅行。

斯蒂芬斯的初次旅行是从新泽西到匹兹堡以西的地区。他在1834年开始了为期两年的远行，穿越欧洲，最远到波兰和俄罗斯。后来他又探索了尼罗河流域和耶路撒冷，还去了佩特拉[1]——那在当时可以算得上是遥远而危险的地方。因为骆驼商队而兴起的巨大的城市，以及从岩石间凿造出来的庙宇，都使他感到无比兴奋。几乎是一夜之间，约旦古城佩特拉就激发起了斯蒂芬斯对古代文明的热情。

斯蒂芬斯很有讲故事的天赋，他给家人写信讲述他的旅行经历。他的一些信件被发表在了当时纽约的报纸上，广受欢迎。他还写了两本关于其冒险经历的书，书名都叫作《旅行记事》（*Incidents of Travel*）。一本是关于埃及和圣地[2]的，另一本写了他在波兰、土耳其和俄罗斯的旅行见闻。斯蒂芬斯文笔直白，文风有趣，对人和地方事物有着敏锐的观察力。这两本书都成了畅销书，确立了他作为一流旅行文学作家的地位。

他通过作家同行结识了艺术家弗雷德里克·卡瑟伍德。出生于伦敦的卡瑟伍德有着卓越的艺术才能，他在1821年访问意大利时，大展了一番才华。像斯蒂芬斯一样，他也是个不安分的旅行者。卡瑟伍德于1822年至1835年间，曾在中东地区做过深度旅行。在埃及时，曾与一位走访并研究了许多文物发掘地的旅行家

1　佩特拉（Petra），约旦古城。这个古老城市曾经是阿拉伯纳巴泰王国的首都，商队贸易的中心。
2　（基督教）圣地（Holy Land），指巴勒斯坦。

罗伯特·哈侬有过合作；他还访问了耶路撒冷，在那里临摹了那些几乎无法靠近的、建于11世纪的清真寺圆顶。卡瑟伍德使用投影描绘器，把屋顶的装饰画面通过镜子反射到他的画板上，从而完成了这项大工程。

回到伦敦后，卡瑟伍德绘制了一幅巨大的耶路撒冷全景图，结果不出意料大受欢迎。就是在1836年的这个展览上，斯蒂芬斯和卡瑟伍德第一次见面。那年晚些时候，卡瑟伍德把全景图带到纽约，并创立了一家建筑设计室。两人在那时已经成为朋友，他们都爱好冒险和探索古代文明。卡瑟伍德平时不苟言笑，与斯蒂芬斯的性格完全不同。

这位画家在不断地寻找新机会，他向斯蒂芬斯提到两本鲜为人知的出版物，其中一本描述了在中美洲丛林中发现的神秘遗迹。他们决心在不久的将来结伴同行，一同探索。幸运的是，卡瑟伍德因为建筑设计和举办展览赚了很多钱，斯蒂芬斯的书也卖得很好。为了方便通行，斯蒂芬斯设法获得了一份作为美国外交官、外派中美洲的工作。1839年10月3日，两位朋友离开纽约、前往伯利兹——当时那里还是一个孤立的沿海小镇，现在已独立成为一个国家了。从那里，他们前往内陆一个名叫科潘的地方，开始寻找遗址。

穿过长满树林的尤卡坦半岛必经的陆路旅程相当艰难，政局也很混乱，他们的骡子不时会陷入狭窄小道上的淤泥里。最终他们还是抵达了科潘村，然而，村里只有几间破旧的小茅屋。第二天，一个当地向导带领他们穿过田野和茂密的森林，来到一条河边。隔着河，他们看到了玛雅城的一堵墙。

初来乍到，斯蒂芬斯和卡瑟伍德，并不知道自己能看到什么。他们骑马过河，惊讶地发现，自己身处复杂的梯田和金字塔的包围之中。更出乎意料的是，他们发现了一个方形的石柱，上面有一个浮雕人物和一些精致的象形文字。他们马上就明白，科潘的建筑和艺术风格不同于地中海一带的任何地区。建造者们筑起了金字塔（现在已被植物掩盖），金字塔之间有院子和广场。精致的象形文字刻在灰泥（细石膏）覆盖的建筑上，还有一系列装饰繁复、单独排列的柱子（在术语上被称为"Stelae"，意为"石柱"）。科潘的石柱上雕刻有统治者的肖像，它们排列在中央广场两侧。这样的石碑也出现在另一个大型皇家建筑群中，其中还有阶梯状的金字塔、广场和宫殿，共同组成了城市的中心内容。最高的金字塔，现在被称为16号庙宇，其高度曾经超过30米。

斯蒂芬斯文思泉涌，笔下生辉，他在书中描绘了沉寂的森林和广场，还有完美得不输于任何罗马圆形竞技场的建筑。他写道："这座城市是荒凉的。一切都是如此神秘，一种黑暗难解的神秘。"是谁建了这些令人惊叹的历史遗迹呢？他陷入了沉思。这里的象形文字和埃及的文字不一样，当地的印第安人也不知道是谁建起了科潘遗址。斯蒂芬斯把它比作一起发生在海滩上的事故："它展现在我们面前，就像是一堆支离破碎的树皮。"他们穿过森林，用指南针和卷尺丈量，绘制出了古城的形貌——这是历史上玛雅遗址的第一份平面图。与莱亚德在美索不达米亚所做的不同，他们并没有展开发掘，而是依靠测量和仔细的观察来讲述科潘的故事。

卡瑟伍德就此安顿下来，专心临摹那些精心装饰的石柱和浮雕——这个艰巨的任务考验了他的艺术能力。与此同时，斯蒂芬斯则在思考是谁建起了科潘。他随即意识到——这不是古埃及人或是许多世纪之前横渡大西洋来到此地的其他文明所留下的遗址——这是一个充满异国情调的独特城市。如果他们能把废墟的一小部分运到纽约，那将会是一次精彩的展览。经过一番讨价还价，斯蒂芬斯只用50美元就从当地的所有者那里把科潘买了下来。让未来的考古学家们感到幸运的是，这条河根本行驶不了驳船，因此他实际上无法搬走任何东西。

斯蒂芬斯在科潘逗留了十三天，而卡瑟伍德则待了更长的时间。他在大雨中工作，双脚陷入泥地里，浑身上下被蚊子叮咬。除非在强光下，这些浮雕平时很难看得清楚。他的任务很艰巨，因为科潘遗址占地将近3平方公里，有三个主要的院子、金字塔和寺庙。

后来，斯蒂芬斯和卡瑟伍德在危地马拉市会合。斯蒂芬斯此时已经不再想当外交官的事了，两人决定去墨西哥南部另一个已经被灌木掩盖的、被称为帕伦克[1]的城市——据说那里和科潘一样壮观。他们走过了非常艰难的地带，同时他们已经换上了宽边帽子和宽松舒适的衣服，就像当地人一样打扮了。

尽管有四十个本地搬运工的帮助，旅途的最后阶段还是无比艰苦，他们常常不得不穿过茂密的灌木丛往前行进，帕伦克在丛林中隐隐可见。这个地方比科潘小得多，它从公元615年至683年一直在帕卡尔大帝（Pacal the Great）的统治之下。帕卡尔大帝的葬礼纪念碑就是宏伟的"铭文庙"（Temple of the Inscriptions），他被埋葬在该庙宇的金字塔下面，这个金字塔最终在1952年被发掘出来。

1　帕伦克（Palenque），墨西哥东南部的玛雅古国城市遗址。

斯蒂芬斯和卡瑟伍德在帕卡尔的宫殿院落里建起了营地。这个地方非常潮湿，潮以至于蜡烛都无法点燃。斯蒂芬斯就借着萤火虫发出的亮光读报纸，并以此为乐。在蚊虫叮咬和瓢泼大雨的袭扰下，他们两人跌跌撞撞地摸索着那些爬满植物、几不可见的建筑物。在卡瑟伍德绘图的时候，斯蒂芬斯就为画家建起梯子，清理干净宫殿的墙面。墙体厚实、装饰精美的建筑物被区隔出若干庭院，庭院的长度可达91米。他们在几周内勾画一个大致的轮廓，终因不堪忍受潮湿的气候和蚊虫而不得不离开了。

斯蒂芬斯意识到帕伦克潜在的科学价值和赚钱机会，试图以1500美元的价格把这个地方买下来——这个价钱之所以远超科潘，是因为科潘的位置要远得多。当他发现必须以娶一个当地女子为代价才能做成这笔交易时，他选择放弃，两人慌不择路地离了；接下来要去寻找玛雅的另一个中心乌斯马尔。不巧的是，卡瑟伍德突发高烧，所以只能勉强支撑着在那个雄伟的遗址待了一天。

两人于1840年7月回到纽约，斯蒂芬斯开始撰写《中美洲旅行记事：恰帕斯和尤卡坦》（*Incidents of Travel in Central America, Chiapas and Yucatan*），果不其然，一年后出版时又是畅销一时。这本书展现了斯蒂芬斯最好的文笔，采用一种轻松的叙述风格。当然，这是一本旅游书，与众不同的是，斯蒂芬斯从他十分熟悉的当地印第安人的角度出发，描写了三个伟大的遗址景点。他意识到，建造了科潘、帕伦克和乌斯马尔的先民，共享着同一种文化。他们的艺术起源于当地，即使与地中海文明最优秀的作品相比，也毫不逊色。根据他的观察以及和当地人的交谈，斯蒂芬斯在这本书的结尾阐述了一个明确的论断：他所看到的遗迹，是由当地玛雅人的祖先建造的。

当时，斯蒂芬斯并不是唯一一个写到玛雅文化的人。在他的书出版两年之后，来自波士顿的历史学家威廉·普雷斯科特于1843年出版了《征服墨西哥》（Conquest of Mexico）。普雷斯科特参考了斯蒂芬斯的书，这让他的不少同行也UI斯蒂芬斯的作品产生了兴趣。与此同时，在返回纽约仅仅十五个月后，卡瑟伍德和斯蒂芬斯再次回到中美洲，决心要在乌斯马尔待上更长的时间。

从1841年的11月到1842年1月，他们一直待在乌斯马尔，对这个也许是所有玛雅遗址中最雄伟的地方进行测量和绘图。乌斯马尔以其金字塔神庙和长长的宫殿建筑而闻名，从公元850年到公元925年，这个地方曾是一个本地邦国的行政中心。这两个人还是没有选择去发掘遗址，而是集中精力研究该遗址及其主要建筑，即所谓的女修道院。卡瑟伍德试图尽可能准确地记录下这些遗址建筑，希望自己能在纽约建一个一模一样的仿制品。

尽管时而生病发烧，斯蒂芬斯还是设法参观了附近的其他地方，比如卡巴。他找到了一些刻有象形文字的木质门梁，还把它们带回到纽约。他们轻装旅行，骑马穿过尤卡坦，在奇琴伊察待了十八天，该地闻名于世，不仅是因为有被称为"卡斯蒂略"的巨大阶梯金字塔，还有巨大的球场。他们还遇到了一些与他们分享宝贵历史信息的当地学者。

卡瑟伍德和斯蒂芬斯又去访问了第一批西班牙探险家提到过的科苏梅尔和图卢姆。在那里，除了成群的蚊子外，他们没看到其他什么特别的东西。于是，两位旅行者于1842年6月又返回纽约。斯蒂芬斯写的另一本畅销书《尤卡坦旅行记事》（Incidents of Travel in Yucatan）在九个月后出版。在书的最后几章，他重申了玛雅遗址是由当地人建造的论断，他们一直生存繁衍到被西班牙人征服。后来所有关于玛雅文明的研究，都是基于他这个直截了当的结论而进行的。

这两个人的考古冒险到此就结束。他们后来又都回到中美洲，为当地的铁路项目做出了许多贡献，由于感染上疟疾，两人只好离开。斯蒂芬斯的身体因为多年的热带病而变得十分虚弱，于1852年病逝于纽约；两年后卡瑟伍德则在纽芬兰岛外海的一次撞船事故中丧生。

他们用文字和草图记录下的这些遗址，四十年之后，才再度有人对其进行科学研究。和莱亚德一样，斯蒂芬斯满足于描述和记录，而把发掘工作留给了后人——除了旅行困难之外，他也并没有经费来进行发掘。再者说，他最初的目的也只是想写一本有关旅行的书。

当西班牙人自15世纪来到美洲时，古玛雅文明就已经被森林灌木吞噬了。然而，当地那些建造了帕伦克和其他伟大文明中心的玛雅人的后裔，仍然保留着玛雅文化中包括古老的传统仪式在内的许多元素。卡瑟伍德和斯蒂芬斯通过绘图和出版物确保了玛雅文明再也不会被历史遗忘。

第七章 石斧与大象

　　《创世记》的记载说："创世之初，上帝创造了天和地。"他在六天内完成了这项任务，然后他创造了一个人——一个"活生生的人"。上帝把第一个人类放在伊甸园里，有四条河流从伊甸园流出，其中两条是美索不达米亚（意为"两河之间的土地"）的幼发拉底河和底格里斯河。

　　那么人类有多久的历史了呢？地球又存在多久了呢？

　　两个世纪以前，基督教教义认为《旧约》中的创世故事是一个历史事实，根据《圣经》的记载来计算，创世故事发生在公元前4004年。在当时，对此说法提出怀疑就是在挑战基督教信仰，那可是一种严重的犯罪。

　　但是，《圣经》的说法有一个很大的问题：人类的历史真的就都发生在这短短的6000年里吗？

人类起源问题，早在16世纪就开始在学者们的脑海中盘旋。欧洲各地的古文物研究者们，对那些在耕地里发现的石器工具感到困惑——许多人认为那是电闪雷击后形成的自然产物。但在约翰·弗里尔出现在大家的视野中后，一切都变了。

约翰·弗里尔（1740—1807）是英国的一个乡间地主，毕业于剑桥大学——他在那里主修数学，并且小有成就。他还曾当过萨福克郡的郡长，并于1799年到1802年担任过英国的议员。但在后来的岁月中，他的主要兴趣转向地质学（岩石与地球研究）和考古学。在政治和社会关系上，他交际甚广，他还被选为皇家学会和伦敦古物学会的院士（会员）——两者都是那时重要的学术团体。所有的记录都显示，他是一个富有魅力的人，并且对自己的家乡——位于英国东部诺福克郡罗伊登霍尔——附近的乡野颇感好奇。

1797年，几个制砖工人在位于霍克森的一个黏土矿坑里发现了石质的斧头和大型动物的骨头——霍克森是一个离弗里尔的家只有8公里的小村庄。他骑马前去，小心地在砖坑的墙壁上挖掘。在被岩土密封的无菌层之间找到了更多的斧头和骨头——这些骨头原本是属于当地早已灭绝的大象的（当然，大象可是在热带才有的动物）。

弗里尔意识到这事非同寻常。他做了那时大多数古文物研究者都会做的事：给在伦敦的古物学会写了一封短信。他知道这家协会的会员都是对过去的事感兴趣的人。按惯例，他在1797年6月22日向会员作了简短的报告，并在三年后发表了论文。有人可能会想，这件事不值一提，但弗里尔所写的内容真是令人难忘。他把他所找到的文物描述为"战斗用的武器，是由不会使用金属的人制造和使用的"。行文到此，还没有什么特别惊人之处，因为他的许多研究会同行都相信古代英国人不会使用金属。但他接下来写的内容可谓振聋发聩："我们认为，在这种环境下发现的武器，来自一个非常遥远的时期，甚至早于现在我们已知的世界。"

从根本上来说，弗里尔的措辞有悖于宗教教义，对古物学会的会员更是如五雷轰顶。这些会员都是谨小慎微、受人尊敬的人，其中还有不少人本身就是牧师。于是他们非常低调地发表了弗里尔的信……然后就将其束之高阁了。约翰·弗里尔的发现被忽略了整整六十年。

甚至在霍克森的文物出土之前，在欧洲有好几个地方，人们在发现大象骨头的同时，也发现了人类制造的石头工具。这非常令人吃惊：因为19世纪的欧洲是没有大象的。随着更多的大象遗骸和石器被发现，人们渐渐明白，在欧洲，人类能够使用金属之前的很长时间里，是与现在早已灭绝的动物共同生存的。很显然，他们甚至还猎杀过那些动物。那他们是存在于比《圣经》所说的6000年前创世记更早的时间里吗？

如果按照《圣经》所说的，人类只存在了6000年——这个时间段就短得非常窘迫了。例如，如何解释出现在埃夫伯里和巨石阵[1]的神秘石圈？当恺撒2000多年前入侵英国的时候，它们就已经是很古老的遗迹了。人们开始思考一个此前不敢想象的问题：在

---

1 埃夫伯里（Avebury）是一个新石器时代的环形石阵，石阵环绕着英格兰西南部威尔特郡的埃夫伯里村，是世界上最大的巨石群。巨石阵（Stonehenge）也位于英国威尔特郡，是欧洲最著名的史前遗迹，也是英国研究新石器时代和青铜时代的重要纪念碑。埃夫伯里和巨石阵相距约20英里。

神造世界之前，世界是否就已经存在了？基督教教义认为：持有这种思想既不负责任，又是一种罪行。

我们倾向于认为，考古学只是对古代人类社会的研究——但这种狭隘的观点是错误的。你不能仅仅依靠考古发掘和文物来重建过去；考古学与其他学科，如生物学和地质学一起发挥了作用。当科学家们开始面对人类起源这样棘手的问题时，这几门学科就要融汇在一起了。不研究动物化石和地球的地质，就无法理解我们的起源。要证明人类在公元前4004年之前就繁衍已久，就要找到人类与层状岩石中发现的，早已灭绝的动物曾经生活在一起的证据。

地质学和宗教产生了尖锐的冲突。基督教当时的教导说，上帝通过一系列的神迹创造了地球的地质层。在几次创造之间，发生过一些灾难，这导致了某些动物的灭绝——最后一次灾难就是诺亚所经历的大洪水。至少就《圣经》而言，人类和已经灭绝的动物是彼此无关的。但在非常古老的地质层里，考古学在不断地发现着人类和某些灭绝动物曾经共存的证据。

约翰·弗里尔在霍克森发掘出石斧和大象骨头的时候，也是英国社会发生巨变的时期。英国城市繁荣发展，人们在建造运河和其他大型建筑时，不断进行着挖掘活动，他们在各种不同的地方都揭开了很深的地质层。当古文物学会忘掉弗里尔的研究时，一位名叫威廉·史密斯（1769—1839）的谦逊有礼的运河专家，在设计穿过乡野的水路航线时，通过实地观察，彻底改变了地质学。史密斯连贯地绘制了长距离的岩石地层图，因为他发现了很长的地层，并且发现它们是经过了悠久的岁月才形成的。他对地质构造的热情感染了很多人，很快他就被人称为"地层史密斯"。

这位杰出的地质学家同时也是一位热心的化石收藏家。他丰富的地质层知识和经验让他认识到，地壳的许多层面里埋藏着独特的化石，而化石的变化则代表了时间的变化。这种观念其实是在用完全不同的方式来看待世界——没有突如其来的灾难或戏剧性的神迹留下的痕迹。人们越来越难相信，是上帝突然间创造了这些复杂的地层。显然，地层是随着降雨、洪水、风沙或地震这类自然运动而形成的……

一个新的科学理论，即"均变论"[1]出现了。换句话说，过去形成地球的同样缓慢的地质因素仍然在运作着；我们所知道的地球，是在一个连续不断的变化过程中发展而来的，其历史亘古遥远。

英国著名地质学家查尔斯·莱伊尔爵士（1797—1875），继承了史密斯未竟的事业继续做了下去。他研究了欧洲各地的地质序列，并撰写了19世纪科学的经典著作《地质学原理》（*Principles of Geology*）。他试图解释，地球的变化是一个自然的过程，而且这个变化还在进行之中。当然，这也就让人有可能去辩论说，人类起源的时间比《圣经》上所说的6000年前要早得多。但现实是，基督教会仍然全能而不可挑战，莱伊尔很小心地在他的书中避开人类起源这个敏感的问题。

像许多重大的科学进步一样，莱伊尔辉煌的研究成果影响

1　均变说（principle of uniformity）是用来测量地球年龄的一个理论，它与灾变论的说法相冲突，意思是以前发生的事情和现在的事情成比例，过去一切发生的地质作用都和现在正在进行的地质作用方式相同；所以，研究正在进行的地质作用，就可以了解过去地质作用的成因。

了其他学科领域的研究者，其中就有一位年轻的生物学家查尔斯·达尔文。他曾在1831年至1836年间，随着英国皇家海军的"小猎犬号"船环球旅行，进行了长达五年的科学研究，并在旅途中阅读了《地质学原理》。达尔文观察了南美洲的地质层，这些地层很明显是经过悠久岁月才逐渐形成的。他从其中收集到的化石中观察到，现代动物的物种，特别是鸟类，随着时间的推移逐渐有了改变。这些观察引导他提出了革命性的进化论和自然选择论。

人们对已经灭绝的物种兴趣增强了，尤其是当动物的骨头从洞穴中的地下层被发掘出来的时候。挖掘洞穴成了寻找已灭绝动物的时髦方法。在比利时和法国，石器和已经灭绝的动物骨头开始出现在同一个洞穴的岩层里。在英国，天主教牧师约翰·麦金纳瑞神父（1797—1841），在1825年和1826年间，开始发掘肯特洞穴，那是一个位于英国西南部托基市附近的大洞穴。他在那里发现了石器和灭绝的犀牛的骨头，它们都被密封在岩溶石笋（洞底的石笋是从岩洞顶上随水滴落下的物质所形成的石灰岩矿床）下的同一地层里。麦金纳瑞是个牧师，但他却开始相信，在远比6000年长的时间里，人类和（现在已经灭绝的）动物曾经共同生存过。有些著名的牧师不同意这个看法，有人甚至声称是后来的人在古老的岩层里挖了坑穴，并把石器工具遗留在了动物的骨头化石旁边。

然而，由于肯特洞穴遗存的发现，科学界的领导人物开始注意到，人类的工具和灭绝动物的骨头经常在考古挖掘中被同时发现。让他们尤其感兴趣的一个新事物是由雅克·布歇·德彼尔特（1788—1868），一个海关低层官员，在法国北部索姆河谷的阿布维尔发现的。布歇·德彼尔特几乎每天都跑到那里的砾石坑里挖掘。他在同一地层里找到了已经灭绝了的大象以及其他野兽的骨头，也同时发现了一些做工精细的石斧。他对自己找到的石斧相当着迷，并断言：这些工具是由在《圣经》中所提到的大洪水发生之前人为磨制而成的。

不过，布歇·德彼尔特在介绍自己的发现时，所作的演讲冗长而枯燥。他在1841年写就的一部五卷本的《创造论》（De la Creation）中还讨论了人类的起源。但科学家们却把他看作怪人而轻视了他的发现。直到布歇·德彼尔特在1847年发表的另一篇长篇文章中，再次强调他在索姆发现的石斧是非常古老的。他的坚持终于有了收获：一些法国专家考察了洞坑，然后得出结论：布歇·德彼尔特是对的。这些专家言之凿凿的断言，终于传到了巴黎和伦敦。如果布歇·德彼尔特的演讲和作品不是那么枯燥乏味的话，他的发现很可能早就得到承认了。

托基自然历史协会在1846年成立了一个委员会，对肯特洞穴进行重新探索。他们邀请到了身为校长的优秀地质学家威廉·彭杰利来领导新的发掘。他的发现再次证实了麦金纳瑞神父的结论。1858年，在托基海湾的对面，人们在布里克瑟姆镇采石时，偶然间发现了另一个洞穴。英国皇家学会派出了一个由著名人士组成的观察委员会，他们亲眼目睹了彭杰利的发掘现场。在洞穴的底部布满厚厚的石笋；在石笋下面，彭杰利发现了许多来自已灭绝动物的骨头。这些动物包括洞穴狮子、猛犸象（一种长毛、耐寒的大象）、古代的犀牛和驯鹿，同时被发现的还有人类制造的石器工具。至此，人类生产的工具和灭绝的动物之间存在过联系的结论，已毋庸置疑。

1859年，就在查尔斯·达尔文发表《物种起源》（*On the Origins of Species*）之前，英国科学界的两个主要成员——地质学家约瑟夫·普莱斯特维奇和专门研究石器工具的古文物专家约翰·埃文斯——到索姆遗址进行了一次短暂的访问。埃文斯自己也发掘到了一把石斧，而在同一地层里，还曾发掘出已经灭绝的大象的骨头。后来，这两位科学家返回伦敦，断言说：人类在《圣经》创世说之前很久，就已经在地球上生活了。他们发表的论文在皇家学会和伦敦古物学会上宣读，而约翰·弗里尔六十年前就曾经在那里提交过自己的报告。时代终于改变了，科学证据无可争辩：人类的存在已经有非常长的一段历史了，大家普遍对此没有了异议。

在布里克瑟姆和索姆的发现，引发了一个有关人类起源的严肃讨论。显然，人类早于6000年前就已经存在了，但是具体有多早？查尔斯·达尔文著名的进化论和在德国发现的一个奇特的人类头骨，将为回答人类何时起源的问题奠定下基础。

第八章 巨大的转折点

　　在约翰·埃文斯和约瑟夫·普莱斯特维考察索姆砂石坑的石斧和大象骨头的之后几个月，一个爆炸性的事件发生了——查尔斯·达尔文发表了《物种起源》，这一事件将考古学置于人类起源争论的中心。考古学家和地质学家已经充分证明：人类与灭绝的动物们曾经一起在地球上共同生存过。而正在此时，达尔文的进化论和自然选择理论解释了动物和其他生物是如何随着时间推移而进化的。

　　达尔文的新理论消除了现代世界和灭绝动物曾经生存的世界之间所有的界限。历史上并不存在所谓的大洪水或大灭绝等事件，把早期动物或人类与19世纪中期的科学家们隔绝开。已经灭绝的动物和人类，毫无疑问地曾经同时在这个地球上共存过。

　　公元1859年不但是考古学的一个重大转折点，对整个科学界来说也是如此。考古学家和生物学家都面临着新的问题：在我们之前，地球上有过早期人类吗？如果有的话，他们繁衍了多久？如何解释人类社会和人类的祖先之间的巨大差异呢？达尔文振聋发聩的观点，促使考古学家去寻找对这些问题的解答——寻找早期人类以及他们使用过的工具。

早在在剑桥大学读本科时，查尔斯·达尔文（1809—1882）就已经非常热衷于生物学了。他于1831年到1836年间乘坐英国皇家海军"小猎犬号"，在世界各地进行了漫长的航行。他在这期间收集了大量动植物方面的资料。不久后，他开始研究和记录动物的进化过程。在南美洲观察到的地质层，让他意识到查尔斯·莱伊尔的"均变论"是正确的。当达尔文读到学者托马斯·马尔萨斯发表于1798年的《人口论》（*Essay on the Principle of Population*）时，又一个关键时刻到来了：马尔萨斯认为，对于包括人类在内的动物种群，其数量只能扩大到食物供应的极限。达尔文进一步扩展了这个理论，他写道：人类演变是自然的产物，其机制是自然选择的渐进过程。

自然选择导致了生物特性一代一代的变化。动物在外貌和行为上表现出了个体差异，例如身体大小、后代数量等等。其中有些特征是遗传的——即从上一代传到下一代，其他特征则是受到外部环境的强烈影响而产生的——这些就不太可能传给后代。具有竞争当地资源能力——达尔文称之为"生存之争"——的个体，才能幸存下来。自然选择让不同种类的个体把其身上小而有益的变化传给后代；当弱势群体消亡时，优越的个体得以生存繁衍。这种自然选择适用于包括人类在内的所有动物。

查尔斯·达尔文把自然选择的机制公之于众，但他没有顺势阐述人类进化的问题。因为他担心这会使这本书的观点无法得到公正的讨论，他只是强调他的理论可以对人类的发展提供"引以为鉴"的作用。又过了十年后，他发表了《人类的起源》（*The Descent of Man*），并且在这本书中他才开始探讨自然选择与人类进化之间的关系。

达尔文的推论指出，人类起源于热带的非洲，因为那里有许多猿猴。今天，我们知道他是对的。他出色的研究，为考古学对于早期人类的探索，提供了令人信服的理由。进化论确定人类是从类人猿进化而来的。维多利亚时代的体面家庭对此感到十分震惊。母亲们把孩子拉到她们的裙边，彼此低声交谈，说希望这样的谣言会被证明是不实的。讽刺杂志则把人类祖先和猿猴画在一起；还有画着达尔文长了黑猩猩身体的卡通片到处流行，而画中的大猩猩还对达尔文声称自己是大猩猩的后代而感到不悦。牧师们也纷纷在布道时公开反对进化论的观点。

幸运的是，达尔文拥有强大的盟友，其中就有托马斯·亨利·赫胥黎（1825—1895），19世纪最伟大的生物学家之一。赫胥黎的相貌引人注目，长着狮子般的脸庞，黑发美髯。他是一位出色的演说家，他对进化论和自然选择的解说是如此有感染力，甚而因此他被称为"达尔文的斗牛犬"。随着时间的推移，除了最坚定的基督徒之外，反对达尔文思想的声音逐渐消失了。

没有人知道人类的祖先长什么样子。在达尔文发表《物种起源》之前的三年，在德国杜塞尔多夫附近的尼安德特山谷，采石的工人曾在山洞里发现了一个结构粗厚的头骨，和一些肢骨。这个看着挺原始的头骨有着巨大而粗糙的眉骨，形状像个面包——与现代人光滑、圆润的脑袋很不一样。专家们对这一发现感到困惑。著名生物学家赫尔曼·夏夫豪森宣称，这是那些古老而野蛮的欧洲先民的遗骸。夏夫豪森的同事鲁道夫·魏尔肖，一位杰出的外科医生则认为这些骨头来自一个长相畸形的白痴。

但是赫胥黎这位"达尔文的斗牛犬"则有不同的看法。他意识到，在尼安德特发现的头骨，属于一个原始人，生活的时期早于我们这样的现代人。他对遗骸进行了仔细的研究，并将骨头与黑猩猩的骨头一块一块地进行比较，发现两者之间有着惊人的相似之处。赫胥黎写了一部关于人类进化的经典著作。在1863年出版的《人类在自然界的位置》（*Man's Place in Nature*）一书中，他阐述说，尼安德特人头骨来自当时已经发现的最原始的人类，和我们的猿类祖先明显相关。这是人类起源于猿的证据，正如达尔文的理论所暗示的那样。所有关于早期人类化石的现代研究，都起源于这本简短而清晰且笔法优美的书。赫胥黎的思想深受地质学和考古学的最新发现所影响，也同样深得进化论的精髓。

19世纪六七十年代，更多的尼安德特人的骨架在法国西南部的岩洞和避风石缝中被人发现。他们有着突出的下巴、宽大的眉骨和倾斜的前额。体格矮小的尼安德特人看起来很原始，和猿猴十分相似。他们成了漫画中的穴居人，漫画家们在作画时，总是让他们随身带着粗大的棍棒。尽管如此，要建立起人类进化学说的哪怕是最基本的细节，还是要依赖于更多的化石发现。

越来越多的人谈论起猿与人类之间的"缺失环节"，即人类最终的祖先。许多人认同达尔文关于在热带非洲能找到这种发现的看法是正确的——因为那里是多种的猿类曾经生活过的地方，那么，认为人类起源于那里当然是合乎逻辑的。但是，在尼安德特人之后，人类化石的下一个重大发现却是在别处。

欧根·杜布瓦（1858—1940）是一个热衷于研究人类起源的荷兰医生。他认为我们的祖先来自东南亚，那里也生活着许多猿猴。杜布瓦是寄希望于在研究中有所发现，因此他在1887年想方设法找到了一份作为政府医疗官员派驻爪哇岛的工作。在随后的两年里，他在特里尼尔小镇附近的梭罗河的碎石河滩边上耐心地寻找。他在那里找到了一个类人猿的头盖骨的上半部分、一根大腿骨和几颗臼齿。他称之为"Pithecanthropus erectus"，意思是"直立的猿人"，但人们一般称之为"爪哇人"。他说，这就是猿人和人类之间所缺失的一环，现在被称为"Homo erectus"（直立人）。

欧洲科学界对杜布瓦的说法不屑一顾。部分原因是，到那时为止，所有的早期人类化石都来自欧洲。科学家们嘲笑他，说他被看起来"原始"的尼安德特人迷住了。杜布瓦大受打击，回到了欧洲，据说他把化石藏到了床底下。

到了世纪之交，对大多数人来说，尼安德特人已经成为在报纸的漫画中步履拖沓的山洞野人。相反，科学家们则痴迷于一位律师和化石探寻者查尔斯·道森于1912年在英国南部皮尔当的砾石采石场的非凡"发现"。

道森声称他找到了"缺失的那一环"，结果却是件伪造品：中世纪的头盖骨，安上了一个500年前的人类下颚骨，再仔细地把黑猩猩的牙齿化石镶嵌进去；所有的骨头都涂了铁溶液——使之看起来很古老。几乎可以肯定的是，渴望获得科学界认可的道森，伪造了这件耸人听闻的赝品。道森知道，当时的科学家认为，人类大脑的发育得益于现代人类种类繁多的饮食。因此（有人认为）他悄悄地创造了一个从解剖学上来说是现代人的骷髅化石，然后加入适当修改过的黑猩猩牙齿，伪造了一个原始的"皮尔当人"。

尽管看起来很令人吃惊，但当时没有人质疑这一"发现"，要知道，当时还没有判断文物年代所需要的分析工具。在1953年对该骨骼的化学分析，最终揭露了该物为赝品。那个时候，在非洲和中国发现的其他化石已经让人怀疑"皮尔当人"的真实性，因为该物品与其他化石相比显得太不同了。

杜布瓦的"爪哇直立猿人"渐渐被人遗忘了，直到20世纪20年代中国地质调查人员在北京西南部的周口店发掘了一个深洞，一位瑞典实地考察者和中国学者裴文中出土了人骨。该标本被证明和杜布瓦在特里尼尔找到的猿人遗骨几乎相同。很快，这两种猿人被列在一个标签下，称为直立人。

尽管发现了尼安德特人和直立人，要讲述过去的历史，仍有大段的空白。从霍克森和索姆山谷发现的石斧，到后来的人类化石，再到年代稍近一些的像巨石阵这样的遗址，中间还有成千上万年的间隔。还没有人能够判断出杜布瓦发现的化石或尼安德特人的具体年代。填补在爪哇化石和尼安德特人之间的，是博物馆里满抽屉的石头工具。这些工具只是展示了制造石头工具的工艺随着时间推移而有所进步——仅此而已。

一个迫切的问题是，谁是最早的人类？另一个问题是，差异甚大的人类社会，是如何共存的？

人类社会进化理论出现了，特别是在一个叫赫伯特·斯宾塞（1820—1903）的社会科学家的著作中。他工作的时期，正是快速工业化和重大技术变革出现的时候。斯宾塞认为人类社会的发展，是从简单到复杂和高度多样化，这样的理论，使考古学家得以想象：从简单的古代社会到复杂的现代社会是有序发展的。

但古代社会究竟是什么样子呢？斯宾塞是在有关非洲、美洲、亚洲和大洋洲等非西方社会的知识变得广泛普及的时候撰写其著作的。通过阅读探险家对此前不为人所知的部落的描述，以及卡瑟伍德、斯蒂芬斯和其他人的著作，你能很容易地想象一个树形的进展图：在最底层的是尼安德特人，以及像澳洲和塔斯马尼亚原住民这样的狩猎民族；再上面一些的是阿兹特克人、玛雅人和柬埔寨人这样的先进文明；当然，在最顶端，是维多利亚时代的文明。

人们试图把人类化石和考古发现都放在这样一个容易理解和有意义的框架内。如此阐述人类进化的理论，为考古学家发现的鲜为人知的过去提供一条便捷的路径。但有些人走得更远。

另一个英国社会科学家爱德华·泰勒爵士（1832—1917），提出了人类社会三个阶段的构想：野性社会（狩猎和觅食的社会）、野蛮社会（简单的农业社会）和文明社会。用简单的、阶梯上升式的方法来看待过去，很受维多利亚时代的人们的欢迎，因为他们坚信技术进步是文明的标志。谁能指责他们呢？当时，除了在欧洲的这一小块区域之外，考古学对其他地区几乎一无所知。这些简单的理论反映了当时人们的普遍想法，即19世纪文明代表着人类漫长历史的高峰。从19世纪60年代和70年代的视角来看，人类的进化似乎的确是像阶梯发展那样有序。

但当在非洲、美洲和亚洲的考古发现揭示了一个更加多样化和迷人的史前世界时，一切都将要改变。

第九章　三个时代的划分

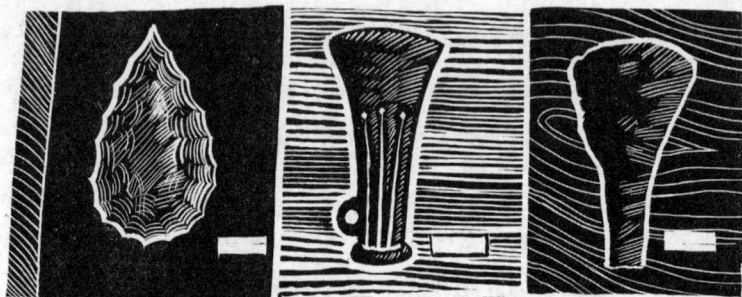

　　19世纪早期的欧洲考古学，是个令人费解的谜团。对学习欧洲历史的大多数人来说，真正的历史开始于朱利叶斯·恺撒[1]和罗马人。当然，这是无稽之谈，因为欧洲有许多比这更早的考古遗址。但一切早于恺撒大帝的东西——经过打磨的石斧、青铜剑和精心制作的装饰品——只是堆放在博物馆和私人收藏的抽屉和柜子里的一堆杂物。混乱一片的文物和考古遗址，让人无法悟出其历史意义。

　　人们经常用《圣经》作为历史依据，但是书里并没有提供此类资料。如何才能构建一个了解远古历史的框架？不同的民族都曾使用过石器或金属制造的刀剑吗？他们是怎样的人？是否像约

1　盖乌斯·朱利叶斯·恺撒（Gaius Julius Caesar，前102—前44），史称恺撒大帝，罗马共和国末期杰出的军事统帅、政治家，并且以其卓越的才能成为罗马帝国的奠基者。

翰·奥布里所说的那样（见第一章），生活在英国和其他欧洲国家的人和美洲土著人是相似的？没有人知道，在罗马人之前，欧洲有过什么样的人类社会？

欧洲人里很少有像丹麦人那样认真对待考古学的。罗马人从未征服过丹麦，这意味着丹麦人对该国的古代先民有一种强烈的依附感。考古学是研究自己祖先的唯一方法，丹麦人强烈的爱国主义表现在：他们对本国在基督教流入前的文物不断深入地研究、探寻。但就像英国和法国的发掘者一样，丹麦的发掘者在清理考古发现时也是束手无策。把混乱变为有秩序的最初尝试，是在斯堪的纳维亚地区进行的，这并非偶然。

丹麦政府于1806年成立了文物保护委员会，以保护考古遗址和建立起一个国家博物馆。该委员会的成员在1817年委任克里斯蒂安·约更森·汤姆森（1788—1865）去梳理国家的藏品（这些收藏当时堆放在一个教堂的阁楼里），并进行展出。汤姆森是一个富商的儿子，热衷于收藏钱币。他严谨清晰的思维，使他成为管理博物馆的理想人选。任何一个认真收集钱币的人都必须学会分门别类，并且习惯于按自己的风格排列物品。大家都说汤姆森还善于交际，喜欢与人交谈。他的书信也写得很好，这使他与当时在丹麦以及在国外的学人建立起了广泛的联系。这些长处都有助于他成为一个理想的博物馆负责人。

勤奋的汤姆森开始把藏品记入像做生意那样的分类账目或日志中。每件收藏都有一个号码，新的藏品也登记在册并有编号，这使他能很快找到博物馆里的任何一件物品。几个月后，他就完成了对500件文物的分类编号。枯燥的编目和分类的过程，让他熟悉了大量的史前文物。哥本哈根的藏品，括了数以千计的从早期狩猎地点找到的石器，有一排排的石斧和石铲斧（一种切削刀具，与手柄成直角），这是远古时期用于做木工活儿的工具。藏品中还有制作精美的石匕首、青铜剑和许多胸针。

分类编目是一回事，但了解那些成堆的石斧、石刀、青铜铲斧、盾牌和少量的黄金饰品的用途，则完全是另一回事。汤姆森注意到，大部分的藏品来自墓葬，随葬品中有黏土容器或石斧，也有胸针和别针。陪葬的物品各有不同，文物的种类也颇有特点。在研究了许多墓葬之后，汤姆森注意到，有些墓葬中有金属制品，但有些墓葬中只有骨质或石质文物。他决定用"制造工具的原材料是什么"这一点，来作为分类的依据。

他在1816年把丹麦历史分为三个阶段。最早的，对应于今天我们称之为"史前史"，即有历史记载之前的时期，是"异教徒时期"。他把这一时期又划分为石器时代、青铜器时代和铁器时代三个时期。由此诞生了著名的"三时代体系"，改变了有关史前时代的观念。

"三时代体系"的提出，完全根据汤姆森的博物馆收藏。石器时代是一个只有石头、鹿角、骨头和木头作为工具和武器的时代。青铜时代紧随其后，文物中以青铜和铜器为代表。然后就是开始使用铁器工具的铁器时代。汤姆森认为，这三个时代可以作为史前时代的时间框架。他很认真地在研究了不同类型的、未受干扰的墓葬和生活地点后，提出了这个观点，。

有人可能会认为，汤姆森是一个痴迷于藏品的博物馆馆长，其实他不是。他的博物馆展厅里确实展出了这三个时代的文物，但他们提供了更多的东西，以确保参观者能够认识到，考古学不只是关于物品，而更是关于人的研究。

汤姆森告诉来博物馆参观的人们，野地荒冢里，埋的也是曾经活生生地生活过的人；黄金饰物曾经在某个女人的胸前闪光耀眼，青铜护身曾经某个长期被遗忘的战场上在阳光下闪闪发光。博物馆开始一周开放两天，后来又再延长了开放时间。每个星期四的下午两点，汤姆森都会亲自带着游客参观，他充满了热情，甚至会将古老的黄金项链放在年轻女孩的脖子上——他让过去变得活灵活现起来。

汤姆森只写了一本书，一本薄薄的《北欧文物指南》（Guidebook to Northern Antiquity），出版于1836年，读者遍及整个欧洲。在这本书中，他描述了"三个时代划分体系"。这个体系很简单，是基于博物馆里经过认真分析的藏品而提出的。汤姆森的三时代体系，厘清了此前的混淆。在出乎意料的短时间内，三个时代划分系统成为用来细分史前历史的框架。

考古学是以发掘和实地调查为基础的，但在实验室中进行的室内研究同样重要。没有人会把汤姆森称为实地工作人员：他最主要的身份其实是博物馆专家。他的职业生涯都花在博物馆的展览中。他在1845年实地去发掘过一次，当时他和一位同事考察了一个青铜时代的墓葬。死者已被火化，他的剑和一枚精美的胸针放在牛皮护身上。汤姆森的发掘工作也做得非常出色，因为他记录很准确，反映了他精确的头脑和对细节的认真关注。

汤姆森把大部分时间花在小件藏品和小件艺术品上，但他也彻底改变了人们对历史的宏观视野。三时代划分体系的发展，标志着现代考古学和考古学的分类体系诞生了。

三个时代在时间上是否一代紧接着一代，具体的年代在何时——这些都还需要证明。在1838年，年轻的大学生延斯·雅各布·沃索（1821—1885）来拜访了汤姆森。他长期以来对考古学很感兴趣，并收藏了大量的文物。头脑机灵的沃索成了一名没有薪酬的博物馆志愿者。但他很快就得罪了汤姆森，因为他敢于表达自己的意见，而且善于写作。

幸运的是，国王克里斯蒂安八世十分赞赏沃索的工作，并赞助了这位年轻人的研究。沃索的第一本书《丹麦的史前文物》（_the Primeval Antiquities of Denmark_）在1843年发表，并于1849年被翻译成英文。这本有关三时代划分法的书写得非常精彩。沃索坚持认为，就像历史学家要依靠史料一样，考古学要发掘考古遗址，用发现的文物来书写丹麦最早期的历史——这是唯一正确的方式。国王对年轻的沃索印象深刻，派他到英国的不列颠群岛去考察、研究8世纪至11世纪之间的北欧海盗、斯堪的纳维亚的海员和商人的遗存，这让他得以写出另一本书，国王依此任命他为文物保护督察员。

沃索不停地旅行，记录历史遗址，并挽救了许多遗址使其免遭破坏。更为重要的是，他发掘了大量石器和青铜器时代的墓葬，研究了墓主本身以及他们的陪葬品，其中包括剑和盾、陶土容器，以及皮革质地的服装。这类发现为不同的人以及他们使用过的技术提供了历史的影像——让过去的三时代体系得以客观展现。沃索的发掘工作是非常重要的，他的研究观察证实了汤姆森的三个时代划分是按正确的时间顺序排列的。直到沃索进行挖掘工作之前，这个三时代划分的提法，全部根据都来自博物馆的藏品——现在也有实地发掘可以作证了。

沃索通过他的研究工作表明，考古研究可以提供关于过去的史料。当一尊保存完好的女性遗体在丹麦南部的一个沼泽中被发现时，相信传说的传统主义者声称：这是传说中的中世纪早期的甘赫尔德女王。沃索公开提出不同的看法，论证墓主是一个铁器时代的人。

沃索大部分研究的重点还是在墓冢上。的确，丹麦过去历史中的很多东西，都被保存在这样的古迹里，但这并不意味着全部。沿着该国海岸线，有数百个从很早就已形成的巨大的贝壳堆——那是由牡蛎等软体动物的贝壳堆集起来的巨大高堆。有些只是垃圾。但是在有些高堆上，曾经有人居住和造过房子。第一个研究这些贝壳堆的人是乔珀托斯·斯汀史特拉普（1813—1897），哥本哈根大学的动物学教授。他把所有这些贝壳堆称为"贝冢"，或"厨余堆积"。

了解贝壳丘堆的唯一途径，是研究现存的、非西方世界里那些饮食主要是贝类产品的社会。斯汀史特拉普和他的同事们，尤其是英国的考古学家约翰·拉伯克，对住在南美洲南端的火地岛的印第安人特别感兴趣。查尔斯·达尔文在他跟随"小猎犬号"的航行中曾描述过他们。达尔文——其实拉伯克和斯汀史特拉普也是一样——对该地土著人的能力评价甚低，对他们依赖贝壳类海产为生的原始生活方式发表过评论。

丹麦政府任命了一个由三位科学家组成的委员会——其中包括斯汀史特拉普和沃索——来考察贝冢。其他科学家也参与了进来，包括一位研究贝壳类生物的动物学家。沃索勘察了许多贝壳堆，他最大的一项研究针对的是在迈尔高建设公路时发现的一个贝壳堆：大断面的土丘暴露出厚厚的牡蛎壳和蚌壳的堆积层。他也找到了用鹿茸做的矛尖、石器、炉子，以及其他曾有先人在该地长期繁衍的证据。他称迈尔高为"某种进食的地方"。

斯汀史特拉普和沃索远远地领先于他们的时代。他们不仅研究文物，也记录了在贝冢中发现的软体动物物种——这是现在已知的最早的对人类如何生活进行的研究。

与此同时，沃索的同事们利用泥炭沼泽和保留在其中的植物遗存，研究了古代气候的变化。当冰河时代结束时，在冰川周围的土地上生长除了耐寒的白桦林。然后，随着气候变暖，橡树林取代了白桦林。斯汀史特拉普甚至还用候鸟的骨骼来确定贝壳堆上有人居住的季节。这是真正带来革命性变化的考古学，它强调研究古代环境的重要性。这种方法今天已为司空见惯，而斯汀史特拉普在一个世纪前就发表了他的研究结论。

在几十年的时间里，沃索在斯堪的纳维亚的考古界都是举足轻重的。他在哥本哈根大学讲授史前史，是斯堪的纳维亚半岛地区这个领域的首位教师。他于1866年离开大学，担任国家博物馆馆长，直到去世。

在他去世的时候，斯堪的纳维亚的考古学遥遥领先于其竞争对手。沃索对三时代划分法的严谨运用和他对古代生活堆积层的认真观察、研究，为北欧的考古学提供了一个总框架。他的框架在后来的几十年里得到了很大的改进，因为"三个时代划分体系"和各种史前文物的详细分类，成了欧洲普遍沿用的惯例。

汤姆森和沃索奠定了欧洲史前考古学，其实也涵盖了一般考古学的基础。"三个时代划分体系"给史前时代研究确立了普遍适用的秩序。石器时代包括索姆的石斧和弗里尔的发现、直立人和尼安德特人生活的时期，以及早期农业社会。青铜和铁器时代的范围更接近现代时期，直至中东和其他地区文明的出现。

这一总体框架提供了一个桥梁，将已知的最早的遗址与最近的时间有序地联系起来。但是历史还是有巨大的空白。后来在法国西南河谷和瑞士湖泊边上的重要发现，很快就会填补在不同凡响的狩猎社会和先进的农耕社会之间的时间空白。

第十章　冰雪世界中的石器时代猎人

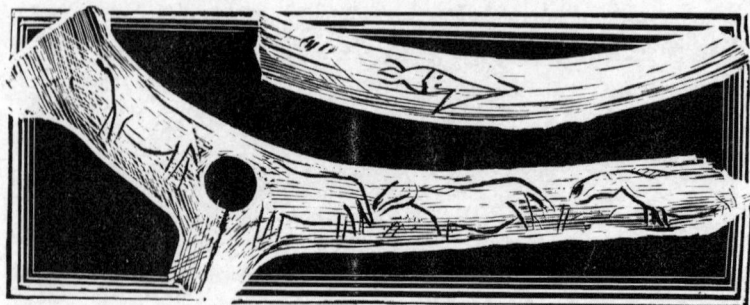

　　1852年，一个修路工人在比利牛斯山脉的山脚下、靠近法国南部奥瑞纳[1]的小村庄旁，无意中发现了一个山洞。他在泥土松软的洞穴中挖掘，试图寻找埋藏的财宝。他没有找到金子，而是发现了十七具遗骸，并有贝壳珠子和猛犸牙作为陪葬品。当地的牧师随即把它们重新安葬在了村庄的墓地里。

　　发现洞穴的消息传到爱德华·拉尔泰（1801—1871）的耳朵里，他是一个热衷于研究地质学、化石和古石器的乡村律师。他在洞穴最初被发现的八年之后，骑马来到奥瑞纳，在洞穴剩下的充填物里挑挑拣拣。他的挖掘虽然仓促，但还是发现了一个带着灰烬和木炭的壁炉，以及做工很好的石器。拉尔泰对这些发现感

1　奥瑞纳（Aurignac），法国南部的村庄，最早在此发现西欧旧石器时代后期文化遗迹。

到很困惑：这些古老工具的制作者是些什么人？在奥瑞纳石洞发现的石器，与布歇·德彼尔特在索姆河谷（见第七章）发现的石斧是如此不同。

拉尔泰的地质学知识发挥了作用。他意识到，找到答案的最佳途径在于找到人类曾经居住过的那些洞穴和岩石庇护所（悬崖下有石头凸出、形成遮蔽空间）。如果一代又一代的人曾到过同一地点，那么这些人类在很长时段内的活动，就会在不同的土层中留下痕迹。自此，他不再专注于地质化石，而是成了一名考古学家。在这一过程中，他开创了一种新的发掘方法，不是像在斯堪的纳维亚的同行那样发掘墓葬土墩，而是发掘洞穴和岩石庇护所。

拉尔泰还发掘了另外几个洞穴。在那儿，他发现了动物骨骼和石器。他在地质学家们的帮助下，一路找到法国西南部多尔多涅河地区，到了当时还是偏僻小村庄的莱塞济。这是法国一个很值得一去的地方，韦泽尔河与其他河流在远古洪流冲刷出来的峡谷深壑中穿行。我一直很喜欢到这片水源充足的乡下旅游，那里有绿色的田野、茂密的树林和河边绿茵茵的草地。高耸的石灰石崖就悬在头顶，悬崖上藏着许多深深的洞穴，凸出的岩石掩映在峡谷上方——在零摄氏度以下的冬季，它们能给人提供难得的庇护。

拉尔泰自己没有进行考古发掘的资金，于是，他说服了一个富有的英国银行家亨利·克里斯蒂（1810—1865）参与进来。克里斯蒂曾做过很多生意（包括用丝绸编织品来代替传统海狸毛皮的尝试）；他同时还是一个热心的文物收藏家，对美洲原住民的社会有很大的兴趣。1853年，他在斯堪的纳维亚旅行参观，哥本哈根和斯德哥尔摩的博物馆的收藏使他着迷。后来他在1856年来到美国时，遇到了人类学家爱德华·泰勒（他专门研究现存的非西方社会），并与他结伴去墨西哥旅行。

在听说（法国南部）莱塞济的故事后，克里斯蒂跟着爱德华·拉尔泰去参观了多尔多涅河的石窟。这两个人也就此成为亲密的朋友与合作者，克里斯蒂提供资金并收藏了大多数文物，拉尔泰则负责发掘。

按照今天的洞穴发掘标准，拉尔泰的方法很原始。拉尔泰是一个地质学家，习惯于考察有着不同动物化石的地层，他知道最早期的人文活动要挖到最底层才能看到。拉尔泰发掘出了无数的鹿角、骨制品和燧石制品，同时，他也发现了一些独特的石质工具；并在不同的地层中找到了不同的动物，如驯鹿、野马等。他据此鉴定出人类在不同时期所生活的地层。他发掘、探索过的洞穴和岩石庇护所，成了今天的考古学家们耳熟能详的名字：勒穆斯捷（Le Moustier）和拉费拉西岩棚（La Ferrassie），以及拉玛德琳岩棚（La Madeleine）。

拉玛德琳岩棚位于韦泽尔河水的边缘。拉尔泰在这里挖掘出的鹿角和骨质文物，是他所有的发现中最精美的——其中有精致的鹿角尖、一侧或两侧上有倒刺的鱼叉，还有骨头做的针。令他吃惊的是，他还发现了被精雕细琢的骨片：有的图案简洁大气的图案，有的图案则较为复杂，还有一些被雕刻成可爱的动物形状。在一个骨雕上，装饰着一只舔着自己身体的野牛——这雕刻是如此精细，甚至于人们都能看到牛眼睛里的泪腺。

但是创造了拉玛德琳岩棚的人是谁呢？经过几年的发掘，拉尔泰和克里斯蒂发现了石器时代社会的有序变化。最早的是在勒穆斯捷洞穴里穴居的尼安德特人。尼安德特人眉骨宽突，相貌与我们现代人相当不同。那么谁是我们的祖先呢？

这个答案在1868年揭晓了，当工人们在为莱塞济的新火车站开挖地基的时候，发现了被埋在地下的一个叫作克罗马农的山洞。拉尔泰继续往山洞的后面发掘，他发掘出了五具人类骨骼，其中一具是胎儿遗骸和几具成人遗骸。有一个女人，可能因为头部受到了致命的一击而死亡。这些骷髅周围散布着一些贝壳珠子和象牙吊坠。这些人不像尼安德特人那样眉骨宽突：他们的脑壳呈圆形，额头竖直，外表和现代人一样。拉尔泰认为，他发现了现代欧洲人的先祖——他是对的。

从发现这些骨骸的同一地层里，他们还发现了驯鹿和其他寒带动物的骨骼。这证明了：现代人类在严寒时期，也就是上一个冰河时期（现在已知大约是在18,000年前）就曾在欧洲生活。拉尔泰和克里斯蒂把这个记录为"驯鹿时代"。但他们的判断是事实吗？瑞士地质学家路易斯·阿加西斯多年来一直在研究阿尔卑斯山的冰川运动。他发现，在严寒时期，冰川向山谷的低处推进；而在气候较为暖和的时期，冰川就收缩，就像今天全球变暖时一样。阿加西斯秒回过一个"大冰河时代"，而这个时代出现在人类有文字记录之前，它因为气候迅速变暖而结束。"冰河时代"的最后一个寒冷期，正好与拉尔泰和克里斯蒂提到的"驯鹿时代"相重合。

这些生活在冰河时代晚期的人是什么样子的？在达尔文发表《物种起源》之前，人们曾求助于经典和《圣经》来解释过去；而现在有了一个新的信息来源：人类学。与克罗马农人情况具有最明显近似性的现代人，是爱斯基摩人。他们出色地适应了极端寒冷，并找到了在零摄氏度以下环境中生存的办法。这两类人确实有许多相似之处。例如，爱斯基摩猎人在春季和秋季猎捕迁徙的驯鹿群；克罗马农人也在这两个季节里捕猎驯鹿。同时，用象牙和其他骨头做的针也被发现了——这表明，多尔多涅河岩棚的居民很可能穿的是经过缝制的衣饰，如裤子和防风衣——就像现在住在北极的人那样。

在流行刊物和考古想象中，克罗马农人成了爱斯基摩人。他们通常被描绘为穿着爱斯基摩人服饰的样子，有的身着连帽大衣。尽管克罗马农人和现存的爱斯基摩人之间存在着巨大的时间差距，但这种比较，至少让人们直观地感受到过去的生活是个什么样。正如达尔文把火地岛人和非常原始古老时代的猎人相比，还有约翰·拉伯克爵士和其他早期的人类学家也会把非西方的现代社会与过去的时代拿来类比。他们创造了一种新的考古学方法。找到这种相似性，被考古学家们称为"类比"（analogies），成了今天考古学的一个重要部分。

拉尔泰和他的同代人的发掘手段还是流于粗糙的，他们用的是铁镐和铁锹（偶尔用小一些的工具）。他们的工作方式有点像寻找化石——但他们的目标并不是化石，而是人类生活的足迹，这就需要更精细的手段了。他们对一个又一个的地层展开快速的挖掘，寻找用驯鹿角和石器制作的精美工具和武器，辨别哪些是炉膛、哪里有临时住所，期望发现先人短暂停留过的痕迹。

与这种方法相比，今天的洞穴发掘专家采用的是全新的访客思维。他们用铲子、牙科工具和细刷子来发掘——这样他们就可以精确地剥离开每个薄土层，揭示出先人每一次短暂的访问。每一样东西都通过细筛子筛选，哪怕是最小的种子、鱼骨和珠子，都会被妥善收集起来。铺在地上的方格网和电子测量装置，可以保证每一个有意义的物体都被现场记录到位。

拉尔泰通过工具形式的变化来记录尼安德特人和克罗马农人的发展。鹿角和石器的应用反映出，先民们技术水平的变化。在他进行考古发掘的许多地方，随着时间的推移，工具的变化方式都有着相似之处。拉尔泰作为一个地质学家，对古人通常持一种冷静的、不带感情的态度，但他至少意识到了，是人制造了这些工具，再用它们来猎杀动物。

除了拉尔泰，其他人也同样在研究和思考着法国洞穴的考古发现。英国考古学家约翰·拉伯克爵士在1865年出版了《史前时代》（*Prehistoric Times*）一书，是这个领域方面的第一部通史。在他的书中，拉伯克把石器时代分为"旧石器时代"（Palaeolithic period，词根源于希腊语，palaeos表示"古老"，lithos表示"石头"）和较近的"新石器时代"（Neolithic period，词根同样源于希腊语，neos表示"新的"），欧洲人在新石器时代开始以农耕为生。这些术语至今仍在使用。

拉伯克提供了一个非常通用的框架，正如克里斯蒂安·约更森·汤姆森在斯堪的纳维亚提出的"三时代体系"一样。拉伯克对非西方的当代社会也很感兴趣，他在研究中同样非常注重对人的研究。其他的一些研究者却不是这样，这些人对在法国洞穴中发现的大量石器而不是制造这些石器的人更感兴趣。拉伯克和汤姆森认为，正是这些被制造出的、不断发展的工具，成了人类进步的标志。特别是对于从地质学家变成考古学家的法国人加布里埃尔·德·莫尔蒂耶，尤其认同此说。

1863年，加布里埃尔·德·莫尔蒂耶（1821—1898）在1863

年加入在圣日耳曼的国家古代文物博物馆，担任石器时代收藏部主任。他当时着迷于这些文物，还把他的地质学理念用在文物研究上。他狂热地相信"人类不可避免地会进步，并且这种进步可以通过研究工具形式的变化来衡量"这一理论。他遵循着这种方法，成功组织了1867年巴黎万国博览会上展出的劳工历史展，用这种理念展现了人类从过去到当时所经历的进步。

莫尔蒂耶借用了地质学的概念，来描写不断变化的"化石类型"，用地质学术语来形容鹿角矛和鱼叉这类工具，不同"化石类型"的石器代表着不同时代的技术。通过总结其中的规律，莫尔蒂耶认为，人类及其社会几乎以同样的方式发展，人类进步是一个"普遍规律"。

这个意志刚毅、受过地质学训练的考古学家的思想，影响了几代人对于石器时代的考古研究。这种理论之所以能够持续下去，是因为它给人们留下了一种古代有序进步的印象，而且很容易理解。

现在，在新的莱塞济博物馆里，你仍然可以看到莫尔蒂耶方法的运用。楼上的展厅展示了一排排鹿角、骨头和石器，都按照时间顺序排列。我觉得这些展出虽然好看却令人压抑：所有的一切似乎都还像莫尔蒂耶时代那样，冷漠超然。幸运的是，在莱塞济博物馆的其他展览中，策展人是把尼安德特人和克罗马农人作为人类来表现的，但他们使用的工具凸显了考古学一个难解的问题：出土的刀、刮刀和长矛的尖头被分类存放在盒子里，它们只是作为没有生命力的人类活动的象征被展示出来，人们往往会忘记它们是由曾经活生生地存在过的先民们制造和使用的——我们失去了和祖先之间的那种人文纽带。

尽管如此，莫尔蒂耶还是留下了一项遗产。他用不同的文化标签来细分不同的考古断层和相应的文物。他用这些地层被发现的考古遗址所在地点来为其命名。用分叉鹿茸来做长矛的，叫奥瑞纳文化（因奥瑞纳洞穴而得名）；另一个以鹿茸鱼叉为特征的，叫拉玛德琳娜文化（因拉玛德琳娜岩石棚而得名）。他的这些方法都基于地质学，但却忘了石器是由人类创造的，而人类的行为是不断变化的。尽管有这样的局限，莫尔蒂耶生搬硬套的方法还是一直延续到了20世纪，在法国考古学界尤是如此。

　　法国洞穴的发掘也许略显粗糙，但却开创了石器时代考古学的新纪元。人们发现了使用简单技术的尼安德特人，其次是用更精致的武器来狩猎驯鹿的克罗马农人。拉尔泰和克里斯蒂对旧石器时代文物的发掘，证明了当时的欧洲社群巧妙地适应了异常寒冷的气候环境。可是这些社群后来却消失了，这就随之产生了一个问题：冰河时代之后，住在欧洲的人到底是谁？在这个温暖得多的环境里，他们还是以狩猎为生吗？抑或开始了农耕？这些问题，我们将在下一章中给予解答，人们第一次发现了他们位于风景如画的阿尔卑斯山的定居点。

第十一章 穿越时代

瑞士湖沿岸的渔民多年来一直在抱怨说，他们的钓鱼线会被钩在底部、然后啪的一声断了；渔网也会神秘地被卡在底部，撕碎的渔网有时会缠着树枝浮出水面。人们说，湖底下有水下森林。

在1853年至1854年之前，都没有人注意到他们的抱怨，直到一场严重的干旱使湖水的水位急剧下降。露出水面的"森林"原来是木质的柱子（或者说是"木堆"），沉陷在一层黑色的淤泥中，这些木桩曾经支撑过高于水位的棚屋。当地的考古学研究者随即来访。到了1869年，他们在这一带发现了超过200个这样的居住点。

这个发现引起了费迪南德·凯勒（1800—1881）的注意，他当时在苏黎世大学担任英语教授，也是苏黎世文物协会主席。

他于1854年在苏黎世湖的奥伯梅林乡村一带领导了大型的发掘活动。

对于瑞士来说，这是一种全新的考古学，因为有机材料通常是无法保存的，除非保持潮湿，否则它们很快就会干裂甚至粉碎成尘。潮湿的泥浆保存了令人惊叹的、在通常情况下难以留存下来的诸多物体：带着木把的斧头、扁斧、木轮、渔网、篮子和绳索，还有许多牛、羊和山羊的骨头，以及马鹿、海狸和野猪的遗骸，也有无数的小麦和大麦种子、野果、榛子、豌豆和蚕豆。

凯勒的方法很粗糙：他在柱子周围往下挖，尽可能多地发掘地下的东西。然而，他没有办法确定该遗址的年代及其内容。

湖居的年代，也正是与加布里埃尔·德·莫尔蒂耶等人描述旧石器时代人类如何取得阶梯式进步的时期相同。许多对遥远过去感兴趣的人，对后来的史前社会也感到好奇：在冰河时代之后，随着气温的上升，欧洲发生了什么事情？欧洲的农业耕作是什么时候开始的？这些人种的是什么庄稼？凯勒在奥伯梅林的发现，为针对欧洲早期农民的研究拉开了大幕。

凯勒从他的发现中得知，那些湖居在几千年间都有人居住。但是为什么居民们在水上盖房子呢？像拉尔泰和克里斯蒂在研究克罗马农人时一样，凯勒求助于人类学。他马上想到了法国探险家对新几内亚村庄的描述，包括当地人在浅水处建起了高脚屋。因此，凯勒认为，木桩来自史前棚屋，居民们把工具和食物残余扔到了他们住处下边的水里。他把这些房子称为"桩屋"。

后来，通过更精细的发掘，研究者证明凯勒搞错了。瑞士湖边房屋中，有些是建在沼泽地上的，后来因为湖水水位上升而被淹没；其他的房子则是在水面上建造的，并且靠把柱子打入地下以稳定结构。随着水面上升，细小的淤泥覆盖了木桩之间的房屋地板和壁炉，保留了大量早期农耕生活中容易腐烂的东西。

费迪南德·凯勒的发现登上了报纸的头版。画家们画出村庄的样子。他们（错误地）画着有平台的房子，房子之间靠木桥和岸边连接——好像这些房子是建在人工岛上似的。与经常搬迁的克罗马农人不同，这些村民在同一个地方住了很长一段时间。他们必须这样做，因为他们以种庄稼为生，他们收获的庄稼在遗址上也被保留了下来。

今天我们知道，该湖边大多数像这样的定居点，可以追溯到公元前4000年到公元前1000年之间。法国、德国、意大利和斯洛文尼亚的高山湖泊边，也出现了类似的村庄。在19世纪后期，奥伯梅林和类似的遗址，成为研究早期欧洲农民生活的一个标准。这些遗址出土了如此丰富的工具和食物资料，它们成为一种理解这些古人的"字典"，这本"字典"也能帮助我们了解那些远离瑞士湖边的古人。

农民们很需要盐，以补充他们主要基于谷物的饮食，也为了保存鱼类和肉类以备日后食用。对于那些幸运地生活在能够得到盐的地方、并且能够买卖盐的人来说，岩盐就像是"金沙"。萨尔茨卡默古特山脉一带有着大量盐岩，在靠近奥地利萨尔茨堡的萨尔茨博塔附近、哈尔施塔特湖边小镇的一个小村庄，人们从公元前1000年前，甚至更早时期，就开始开采盐岩。一代又一代的矿工在萨尔茨卡默古特山脉里工作，其中就有约翰·格奥尔格·拉姆绍尔（1795—1874）。他十三岁时成了采矿学徒，很快就成了一名行家，后来被提拔到盐监的位置，管理所有的采矿活动。

拉姆绍尔是个很有意思的人，他住在靠近盐矿的一个叫作鲁道夫斯特姆的中世纪城堡里。拉姆绍尔很注重家庭生活，他一生中生养了二十二个活到成年的孩子。他的另一个爱好是考古发掘，他用闲暇时间在一个巨大的铁器时代墓地里挖掘了将近1000座坟墓，这些坟墓是在鲁道夫斯特姆的煤矿建设中被发现的。死者是哈尔施塔特人，他们的文化被拉姆绍尔以当地小镇的名字来命名。墓中人曾是矿工，在松树火把的照明下在山里挖矿。岩盐保存下了他们的皮背包、手套和帽子。

拉姆绍尔的发掘活动是在1846年和1863年之间进行的，正好与发现第一个尼安德特人和瑞士湖村被发掘的时间相同。拉姆绍尔雇了一个画家来协助他，画家花了多年的时间来勾画和记录文物与坟墓。他的水彩画表现了人类的遗骨或骨灰、那些盛器、金属物体以及坟墓里其他东西的位置。

在清理坟墓的时候，发掘者画下速写，并作了详细的笔记。墓葬中大约有一半是火葬，一半是埋葬。死者中没有部落头领或重要的人物，他们都是矿工和铁匠，陪葬品中有装饰品和他们的工具与武器。这些人善于做生意，他们生产的金属制品和食盐遍布欧洲。他们显然建立了庞大的贸易网：其中一些人拥有来自遥远非洲的象牙饰品，还有些人则戴着从波罗的海地区来的琥珀（树脂化石）珠子。

不幸的是，拉姆绍尔还没来得及出版自己的作品，就于1874年去世了。他也没有记录坟墓里发现的骨头或其他文物的细节。他的手写记录遗失了多年，直到1932年才在维也纳的一家旧书店里被找到。这些记录在多大程度上是可信的，一时让人难以确认，不过它们最终于195年得以出版。这项庞大的发掘活动能留存下来这样宝贵的信息实在是个奇迹，虽然也令人有点遗憾——

因为这些记录只代表了人们今天能从墓地里所了解到的内容中的一小部分。

那些湖村和哈尔施塔特墓地的年代到底有多久远？我们现在已经知道，哈尔施塔特文化蓬勃发展的时期实在公元前8至6世纪，但在19世纪的中后期，人们还无法猜测这一点。新的地质学、进化论和尼安德特人的发现，都为人们开辟了一道广阔而未知的风景线。沃索的发掘和"三时代体系"的提出，为考古研究提供了一个大致的框架，但这些还无法为前罗马时期的欧洲社会确定出任何实际的时间分期。幸运的是，瑞典考古学家奥斯卡·蒙德留斯（1843—1921）延续了延斯·雅各布·沃索和其他人的未竟事业。他把自己的职业生涯全都奉献给了建立欧洲的纪年表（事件发生的时间记录）这项事业上。

成为一个文物专家需要特殊的个性，尤其是当人们对文物几乎一无所知的时候。这项工作需要无尽的耐心、对晦涩而微小之细节的注重和对往昔的热爱。蒙德留斯就特具这些突出品质。他是一位才华横溢的语言学家，性格随和，善于交际。他的演讲很受欢迎，他为引发人们关注考古学而做了大量的工作。

蒙德留斯出生于斯德哥尔摩，他在瑞典国家文物博物馆度过了他的整个职业生涯，并最终成为馆长。他是最早的博物馆考古学家之一，这类学者的职业生涯完全沉浸于收藏品和艺术品之中。

蒙德留斯的兴趣是根据文物以及它们被发现时的位置来给它们定出准确的年表（时间表）。他从一开始就认识到，画出这种时间表的唯一途径是周游整个欧洲、地中海和中东地区。人们在那里可以根据遗址的已知年代或历史记录，来给文物定个时间。这些文物又能给几百英里以外的史前欧洲所发现的类似物品，提供一个时代参考。

蒙德留斯涉足广泛，他参观了数以百计的博物馆，其中许多是位于远离大城市的小镇。那时没有汽车，只有铁路以及依靠马车或骑马的无止境的旅行。那时还没有电灯，当然也没有打字机和电脑，一切都得手工记录。蒙德留斯获得的信息不仅来自他自己的旅行，他也从在旅行中遇到的其他同行，或通过书信建立的联系人那里获得相关信息。

经过多年的研究，蒙德留斯开发了"交叉定纪年"的方法。他利用古埃及人和其他地中海文明中已知年代的文物，来和欧洲的文物一件件地进行对比、甄别，比较文物的细微差别和风格特征。他还把文物与已经有年代记录的物品进行了比较。手镯、匕首、黏土容器和别针——所有这些都组成了蒙德留斯年表的一部分。其结果是，他为从欧洲的一端延伸到另一端所发现的各种各样的文物都确定了年代。

蒙德留斯于1885年出版了他的代表作《青铜时代断代考》（*On Dating in the Bronze Age*）。这部杰出的作品的根基是他对数千件物品及其来源地的研究，并为古代欧洲第一次提出了一个时间表。他用斧头、胸针、剑和其他文物，将欧洲的青铜器时代再划分出六个时期。他以大量文物为依据而提出的这些阶段划分，非常令人信服，因此这个理论很快几乎就被普遍接受。后来，蒙德留斯把欧洲的青铜器时代定在公元前1800年。他的许多同事认为这个年份太早了。但经过四分之三个世纪，到了20世纪的0年代初，放射性碳年代测定——这种在蒙德留斯时期还没有出现的技术，证明了他的推断是正确的（见二十七章）。

蒙德留斯也认为，考古学家应该与公众分享他们的发现。为此，他发表演讲并带领游客参观博物馆，与各种各样的观众交谈。他的英语、法语、德语和意大利语都讲得很流利——并且能够脱稿演说，他还写出了许多脍炙人口的文章和书籍。同时，受其妻子的影响，他还为争取妇女权利而斗争。作为那个时代欧洲最富盛名的考古学家，蒙德留斯在许多方面都远远领先于他的同时代人。

到了蒙德留斯成为瑞典历史博物馆馆长的时候，考古学已经走过了很长的道路。由于他以及他的斯堪的纳维亚前辈的研究，许多欧洲人到那时已经充分意识到了史前历史的重要性。然而，发掘方法（有一些明显的例外）仍然粗糙和马虎，特别是在地中海一带，对搜集博物馆标本和做些宏观发现的热度有增无减。但这不妨碍人们第一次能够根据文物及其背景，而不仅仅是依靠一些重大的发现，给罗马人来到欧洲之前的年代定一个框架。

在19世纪末，专业的考古学家还很罕见，考古学基本上就是有人偶尔做了点收藏而已。几乎所有的收藏都针对希腊和意大利、中东和欧洲。然而考古学在其他地方，尤其是在美洲，考古学正方兴未艾。约翰·劳埃德·斯蒂芬斯和弗雷德里克·卡瑟伍德令人惊叹的发现，引发了那里的考古学家在心中思考这三个基本问题：美洲原住民的祖先是谁？他们来自哪里？他们是怎样来到美洲的？

第十二章　土墩建造者的神话

　　1492年10月12日，意大利探险家克里斯托弗·哥伦布作为西班牙海洋舰队司令，踏上了巴哈马群岛中的一个岛屿。在那里，他找到了自认为能够成为理想仆人的人。然而，就在几代人的时间内，无名的疾病和虐待，让加勒比岛屿的人口大大减少。很少有人会停下来想想：这些土著人是从哪里来的，或者他们是怎样到达这个国度的。

　　当哥伦布在西班牙国王面前展示他的俘虏时，有关美洲印第安人的争论就开始了。这些陌生的人是谁？他们是普通人类吗？他们曾被认为是简单无知的人，直到西班牙征服者荷南·科尔蒂斯和他麾下的士兵们，在1519年说起让他们眼花缭乱的阿兹特克人的文明，世界才开始认识他们。阿兹特克人的首都特诺奇蒂特兰城（意为"长着仙人掌的地方"），位于今天的墨西哥城，一个当时就有超过二十万人口的城市，其大市场的规模不亚于君士坦丁堡和塞维利亚的市场。

美洲原住民的社会有着惊人的多样性，既有简单的狩猎部落也有富庶的文明社会。这对于在欧洲生长的人们提出了挑战性的问题，因为他们听惯了《圣经》里说的创世记故事发生于中东。印第安人是怎样到达美洲的？他们是从陆路过来的，还是从亚洲来的？或是有某个名不见经传的先驱者早在哥伦布之前就横渡了大西洋？美国的考古学家们至今仍在琢磨这些问题。

1589年，西班牙的天主教传教士何塞·德·阿科斯塔宣布说，第一批定居者是从亚洲进入北美洲的，中间只是经过了"短途的旅行"。我们现在知道，阿科斯塔是正确的，美洲原住民确实是源于亚洲。

将近三个世纪之后的1856年，当一位名叫塞缪尔·黑文的学者确认印第安人在古代是越过白令海峡而来时——这一理论得到了考古学界的支持。当成千上万的白人移民正向西跨越阿勒格尼山脉、进入这个未知领地的时候，黑文这样的观点还只是一个孤独的声音。大多数的白人移民都是渴望拥有肥沃土地的农民。学者们在俄亥俄河流域惊讶地发现，有数百个巨大的土堆、土围和土墩；在五大湖地区，以及从内布拉斯加州到佛罗里达州，也都有这类发现。许多农民垂涎于黄金和墓葬的财富而去寻宝，他们发现了许多人的骨骼、贝壳饰品和武器，但却没有找到黄金。

早期的农民在开荒种地时，清理了茂密的林地之后，发现了神秘的土木工事（人工的土堆）。有些土墩孤零零而立，有些则排列得很紧密，还有些土墩建有很大的围墙。土方工程显然是古代的，因为现代的印第安人没有这样的土建活动。一部分显然是葬人的土墩，其中有认真铺放的人骨或精心设计的木头铺出的墓室。当这些农民挖沟进到土墩后，他们找到了石头做的烟管、精细敲打过的铜斧和饰品、制作精良的陶器和其他工具——显然是熟练工匠做出来的东西。少数研究过这些发现的专家，认为这些文物与埃及或其他文化中的艺术品并没有相似之处。美洲土墩建造者，是未知和神秘的人物。

那么是谁建造了土墩呢？几乎每个人都认为，原住民印第安人太原始了，所以有关遍地黄金、作战勇士和外来文明的故事不胫而走。这些都是能让那些在陌生土地上冒险的定居者做梦的东西，在冬天的夜晚，农民们就喜欢听这样荒诞不经的故事。早在19世纪30年代，通俗作家乔赛亚·普里斯特就编造了富有传奇色彩的战争故事：白衣战士组成的庞大军队、大象战队在平原上冲锋，以及想象中的英雄人物。他为北美原住民写了个虚构的、神话英雄般的史诗，这类虚构故事现在通常被称为"土墩建造者的神话"。

寻宝是很多人都在做的事情，但很少有壮观的发现。胡采乱挖很具破坏性，土墩被犁为平地。殖民者中没有什么人会去系统地查看土方工事和土墩，但有一两个人例外。

卡莱布·阿特沃特是俄亥俄州瑟克尔维尔市的邮政局长，他在19世纪初勘察并发掘了大量的土墩。他发现了数百个墓葬和许多用云母（一种透明矿物）制成的精美饰品，有些饰品像鸟爪或人类的模样。深信宗教的阿特沃特坚持认为，建造那些土墩的人，是在《圣经》里所说的、大洪水发生之后不久从亚洲那边翻越白令海峡而来的牧民和农民。至于印第安人，他认为是在那些土墩被遗弃很久之后才到达此地的。

塞缪尔·黑文在提出古人迁移理论时，就借鉴了另一个研究者伊弗雷姆·斯奎尔（1821—1888）的工作。斯奎尔是一个聪明的、受过良好教育的美国人，对历史有着浓厚的兴趣。他在纽约州作为一名记者开始了自己的职业生涯，然后在俄亥俄州一个小镇奇利科西的报社工作。斯奎尔后来成为旅行家和成功的外交官，并于1868年被派往秘鲁是最早描述安第斯山脉里令人瞠目的印加人遗址的外来人之一。在去南美洲之前较长的一段时间里，斯奎尔与奇利科西当地的医生爱德温·戴维斯联手，两个人在1845年至1847年之间，在俄亥俄山谷一带发掘、考察了让他们感到困惑的土墩和墓冢。

斯奎尔是两人中的主导者，他主要做了给许多大型土方工事准确描图的工作。他的调查很严谨，其研究结果至今仍被人使用，并出现在一些指南手册上。在美国民族学研究会的赞助下，两人匆匆忙忙地挖洞，钻入两百多个土墩，调查了许多土方和外壳，收集了大量的文物。他们调查的其中一个重要土墩是"巨蛇冢"。它又弯又长，建在山脊上，就像一条蠕动的蛇；在它张开的爪子中，盘着一个椭圆形的小土丘。

所有这些研究都呈现在斯奎尔和戴维斯于1848年出版的——《密西西比河流域的古代遗迹》（*Ancient Monuments of the Mississippi Valley*）一书里。斯奎尔想用事实取代荒诞的理论，这本300页的书是一本很不错的出版物，其中有大量的插图。好多代以来，它一直是有关土墩建造者的唯一记录。作者试图将土方和土墩分类并分别被归入"祭祀土墩"和"寺庙土墩"的类别；他们记录的土墩地点和他们画出来的详细平面图让人爱不释手，几乎可以和现代地图对应上。他们记录的许多土墩特征，现在已经荡然无存了。

斯奎尔详细描述了他仓促发掘中的细小发现,他还正确地确定了铜原料来自很远的北方:苏必利尔湖一带。有用铜锤成的简单的斧头和扁斧,也有经过雕刻的滑石做的烟管和动物形状的人物。斯奎尔认为,那些动物形状的人物雕刻,比当地印第安人的雕刻要复杂得多。

斯奎尔和戴维斯笼统地写到了土墩建造者,指出这些人精于构筑防御工事。他们的想法受到了通俗传说中关于古代军队和大战役的影响。斯奎尔和戴维斯勾画了一幅爱好和平的早期土墩建造者的画像:当遭到"敌对的野蛮部落"进攻时,土墩建造者匆忙修建防御工事以保护自己。但这一切都是徒劳的:入侵者征服了他们,于是土墩建造者消失了。斯奎尔和戴维斯认为,欧洲人遇到的印第安人就是这些好战的、敌对的"后来入侵者",因此这些入侵的印第安人并不比欧洲人更配拥有俄亥俄。

斯奎尔和戴维斯可能是有偏见的,但他们所做的目录和调查,让有关土墩建造者的争论立足于一个全新的基础上。尽管如此,仍然有人瞎编乱造。威廉·皮金自称是一个在美国西部长期与印第安人打交道的商人,他于1858年宣布,是《圣经》中提到的亚当在美国建立了第一个土墩;其他人也来过,包括亚历山大大帝和埃及人、腓尼基人等等。皮金靠他写的书发了财,他声称这本书是根据与一位名叫"达—库—达"的印第安人交谈后写出来的,他的线人在泄露了秘密之后很快就死了。

至于原有的神话,也在发生着变化。考古研究因为达尔文的《物种起源》的出版和尼安德特人的发现而大受重视(见第八章),新一代的研究者集中在以哈佛大学和史密森学会为中心的机构内。但哪怕很多人宣称有所发现，并没有任何人在北美洲的任何地方找到过类似索姆石斧或尼安德特人的化石这类东西。主要的争议仍然围绕在中西部和南部的土墩建造者这个问题上。

有关土墩建造者的猜测分歧很激烈，一群考古学家在1881年说服了美国国会拨出资金、用于土墩的考察和研究。美国史密森学会下属的民族学研究所设立了土墩勘探分部，在赛勒斯·托马斯教授（1825—1910）的领导下工作。现在人们对托马斯的了解很少，只知道他是一名地理学家。然而我们确实知道，他最初曾认为，是一个与印第安人不同的民族建造了这些土墩。

托马斯和八个助手四面八方呈扇形地铺开查找。他们特别注意了密西西比河流域。这里的农民为寻找宝藏正在偷盗土墩，这儿还有一个活跃的文物市场。一个名叫克拉伦斯·摩尔的纸制品商人住在船屋里，夏天漂浮在密西西比河和俄亥俄河上。他有时会停下来，雇用劳工们去挖掘，成千上万的文物藏在他的甲板下，被他出售或添加到他的收藏中。

托马斯的大部分工作都集中在俄亥俄州和威斯康星州之间的乡间。他把他的队伍分散得很开，他们全年都在以最不会造成破坏的方式进行勘测和发掘。这是有计划的考古研究，大规模地收集准确的数据。托马斯花费了七年多的时间来做这件事。他和他的手下研究了超过2000个土墩以及各种大小不同和复杂性不一的土方工事。通过发掘或接受捐赠，大约有38,000件文物到了托马斯的手中。

托马斯于1894年发表了一份700页的报告，他在其中极其详细地描述了土方和土丘。这不是一本容易读懂的专著，但它是以仔细收集来的数据为基础的。

随着研究的深入，托马斯对土墩建造者的想法发生了根本的改变。作为一个细心的研究者，他将通过发掘得来，以及在私人收藏中得到的文物和艺术品，与现在美洲原住民还在用的生活物品进行了比较，发现古代与现代的工具和武器有着相似之处。他还研究了欧洲旅行者的描述——那些描述说，直到18世纪仍有人在使用着土墩。

托马斯不再相信密西西比河谷中有消失的土墩建造者文明。相反，他说他所考察的所有遗址都是由"欧洲人首次来访的时候，在相应地区的印第安部落建造的"。

托马斯基于数据说话的这本书，改变了考古的游戏规则，科学取代了投机。但是对原住民美洲人的偏见仍然继续存在，原住民的土地往往基于不靠谱的法律依据而被夺走。非专业人员的随意挖掘，逐渐被专业研究人员的系统实地调查而取代。

许多年过去之后，才有训练有素的考古学家前来研究，但节点已经错过。可惜的是，除了有些公园里少量的一些遗址外，托马斯的专著（详细的研究）中所描述的几乎所有的地方，都遭受了某种程度的破坏。

托马斯的报告到现在仍然是考古学家的一个基本的参考资料。这个充满活力的田野工作者还有更丰富的遗产：他曾经评论说，在古代土墩建造者的国度里，人群是多种多样的。未来考古学家所面临的挑战，是如何确定这些不同的社群与早期和后来文化之间的关系。

自从赛勒斯·托马斯教授终于揭开土墩建造者神话故事的真相以来的一个多世纪里，新的研究展示了这些部落的多样性。今天，我们了解到很多关于建造这些土方工事的所谓阿登那、霍普韦尔和密西西比文化，以及他们详尽的仪式信仰。我们也了解到了建设了北美伟大的土方工事的人。他们有许多仪式和宗教信仰，一直到有了历史记录的时期，这些仪式和信仰依然在流传着。

托马斯的工作未能阻止毁灭土墩的风潮，但他至少设法说服了一群波士顿女士筹集了6000美元，买下了"巨蛇冢"。他在1887把它修成了一个公园，现在是俄亥俄州的纪念馆和国家历史的地标。

第十三章　迈向未知

1883年4月，亚利桑那州阿帕奇堡的士兵们惊讶地发现，一个骑着骡子的孤独的旅行者正朝着大门而来。阿帕奇一带正在发生战争，使常人的出行变得十分困难。

骑着骡子的人是出生于瑞士的阿道夫·弗兰西斯·阿方斯·班德利尔（1840—1914），他正在遥远沙漠上的印第安人领地，研究早在哥伦布到达美洲前，当地人居住的"荒废的城市"。

班德利尔穿过了几乎不为外人所知的美国西南部。有些西班牙远征队曾经从墨西哥过来，访问过霍皮族人和祖尼普韦布洛印第安人的村庄，来寻找黄金，但是他们空手而归。曾经有过一些关于印第安人聚居区的传说，一般称为"普韦布洛"（印第安村落），那里有着拥挤的多层建筑，但没有人说得出更多的细节。

对古代印第安村落的第一个长篇描述，于1849年问世。当时美国陆军中尉詹姆斯·亨利·辛普森和艺术家理查德·科恩访问了包括在新墨西哥州查科峡谷的波尼托印第安人部落，以及在亚利桑那州东北部红岩峡谷的纳瓦霍印第安人部落等十个古老的印第安村落。

横贯美国大陆的铁路在1869年建成后，随着越来越多的移民西迁，从外地来到这个区域的游客数量急剧增加。美国政府组织了官方的远征行动，以测绘和探索这个可称为大型环境实验室的地方。他们的任务包括研究该区域的地质、收集和了解有关印第安人及其定居点的情况。

然而，政府派出的大多数探险队更关心地质和潜藏的矿产资源，而不是印第安人的村落。阿道夫·班德利尔骑着不起眼的骡子，却有着非常不同的目的。班德利尔曾在纽约北部的一个小镇上当过银行家，然后管理过一个煤矿。在大家都迷恋着美国西部的时候，安静儒雅的班德利尔利用业余时间，研究西班牙人对墨西哥和美国西南部情况的记录。

班德利尔是一个的天才语言学家，他查找了鲜为人知的档案材料，但几乎没有找到任何关于印第安村落历史的信息。班德利尔的爱好几近痴迷，他很快意识到，他需要把自己以图书馆为基础的研究，扩展到进入美国西南地区去进行实地考察。班德利尔放下一切，只靠一项为数甚少的资助，前往新墨西哥州的圣塔菲。虽然几乎身无分文，除了骡子以外没有什么财产，他现在至少可以对普韦布洛印第安人进行考古与历史的实地研究了。

班德利尔知道，要想对过去进行考察，就要从现存的印第安人村落社区开始。他首先在新墨西哥的佩科斯印第安村落停留，这个地方刚刚被遗弃不久——就在17世纪，佩科斯还有多达2000位居民，他们当中的最后一批人是在1830年才离开的——这离班德利尔到来的时候只差50年。

班德利尔仅用了十天时间就惊人地掌握了当地语言，然后他从年长的居民那里收集到了重要的历史信息。他还描述并考察了大型村落的遗址，但没有进行发掘：他既没有知识也没有钱去做这件事。他在佩科斯的研究使他相信，研究早期印第安村落历史的唯一方法，是运用考古学从现在往前追溯，去研究遥远的过去。班德利尔写了一份详细的、关于他在佩科斯的研究报告，但并没有引起多少注意。

班德利尔接着寻找其他有希望的遗址。1880年底，他花了三个月的时间与柯契地族村落的居民一道生活。新墨西哥州的天主教神父帮助他广泛接触了印第安人里的知情者，特别是在他皈依了天主教之后。

班德利尔访问的印第安村落由密密麻麻的风干砖（泥）坯盖起来，通过一个迷宫般的入口，由狭窄的通道互相连接。一些较大的村落有两层高——甚至更多层，比如在查科峡谷中半圆形的多层波尼托村落。围绕着一个露天的半圆形结构，是一些窑洞一样的房间。这些基瓦会堂[1]是印第安人举行秘密仪式的地方。这样的村落看似摇摇欲坠，也显得有点乱，但它实际上是高度组织化的社区，由几代人组成的大家庭都住在那里。

从1881年到1892年，班德利尔在亚利桑那州和新墨西哥州一带漫游。虽然他在旅行中作了大量的笔记，但他在世时并没能看

1　基瓦会堂（kiva），或大地穴，是美国印第安人创造使用的一种圆形建筑。

到它们的出版（他的书最后出版于20世纪60年代和70年代），书里包含着考古学和历史方面的重要信息。

从严格的意义上来说，班德利尔并不是一位考古学家；但他却实实在在地做了考古的工作。虽然他从来没有在考古现场动过铁锹或铲子，但是他画的平面图和对文物地点的描述，却为后来研究人员的发掘奠定了基础。

班德利尔了解印第安人村落的方法，是使用书面资料加上口头传述的历史，以及他自己的观察。他是第一位通过亲身观察现存的印第安人部落来解读过去的考古学家。他认为考古学不只是研究物品，而是要通过研究物品来了解其中的历史和信息。他借助从印第安人的陶罐图案设计到世代相传的地方历史这类信息，从现代追溯到古代。正如他自己所说，他是"一步一步地从已知追溯到未知"。班德利尔出色的田野考古工作，为下一代人的考古提供了一个开创性的基础。所有踏着他的脚印的人，都从现在，追溯、回到了过去——在美国西南部进行的考古，到今天都是这样做的。

为了维持自己的漫游生活，班德利尔写了一本有关天主教历史的书，并为杂志写文章。他甚至还写了一本小说——背景设在史前时代的《快乐制造者》（the Delight Makers）。他这样做的目的不仅仅是为了挣钱（虽然那是他很需要的），而且是希望与更多的公众分享美国西南部印第安人的历史。这部小说在发行上不算成功，但它对印第安人社会的深刻见解，令人印象深刻。班德利尔于1892年离开了美国西南部，他的余生在墨西哥、南美洲和西班牙进行研究的工作中度过。

世界上许多地方的考古，一般开始于大规模的挖掘。与此不同，对美国西南部的过去的了解，始于班德利尔对印第安人现存社会和历史村落的研究。他意识到，要想成功了解过去，考古学家必须通过挖掘印第安村落里成堆的垃圾，从成千上万的破罐子碎片上寻找过去的世纪。他自己做不到这一点，所以他只好依靠地图、调查，以及和在世的印第安人交谈来进行。他当时还面临着另外一个问题，许多最有考古价值的印第安村落仍然有人居住，要开挖是不可能的。

与班德利尔同期的，是另一位帮助奠定了日后发掘基础的来访者——这是一位了不起的人类学家，通过和祖尼印第安人一起生活，从内部来获得对印第安社会的认识。弗兰克·汉密尔顿·库欣（1857—1900）是一位内科医生的儿子。他是一个口若悬河的学者，喜欢戏剧，也喜欢精心谋划的作秀。库欣于1875年被任命为史密森学会民族学（非西方民族的）研究方面的助理，他在那儿听说了新墨西哥州的印第安人村落。

库欣在1879年底陪同美国陆军上校詹姆斯·史蒂文森参加史密森学会主持的、对美国西南部的探险。库欣抵达祖尼印第安村落时，正是九月的太阳在村里落下的时候。他把这个人口稠密的村落描述为"一个满是平顶（像平顶的小山）的小岛，层层相叠"。库欣开始计划只待三个月，但后来他在那里待了四年半之后才离开，回去重新捡起他在华盛顿被忽视了的工作。

史蒂文森和他的同伴们继续往前走了之后，库欣留下了。几天之后，他就意识到他的工作还算不上开始了。班德利尔在美国西南部自由地穿越，收集着信息，识别被废弃的村落。但库欣采取了完全不同的方法，他意识到，要真正理解祖尼族人，只能和他们生活在一起，掌握他们的语言并详细记录他们的生活。今天，人类学家把这称为"参与式观察"——但在库欣时代这还是一个新奇的想法。库欣不是一个考古学家，但是他意识到，祖尼文化可延伸到遥远的过去。他认识到他的研究能为探寻更早的历史提供一个基线的作用。

起初，当库欣试图记录印第安人的舞蹈时，他们威胁要杀掉他，但是他平静的反应给印第安人留下了深刻的印象，之后他再也没有被骚扰过。祖尼人允许库欣去研究他们的社会结构，甚至还接纳他进入祖尼人秘密的"弯弓祭司会"。库欣打了耳洞，穿上印第安人的衣服。最终，祖尼人对他有了足够的信任，任命他为酋长。在他发表的许多有关祖尼人的民间故事和神话传说的改编中，他记下了自己的头衔："第一位祖尼酋长：美国助理人类学家"。

库欣成了祖尼人的热心支持者，为保护他们的领土不受欧洲殖民者侵占而做了许多工作。但库欣也让首都华盛顿一些有权有势的人不快，因为他们对这个地区的土地虎视眈眈。库欣后来被召回了。尽管身体不好，他还是四处演讲，介绍他的经历并通过写作向读者大众进行宣传。弗兰克·库欣强大的个人魅力和演讲技巧，在很大程度上提高了公众对美国西南部地区的兴趣。他的书和演讲描绘了一种浪漫的印第安村落生活，其实往往是脱离现实的。然而，他对祖尼人的口头传述和仪式的描述具有长远的价值，在今天依然如此。

库欣是第一个承认他自己并非考古学家的人。他认为，考古学是一种通过对现在的人的研究，来了解早期社会的方法。他知道，进行发掘也是从现代探寻过去的工作方式。在后来的西南部探险中，库欣在亚利桑那州的盐河谷发掘了一个公墓。一次强大的地震，摧毁了附近的一个印第安村落，他对这个部落进行了研究，然而他在美国西南部所进行的研究到1890年就结束了。

班德利尔和库欣揭示了美国西南部地区大有发掘潜力。洞穴和村落干燥的环境，很好地保存了古代的篮子、彩陶、编织席子，甚至干枯的人类墓葬。这些文物被陆续运到美国的东海岸，卖出了高价。

不可避免的是，陶罐收藏者和古董商也来到了印第安村落。理查德·威瑟雷尔是科罗拉多州的一个农场主，他变身为古董商和收藏家，是那些沉迷于寻宝的众人当中的一个。他从数十个考古遗址那里获取了陶器和其他文物。

1888年威瑟雷尔和另一个牧场主查理·梅森，在科罗拉多州南部的梅萨维德峡谷寻找走失的牛时，发现了建在一个洞穴里的很大的印第安村落遗址，这是在北美洲最大的悬崖居所，现在被称为"悬崖宫殿"。这个印第安村落建在砂岩上，用水泥砂浆把石块黏结在一起。在公元1190年至1260年间，大约有一百来人居住在"悬崖宫殿"里；后来也许由于长期干旱，这个地方被遗弃了。这儿曾是一个重要的行政和礼仪中心，有二十三个往下挖出来的基瓦会堂。

梅萨维德和在该地区的其他遗址，成了理查德·威瑟雷尔家庭的一个"金矿"。他在后来的岁月里，到了查科峡谷的波尼托印第安人部落。他于1897年在遗址附近开了一家商店，兜售文物和生活用品。到1900年时，他已清理出了190个房间——超过该遗址的一半，并卖掉了在房间里所发现的东西。他的"发掘"从私人那里获得了至少25000美元赞助，赞助者把文物交给了设在纽约的美国自然历史博物馆。当威瑟雷尔通过发掘获取巨额利润的传闻传到华盛顿后，威瑟雷尔的发掘被官方叫停。1907年，他把土地所有权转让给了政府。

与此同时，在美国西南部的少数专业考古学家，在阿道夫·班德利尔的一个弟子埃德加·休伊特（1865—1946）的带领下，成功地说服了美国国会通过了一些法律来保护公共土地上的考古遗址。1906年通过的《美国文物保护法》有限度地保护了重点区域，比如查科峡谷和梅萨维德这样的地方。休伊特开办了一所培养年轻考古学家的学校，他教学生学会如何用适当的发掘方法——而不是那些陶罐寻找者用的办法，其中大部分的工作涉及清理那些被盗过的遗址。班德利尔、库欣及同行建立了研究美国西南部的一个基本原则：你需要逆向，从现在回溯研究过去。从那时起，考古学家们就一直在遵循着这一原则。

第十四章　公牛！公牛！

　　西班牙猎人莫德斯托·库比拉斯1868年在狩猎狐狸的时候，他带着的狗在一堆岩石间不见了。当地下传来狗的吠叫声时，库比拉斯找到了狗钻进的洞口，意外地发现了一个隐藏已久的洞穴。他没有去探索洞穴——而是向地主报告了洞穴的存在。拥有这片土地的是索图拉侯爵（1831—1888），一个在西班牙北部拥有几片土地的律师。索图拉兴趣广泛，喜欢书籍、园艺和考古学。

　　对于忙碌的地主来说，去考察历史并不是一个优先事项。十一年后，索图拉侯爵才去察看了库比拉斯发现的洞穴。现在，洞穴被称为阿尔塔米拉Altamira，意为"高处观景点"）。在山洞里徘徊的时候，他注意到墙上有些黑点，但没有去多想。然而不久之后，在访问巴黎时，他在那里看到了雕刻精美的鹿角和骨头碎片——来自法国西南部的古代克罗马农人的文物展览。他想起了阿尔塔米拉，他想知道：在洞穴的土层里，是否也有发现类似文物的可能。

回到家后，他决定要发掘一下。他九岁的女儿玛丽亚也吵着要跟着去。在父女两人的注视下，劳工们用铁镐和铲子在土里匆匆挖掘，想寻找经过雕刻的工具。但玛丽亚很快就看烦了挖土的事，她走到山洞深处去玩耍。突然，侯爵听到从一个较低的洞室里传来女儿的喊声："公牛！公牛！"

索图拉赶了过来，玛丽亚指着一头多色（彩色）的野牛——原来岩石上画着许多动物，野牛、野猪和鹿都出现在洞顶上看似杂乱的画上面。这些图画色彩鲜艳，使得这些野兽看起来就像前一天才被画上似的。玛丽亚成为19世纪最伟大的考古发现者之一。

阿尔塔米拉绘画的岩洞，顶部低矮，就像一个冰河时代的大动物园。上面画着早已灭绝的野牛，身上涂着黑色和红色站在那里。野牛的毛发直立，有的低着头，有的蜷伏着。有一头野猪跃过岩石，也有鹿角巨大的野鹿。洞顶上画满了这些动物，许多动物的躯体因为岩石的凹凸而凸显，似乎显得更加生动。在野兽之间也盖有红色的手印；其中有一些画，是通过往洞顶上喷洒红色粉末完成的，另一些画则是仔细地画上去的。

索图拉一下就辨认出：阿尔塔米拉的岩画，与他曾在巴黎看到过的雕刻图像有相似之处。后来他出版了一本关于该洞穴的小册子，并提出了洞穴里的壁画与他在法国看到的展品可能出于同一时期的想法。令他灰心的是，法国考古学家们马上反驳了这一观点：他们说，这些看起来很新的画，既现代又复杂，不可能是史前野人的作品。有些人甚至认为这些画是赝品，是由现代艺术家画出来的，甚至也许是在侯爵的怂恿下画的。索图拉痛苦和心碎地隐退回到自己的庄园。他在1888年去世时，还被人怀疑参与了伪造画作。要再过许多年，他的名誉才得以恢复。

在法国西南部的洞穴里，也发现过一些绘画和雕刻，专家们也认为它们是现代的。这并不奇怪，因为当时大多数人相信"原始的"猎人永远也不会是艺术家。但是很快，更多的史前绘画出现了。1895年在多尔多涅的莱塞济附近——这一带是拉尔泰和克里斯蒂考古过的地方——有一个拉穆特洞穴的主人，在清除一些填土时，发现自己进到了一个此前被封闭了的画廊里，墙上刻满了野牛和其他图像——这些画显然年代久远。在现在成为热门的旅游景点的地方，更多的岩画洞穴被发现——其中有贡巴来尔洞穴（这里以雕刻闻名）和靠近莱塞济的枫德歌姆洞穴（这里以猛犸象的画闻名）。"冰河时代也有艺术"的论点，越来越有说服力了。

一小组考古学家于1898年参观了贡巴来尔洞穴，其中包括一位著名的法国考古学家埃米尔·卡特尔哈克（1845—1921）和一名年轻的天主教神父亨利·布勒伊（1877—1961）。

地下深处的刻画，给卡特尔哈克留下了深刻的印象。四年后，他和布勒伊访问了阿尔塔米拉。年轻的牧师坚信，这些岩画可以追溯到冰河时代。但卡特尔哈克曾经一度认为，这些画肯定是现代的。然而后来，他改变了看法——这些岩画的确古老。事实上，他发现这个证据非常有力，因此他发表了一篇著名的论文，为自己过去的观点道歉。他把阿尔塔米拉形容为一个史前艺术画廊。索图拉侯爵和他的女儿终于被证明是对的了。

埃米尔·卡特尔哈克之所以会改变主意，很大程度上要感谢亨利·布勒伊，一位后来成了岩画艺术研究方面的泰斗人物。布勒伊出生于法国北部的诺曼底，是一名律师的儿子。他在1900年入职，准备当天主教牧师。他有诚挚的信仰，也是一位杰出的科学家。这位年轻牧师的信仰非常坚定，因此教会对他的冰河期研究（这违背了宗教的教义）视而不见，并允许他继续研究——不是作为一名牧师，而是作为一个独立的学者。

在成为牧师之后不久，布勒伊遇到了两个法国史前历史学家，路易·斯卡皮坦和爱德华·帕特，他们教会他透彻地认识了从法国洞穴里发现的用鹿茸、骨头和石头做成的工具。布勒伊意志坚强，很难容忍愚蠢的人——如果你不同意他的观点，你就危险了。但他也是一位高超的艺术家，当时很难在地下控制照明，也没有高品质的摄影技术；要想临摹精美的岩画，艺术家就要先画草图，然后测量图形的大小。他不得不躺在装满蕨类植物和稻草的麻袋里，只用蜡烛或闪烁的油灯照明。布勒伊整天在一片漆黑中钻进狭窄的通道，在纸上临摹雕刻和模糊不清的图像。他曾经计算过，说自己花了七百多天的时间在地下，临摹绘画和雕刻。

布勒伊用水彩完成他的草图，并尽可能地用黑白照片来做对比。不可避免地，他的一些临摹画带有他自己的想象。但即使放在今天，当我们有彩色图像的时候，布勒伊的水彩画仍然是岩石艺术无价的档案资料。不幸的是，因为频繁的访客带来了空气变化，他记录过的许多岩画现在都消失了。

1940年又有了一个惊人的发现：当一些男孩们在蒙蒂尼亚克镇附近狩猎兔子的时候，他们的狗钻进了一个兔子洞里。听到狗在地下吠叫后，他们揭开兔子洞，爬了进去。孩子们发现，他们进到了一个大洞穴，穴壁上画满了野牛、公牛和其他动物的壮观画面。布勒伊连忙赶到这个现在被称为拉斯科洞穴的地方——巨大的公牛和凶猛的野牛显得色彩鲜艳，也像是刚被画上去时一样——这令布勒伊惊讶不已。多亏了放射性碳年代测定法（见第二十七章），我们现在才知道，这些岩画和雕刻已经被封闭在地下至少15,000年了。

在临摹了阿尔塔米拉的岩画后，布勒伊提出了一个理论：旧石器前期的艺术有两种风格，是从简单发展到复杂的。他坚信，那些画作是被他称为"狩猎魔术法"的一种形式。这些图像和画在岩石上的那些动物，是一种与神灵的联系：这样画了动物，就能给猎人带来狩猎的好运。他还认为，岩洞里的一些岩画和雕刻，尤其是刻画在那些可携带物品上的图形，其艺术效果是如此之精妙，完全是为了艺术之美而创作的——这也说明了当时的克罗马农人艺术家的创造力。

彩色摄影和红外摄影，以及后来一些类似拉斯科洞穴的惊人的发现，已经证明这一理论过于简单。另一个发现于1994年的山洞——肖维岩洞，画有冰河时代的犀牛这类已经灭绝了的动物，这些伟大的作品作于30,000年前，其岩画甚至比拉斯科洞穴的画面更加细致，而且年代更早。

迄今为止，还没有人能为这种复杂的、非常古老的艺术传统，做出一个让大家都能接受的顺序排列；专家们也无法就岩画艺术到底想表达出什么理念而达成一致意见。在发现拉斯科洞穴之后不久，布勒伊去了南非，他一直待到1952年，在那里研究桑人的岩画艺术（那里的土著人曾经被称为布须曼人[1]）。

1　布须曼人（Bushmen），又称桑人（San），主要分布在非洲南部的纳米比亚、博茨瓦纳、安哥拉、津巴布韦、南非和坦桑尼亚一带，为南部非洲和东非最古老的土著居民。

布勒伊在1929年访问南非时，第一次看到了桑人的岩画。在阿尔塔米拉的岩画被发现之前，早期的旅行者和人类学家们，就已经发现了研究桑人的岩画。早在1874年初，南非人类学家乔治·斯托就谈到，他见过一些不会画画的桑族猎人，但他们认识一些会画画的同族人。

桑人的岩画与法国洞穴里发现的作品很不相同。在非洲南部，岩画表现了狩猎时追逐猎物的场面，有收集蜂蜜的人，有舞蹈和仪式，也有露营生活，还有各种标志和符号。布勒伊又认为，这种艺术是想为狩猎而施魔法的产物；但我们现在知道，它有更复杂的含义。

布勒伊不是第一个对桑人的岩画感到困惑的学者。具有讽刺意味的是，在阿尔塔米拉被发现之前不久，德国语言学家威廉·布勒克（1827—1875）在开普敦居住时，学会了桑人的几种方言。他说服当局释放了二十八个在开普敦港防波堤上干活儿的桑族犯人来做他的老师。他们住在布勒克的房子里，布勒克和他的弟媳露西·劳埃德编写了桑族语言的词汇和语法，收集了一批宝贵的神话与民间传说。布勒克和劳埃德知道桑人的岩画艺术，但没有几张图片可以示人。

另一名研究人员，担任地方法官的J.M.奥彭，于1873年走遍了莱索托的马卢蒂群山，这个地方离德拉肯斯堡山脉不远。他从桑族向导那里记录下来的口头传说，与布勒克和劳埃德所记下来的神话非常相似——两者都着重提到了大羚羊，而大羚羊是桑族猎人喜欢的猎物。

布勒克确信岩画阐述了桑人的神话。但是后来的研究者们对他所收集的、经过仔细整理的记录要么置之不理，要么就对这些的信息价值存疑。他们把重点放在有系统地记录岩画艺术上。

布勒伊本人则从1947年到1950年之间，在现在的纳米比亚和津巴布韦那里临摹岩画。他依靠铅笔和厚厚的纸张，而不是利用摄影技术。这导致了许多的不准确之处。他在纳米比亚临摹了著名的"勃兰德勃的白色女子"，这幅2000年前的岩画展示了一个脸部和腿上有部分地方涂成白色、肩背弓箭、手持一朵花向前大步走的人。布勒伊说，画里是一个女人。这是一幅有着异国情调的画，他声称画上表现的不是桑族人，而是来自地中海地区，也许是来自克里特岛的游客——因为在克里特岛上，古代图案里女性形象是很常见的。布勒伊似乎对桑人没什么尊重可言，这是完全错误的。布勒伊1961年去世后，学者用彩色摄影进行的研究表明，画里是一个男人，也许是一名巫师，身上用白色画了道道。

布勒克和劳埃德在19世纪进行的研究，有助于解开欧洲和非洲岩画艺术的一些秘密，但根本性的问题仍未得到解答。为什么克罗马农画家要在黑暗的洞穴画出和雕刻出动物形象，以及复杂的符号？艺术家们是否独自经历了强大的视觉体验，在完全的黑暗中，用他们的画作来表现自己的经历？为什么他们远离阳光来创作，特别是他们唯一的照明要依靠燃烧动物脂肪的灯？

桑人的艺术则大多是画在敞亮的岩棚里，包括大量身体细长的人物形象，有时围着垂死的羚羊跳舞。他们的艺术也毫无疑问地有着超自然的意义。一些专家认为，那些岩画是与自然的力量进行交流的一种方式，那些超自然的力量会通过在洞穴墙壁上的手印来传给人类。我们永远无法确切地知道这样的艺术究竟意味着什么，但研究仍在继续中。

第十五章　寻找荷马史诗里的英雄

海因里希·施里曼（1822—1890）是早期考古学家中，最著名和最具有争议性的人物之一。他是德国北部一名新教牧师的第五个孩子；因为家境清贫，他在十四岁就辍学了。尽管如此，在十几岁的时候，他喜欢上了荷马史诗。

荷马于公元前8世纪创作了两部描写许多希腊英雄的伟大史诗，《伊利亚特》与《奥德赛》很可能取材于流行了好几个世纪的、由行吟诗人讲述和吟唱的故事。《伊利亚特》讲述了希腊围攻一个叫特洛伊的城市的故事；《奥德赛》则描述了其中一位参战勇士奥德修斯在返家途中的冒险经历。这两部史诗是有史以来写得最好的冒险故事。

如果施里曼说的话真实可信：他的父亲常在晚上背诵荷马史诗里的故事，年轻的海因里希从小就深信：这两部伟大的诗篇是准确的历史叙述，并且立志要找到特洛伊。

特洛伊存在吗？它在哪里？围城的故事真的发生过吗？施里曼一生的大部分时间都在试图寻找出答案。他对特洛伊的痴迷，源于他对荷马的热爱，而不是出于任何科学的依据。学者们原来不相信这个城市曾经存在过：研究荷马史诗的专家们认为，这是荷马想象出来的产物。施里曼对特洛伊的迷恋，在当时充其量只是让人觉得古怪。再说，他怎么有可能去证明专家们是错的？——他穷得可怜、缺乏经验，而且只是杂货店里的一名学徒。

施里曼于1841年离开杂货店，最后到了阿姆斯特丹。他有商业和语言方面的天赋，依靠在俄罗斯的圣彼得堡做染料生意、在加利福尼亚州开银行，以及在克里米亚战争期间贩卖战争物资发了财。在1864年，当身家已经好几百万的时候，施里曼便从商界退休，把余生奉献给了考古学和荷马研究。

施里曼于1869年游览了意大利和希腊，学了现代希腊语和古典希腊语——后者他只用了两年时间便掌握了。他的行程包括奥德修斯[1]的家乡伊塞卡、希腊的岛屿，并最终到了土耳其的达达尼尔海峡。施里曼在那里遇到了弗兰克·卡尔弗特，一名英国外交官。卡尔弗特在靠近海峡的入口处拥有一个名叫希萨立克的大土丘中的一半。和施里曼一样，卡尔弗特对考古学、荷马和特洛伊很感兴趣。他在希萨立克挖了一些浅沟，但几乎没找到什么东西。尽管如此，他还是坚信这里就是特洛伊。

一手拿着《伊利亚特》，一边骑着马儿察看尘土飞扬的土堆及其周围的环境，卡尔弗特试着重建荷马所描写的战争爆发时的

---

1 奥德修斯（Odysseus），古希腊荷马所作史诗《奥德赛》中的主人公，是伊塞卡国王，在特洛伊战中献木马计。

景象。施里曼接受了卡尔弗特的信念，相信希萨立克真的就是荷马笔下的特洛伊。海因里希·施里曼既有钱又有躁动的野心，他决定进行发掘，找到被围攻过的特洛伊城的遗址。

施里曼没有丝毫的发掘经验，他的发掘行动的最大动力，就是他坚信荷马记录了历史的事实。他从1870年4月开挖一条小小的壕沟，作为试验性发掘，进而找到了一堵巨大的石墙。但荷马笔下的城邦是在土丘的顶部还是在底层？这堵墙吊起了他进行更大规模发掘的胃口。

施里曼向土耳其的苏丹申请许可证，一直等到1871年才拿到。同时，他想找一个希腊妻子，在面试了几位候选人之后，施里曼最后娶了年轻漂亮的索菲娅·英加斯特罗梅诺斯，一个店主的女儿。当时她十七岁，他四十七岁。婚姻很成功，索菲娅成了他工作上的好伙伴。

海因里希·施里曼于1871年10月在希萨立克开始挖掘。他招募了80名劳工，让他们在土丘的北侧往下挖，寻找荷马所描述的城市。他相信城市被埋在土墩的底部。劳工们手持鹤嘴锄和木质铲子，只用了六个星期就挖出了一条10米深的大沟。这可不是考古发掘，施里曼粗暴无情地挖开石墙和地基。一堆混乱的石块——也许是一座伟大城邦城墙的遗址，从壕沟的底部显露了出来。

施里曼在希萨立克开始发掘时，并没有明确的计划。他手里有本《伊利亚特》，从地下发现的陶罐碎片和部分裸露的石墙，暗示着在地面之下可能会有丰富的宝藏。他的方法直接而简单——用大量的人力来挖开大量的土方，他说他的挖掘规模至少需要120个人。施里曼在自己的发掘记录里也承认，他一心一意就想找到荷马笔下的城邦，因而不得不毁掉庙宇的遗迹、防御工事，甚至还有墓葬。

施里曼夫妇于1872年，带着一大批铁镐、铁锹和手推车返回该地。他们在土堆顶上盖了一所房子居住，那里的生活条件很恶劣：强风呼啸着穿过他们房子的薄木板，有一次火灾差点烧掉了房子。

施里曼以极大的规模来攻克特洛伊，三个工头和一个测量师监督着150多名劳工。大规模的施工队把土墩的地层就像一层层蛋糕那样剥掉，挖掘到了深度约为14米的地方，终于挖到了土堆的底部。

施里曼又开始了他粗心大意的冒进，在土墩上从北到南挖了一个巨大的沟槽。到了季节的末尾，他几乎挖掘了250平方米的土方和考古层。就算是用现代的挖掘设备来做这事，也会是一个惊人的壮举，但他只是用人的双手就做了这件事。不算巧合的是，施里曼的有些监工曾在埃及挖掘苏伊士运河，那条运河贯穿了埃及，连接起了地中海和红海。

结果令人震惊！原来，在希萨立克，一个又一个的城邦兴衰更替，每个城邦都在前人定居点的基础上建起了新的建筑。在1873年的发掘季节结束后，施里曼辨别出有不少于七个特洛伊城（到了1890年，他又加上了两个）。最早的城邦太小了，所以施里曼宣布说，地基上第三层的那个城邦，就是荷马所写的特洛伊城。在一层烧焦的砖石和灰烬中，他们找到了许多铜、金、银质的珍宝——这表明这座城邦曾被烧毁。施里曼说，显然这就是被希腊人摧毁的城邦；在高一些土层上的后期城邦，则年代距今较近。

从1875年5月以后，挖掘工们集中力量发掘在这第三层土层上的城邦。在一个炎热的早晨，施里曼在离地面8.5米的深处，看到了闪闪发光的金子。他支开劳工，自己很快地挖开松软的泥土，移走了无价的宝藏——他自己是这样写的，因为没有人目睹他这个轰动一时的发现。

回到基地后，施里曼摊开黄金吊坠、金耳环、金链、金质胸针及其他独特装饰品的"珍宝"。他抓住机会将之命名为"普里阿摩斯的宝藏"——这是荷马笔下特洛伊传奇国王的名字，并声称他找到的东西是那位君主的财产。

这一发现引起了轰动，但真正的问题是：这些宝藏是否真的是同时被发现的？许多专家认为，施里曼夫妇是把在发掘过程中发现的、不同的黄金文物组合在了一起。不管真相如何，施里曼悄悄地把所有的黄金从土耳其偷运出去，把文物藏在雅典的一个花园小屋里。后来他让索菲亚带着宝藏的一部分，就像当年的特洛伊公主一样，偷偷地出境。当土耳其人通过一家德国报纸了解到这一情况时，他们怒不可遏。因为海因里希走私引起的争议，只有在向奥斯曼政府支付了巨额款项之后才得以解决。

特洛伊和"普里阿摩斯的宝藏"的发现，让施里曼成了一位国际名人。但许多学者都对他非常怀疑，甚至有些人指控说，那些装饰品是他从君士坦丁堡的巴扎集市上买来的。

在做成了这么多事之后，很多考古学家都会想歇一歇，但海因里希·施里曼却不是这样。有一段时间，他把眼光投向希腊南部，他位于阿尔戈斯肥沃平原北部角落的坚固堡垒迈锡尼。据说迈锡尼是传奇般的、特洛伊之战中的希腊人领袖阿伽门农的宫殿所在和他被埋葬的地方——施里曼坚信这一点。希腊政府于1876

年不情不愿地给了他许可，让他在那里进行发掘。

施里曼再一次启动了宏大的工程：63名工人把装饰有狮子雕塑的著名城堡大门清理干净，其他人在一圈石板（施里曼称之为"墓砖"）围成的圆圈内发掘。甚至在挖开石板之前，施里曼就宣称说他发现了埋葬阿伽门农的地方。四个月后，施里曼夫妇找到了五座坟墓，里面埋葬了15具尸体，每个遗体上都饰满黄金。直到1922年在埃及发现图坦卡蒙法老的坟墓之前，迈锡尼墓葬曾经是考古史上最伟大的发现。有几尊黄金随葬面具上面装饰有络腮胡和经过修剪的小胡子，坟墓里还出土了敲打出来的有浮雕图案的金箔、精致的皇冠和容器，还有数十件小装饰品。

施里曼享受着国际性的声誉，整个世界都在关注着这场发掘。有两名在位的君主和一名首相访问了发掘现场。施里曼宣布说，他找到了荷马史诗里所写到的英雄的遗体。德国学者迅速地反驳了他的说法。到了1900年，考古学家亚瑟·埃文斯（见第十八章）证实，施里曼的确发现了迈锡尼文明：一个在青铜时代、在公元前1300年左右的时段，曾经蓬勃发展的光辉文明。这个时间要稍微晚于荷马生活的时代。

海因里希·施里曼仍然有点像一个谜。他似乎认为，自己才是上帝的信使，来到世间就是要把荷马的真相带给人间。他的粉丝称他为天才；他的敌人称他为一个以自我为中心的疯子。他在追求财富和研究荷马的时候，可能是头脑单一的；但在这一切的背后，他和索菲亚都是温文尔雅的好心人。

迈锡尼的发现，让施里曼成为考古学界一个受人尊敬的元老。他于1878年回到希萨立克，这一次与他同行的是一位受人尊敬的德国学者鲁道夫·魏尔肖。魏尔肖曾研究过特洛伊平原和丘陵地带的地质。施里曼很聪明，他意识到自己的方法已经过时了。德国的考古学家们当时在古代奥运会的遗址奥林匹亚进行着革命性的科学发掘（见第十六章）。从1882年到1890年，威廉·德普费尔德，一个经过奥林匹亚发掘工作培训出来的考古学家和建筑师，和施里曼一起进行发掘。他们紧密合作，并确定：在第六层土层的城市，而不是在第三层的那个，与荷马的特洛伊最为接近——如果这座城确实存在过的话。

与此同时，施里曼继续在其他地方发掘。他在阿尔戈斯平原的梯林斯山顶挖到了另一个迈锡尼王宫。这座王宫因为城墙由巨大的岩石建成而闻名。但现在他更加注意小小文物的发现（比如陶瓷的碎片）。这些碎片许多都带有手绘的几何图案，与在克里特岛上发现的文物非常相似。

施里曼那颗不安分的心又转向了那个岛——那是荷马史诗中克里特岛统治者米诺斯国王的家。在西方的传说里，米诺斯在他的宫殿下关着一只牛头人身怪物米诺陶[1]。据说雅典国王的儿子提修斯在米诺斯的女儿阿里阿德涅的帮助下杀死了米诺陶。阿里阿德涅用一根线引导提修斯走出了迷宫。在施里曼看来，提修斯与牛头人身怪物的故事，是一个无法抗拒的历史之谜。

有人说这个宫殿在靠近克里特首府伊拉克利翁的克诺索斯城邦的一个山坡旁，施里曼又雄心勃勃地试图买下克诺索斯。幸运的是，他没能买下该地，而是在失望中回到了雅典，把克里特文明留给了后世的、受过更好培训的考古学家来勘察（见第

1　米诺陶（Minotaur），也译作牛头怪，或牛头人，是混沌、邪恶、力量和杀戮的象征，奇幻世界中的一个经典形象。

十八章）。

　　后来一整代的考古学家从施里曼的工作中获得激励，钦佩他有能力找到重大的考古遗迹。1890年施里曼在意大利突然去世，他深信自己已经证明了荷马在其史诗中所写的是历史真实——在这一点上他搞错了，然而他的确让成千上万的人认识了考古学。

第十六章 "有条有理的常识"

　　卡尔·理查德·莱普修斯（1810—1884）于1839年当上了柏林大学的埃及学教授。他思维缜密、行事有逻辑，在研究古埃及方面，特别是在研究让-弗朗索瓦·商博良有关象形文字的工作方面，潜心学习了多年——莱普修斯是那种能够精心组织实地研究工作的一个理想人选。最重要的是，他是一个既收藏艺术品又研究数据的学者。

　　在任职三年后，莱普修斯领导了德国考察尼罗河的一个庞大远征队，这次活动类似于拿破仑的科学家在半个世纪前进行过的考察。那时，乔万尼·贝尔佐尼和贝纳迪诺·德霍维正在埃及进行盗掘（见第二章）。但莱普修斯不同，他立意高远、雄心勃勃，他要写出第一部有关法老的历史及其时间维度的书。在这之前，人们只是在希腊的文献和支离破碎的古埃及记录当中对他们略有所闻。由于莱普修斯的研究工作，考古学跨入了强调科学发掘文物并记录有关历史信息的一个新时代。

莱普修斯于1842年开始在尼罗河三角洲工作，记录以前未知的金字塔和陵墓；然后他向上游移动，解读铭文，并在尼罗河沿岸进行了研究不同人文地层的首次发掘。莱普修斯带着15,000件文物、铭文的石膏模板回到柏林，丰富的信息为进行严肃的埃及学研究奠定了基础。在1849年至1859年间，他出版了十二卷有关这次远征的书。这些著作对许多已经消失的遗址来说，至今仍然是一个必备的参考；同时这些书也证明了脉络清晰的头脑能为研究达到什么样的目标。

精心组织、认真负责、耐心发掘并及时出版详细的报告：卡尔·莱普修斯的成果引发了地中海考古学的深刻变革。按照现代标准，他的发掘方法仍然略显简陋粗浅，但在他精心组织下进行的工作是具有开拓性的。莱普修斯测量了许多他参观过的遗址，并记录了文物的确切位置——这在他那个时代，几乎是闻所未闻的做法。

莱普修斯深知考古学界迫切需要有更好的发掘标准。他在职业生涯的晚期花了很多时间去培训新一代的考古学家——培养他们对重建和保存的关注，就像关注发掘一样。亚历山大·康斯（1831—1914）就是这些新一代考古学家中的一个，他于1869年到1877年间在维也纳大学担任考古学教授。康斯也是一个很有条理的实地考察人员。在海因里希·施里曼发掘特洛伊的时候，康斯在爱琴海北部的萨莫色雷斯岛进行了发掘。但就在施里曼像挖土豆一样粗暴地挖掘文物的时候，康斯去萨莫色雷斯岛是为了解答重要的历史疑问，而不是为了去寻觅宝藏。

康斯的研究重点是卡比里的神殿，而不是与希腊火神赫菲斯托斯密切相关的、号称能够保护水手的那些具有神秘与超自然力量的神灵。在古代，每年七月，都会有一个盛大的节日来纪念这些神灵。节日期间还会上演一出表现婚礼仪式的神话剧，这个活动吸引了来自爱琴海各地的游客。圣殿本身占据了山坡上三层坡地。1863年，一个带翅膀的"萨莫色雷斯岛的胜利女神像"雕像，在那里被发现，并因为被巴黎的卢浮宫收藏而闻名于世。

康斯于1873年和1876年间发掘了该神殿。他运用了当时尚未广为人知的先进发掘技术来清理一些建筑物。他主要关心的是建筑，在整个挖掘过程中，一名建筑师始终在场；而一名摄影师则在一旁拍照。两卷印刷精美的书籍详细地记录了那里的工作。

在康斯的发掘工作接近尾声的时候，德国人把目光投向了奥林匹亚，这是古代奥运会的举办地。另一个受过训练的考古学家恩斯特·库尔提乌斯（1814—1896）在那儿进行了经过精心策划的发掘。为了表示敬意，考古学家放弃了对在那里发现的文物的所有权，并在遗址上建造了一座特殊的博物馆；1875年至1881年间，他们清理了设有运动员起跑区和裁判席的奥运场馆，发掘者在附近的寺庙里发现了被古代地震所摧毁的柱子，以及许多规模较小的神殿和建筑物。建筑师和摄影师总会在现场，准确完整地做着记录；有关发掘过程全面而细致的记录，再次在后来出版书籍时公布。

康斯和库尔提乌斯为考古发掘提供了新的标准，他们都大大超前于自己的时代。他们也关注所有的文物发现，无论大小。德国人意识到，粗糙的考古发掘行为会永久地毁坏了遗址，这使得保存准确的记录至关重要。

库尔提乌斯和康斯不是孤立无援的，还有其他一些人也在为文物的广受破坏而感到越来越不安。不幸的是，发掘的赞助者总是急于得到显而易见的结果，所以不一定会去资助那些记录细节的、精心组织的研究。掌握着考古学研究的主要控制者，还是那些对过去有兴趣并且个人有些钱，但又没有接受过正规培训的人。当时，就在库尔提乌斯完成了在奥林匹亚的工作之后，一个对文物很热心的英国将军得到了一大笔遗产。他把自己大部分的精力都投入到了发掘那些在他自己的土地上的史前遗址，并在这一过程中给考古发掘带来了一场革命。

奥古斯都·莱恩·福克斯·皮特·里弗斯（1827—1900）本来并不会成为一名发掘家的。他是维多利亚女王时代的一个保守的绅士，在拥有一些土地的同时，也还从军。直到1880年时，他还是一个鲜为人知的名叫莱恩·福克斯的军官。他在那年从一个富有的舅舅（一说是表兄）那里继承了巨额财富，并在英国南部的克兰伯恩蔡斯拥有一个巨大的庄园——条件是他要改用皮特·里弗斯这个姓。莱恩·福克斯继承了将近11,000公顷的土地，而且有了闲暇去做他想做的任何事情。

皮特·里弗斯是个令人生畏的人，他总是腰杆笔挺，甚至在发掘现场也穿着正式服装。他在部队里专搞枪支武器，这促使他花了多年的时间，来研究这些枪支和其他武器是如何随着时间的推移而发展的。

这位将军与一名男爵的女儿爱丽丝·斯丹利的婚姻，让他进入了贵族圈，并且能够与各种知识分子建立联系。皮特·里弗斯还是一个组织聚会的好手，这使他有机会能够接触到一流的思想家。受查尔斯·达尔文思想的影响，皮特·里弗斯迷上了这样的理念，那就是：和生物有机体一样，人类使用的工具也是进化的，这种进化为人们带来了更高效和更有用的工具。

凭借着几乎无限的资源，皮特·里弗斯从非西方社会的世界各地获得了大量的藏品。他一生中创办了两个博物馆，第一个是牛津的皮特·里弗斯博物馆，它至今仍然很受欢迎；第二个建在他的庄园里。这两个博物馆的建立，都是为了传授他所信奉的"渐进式发展"理念。

这样一个学者型的知识渊博的人，要从事文物发掘，是一个符合逻辑的行为。皮特·里弗斯肯定听说过莱普修斯和其他德国发掘者的工作，他们强调研究建筑和文物的演变是很重要的工作。皮特·里弗斯在军事组织方面的专门知识，让他能够简单明了地周密安排和规划挖掘工作。

这位将军从一开始就有序地组织发掘，一切准备工作都像军事行动一样，一丝不苟、有条不紊。由受过专门训练的工人组成的小组进行实地挖掘，而六名监督员则负责监督工作。他们有两个助手——一个是绘图员，另一个搞模型制造。每发掘一层文化层，以及在该层发现的文物，都被全面地记录了下来。

皮特·里弗斯是一个严格的监工，他坚持说，无论是否普通——哪怕是动物的骨头和种子——每一个文物被发现时的确切位置都必须记录下来。每次他去发掘现场察看时，他的工人都很紧张！皮特·里弗斯只和他的监工打交道。他的眼睛会前后左右不停地巡视着，从来不曾遗漏任何小的细节——陶器是否堆得太凌乱，工具是否放得离壕沟太近了等等，他都会去视察。里弗斯察看所发现的文物或浏览记录现场的笔记本，他的黑帽子在风中紧紧地扣在头上，然后他就骑马离开，通常一句话也不说。

里弗斯先发掘青铜时代的墓葬，然后移师到英国南部汉普郡的温克伯利营地——一个铁器时代的要塞。他在这里把防御工事挖出截面，根据在土层里发现的物品来给土质工事定出年代。里弗斯于1884年发掘了一个罗马军营，这个地方有几公顷的凸起和凹陷地形。在这里，他让他的工人们清理掉表土，然后从白垩底土中挖出暗色的填土，从而辨认出壕沟和其他例如炉膛及深坑这类设施的轮廓。在这之前，没有人用过这种根据泥土颜色的不同来确定古建筑位置的方法。

在每一次的发掘过程中，这位将军都是从三维的角度来思考的，这是今天考古方法的基石。他把每一个考古点都挖到基石层，记录每一层土层的情况，并记录人类是否在过去动过这里的土壤。

但里弗斯挖的是狭窄的壕沟，在他往遗址后边挖过去的时候，壕沟就又被填满了。不可避免的是，一些地层特征被遗漏了，因为更大的地质区域没有同时显露开来。如今，宽大的壕沟能够发现例如小屋的地基这类主要特征，这是为研究一个古老定居点的布局而进行任何发掘时必须做的事情。但皮特·里弗斯只是对古代科技和文化的演变感兴趣，而几乎忽视其他的东西。他会研究残留的食物，却错过了柱子和其他建筑结构的证据。

皮特·里弗斯于1893年考察了沃尔巴罗，这个长长的石器时代的土墩里有六个史前墓穴。早期的发掘者胡乱地挖进墓地，然后把人的遗体和坟里的物品搬走。皮特·里弗斯发掘了整个土墩，包括埋在里面的十六具骨骼。他在中间部分留下了一排土柱，使这些土层保持原样，以便能够准确地记录它们。在把土墩下的地面都挖开后，底层的白垩土在一片很大的面积上显示出一个矩形轮廓的色斑——这就是一个曾保护着六个墓葬的大型建筑所留下的痕迹。

沃尔巴罗的建设者在最初开凿壕沟时，挖得很深，边缘陡峭。皮特·里弗斯是一名有着无限好奇心的考古学家，他让被发掘出的沟渠露天暴晒了四年。然后，他又重新进行发掘，看看白垩土是怎样坍塌的；以及在壕沟被遗弃之后，各种沉淀物又是如何填满沟渠的。这种实验考古学的尝试，就研究方法而言，是到那时为止的一大进步。事实上，直到20世纪60年代，英国的一支考古队伍才又构建了一个史前土方工事的山寨版，来研究历经几个世纪的风吹日晒，对遗迹会有怎样的影响。

皮特·里弗斯有雄厚的资金，为其发掘成果出版了一系列装帧精美的专著，现在这些书本身都值得收藏。他看不上那些只是去挖掘文物而没有收集信息的考古学家。他说，科学是"有条有理的常识"，所以这也是他在进行发掘时所运用的逻辑方法。同时代的人都认为他古怪，看不惯他充沛的精力、古板的行为和他对什么事都好奇的心态。即使在死的时候，他也不同寻常：他用的是火葬，而不是土葬——这在1900年的时候是前所未闻的。

一直到20世纪20年代前，几乎没有人借鉴皮特·里弗斯的工作。他以其军事背景和对有序组织的热情，将发掘工作做成一个纪律严明的发现过程。但这名将军是自学的，在英国和其他地方的发掘者也多是如此。除了在地中海搞发掘工作的德国人以外，考古学仍然是一件不那么正规的事情——你得在实际工作中学。只有少数的考古学家想过要培养学生；而那些收了学生的人，是想找些能够好好干活儿的后生，而不是寻求冒险的年轻人。

J.P.德鲁普是一位不大为人所知的英国考古学家，他在1915年写的一本发掘手册里面说，发掘工作是男人干的事。总的来说是这样的，只有少数有才华的女性除外（见第十九章）。在家附近的地方搞考古学，需要有好奇心，至少要对过去有兴趣，还要有耐心；而要到海外和当地人一起工作，则要求有同样的耐心，并能监督大批的工人。

如果运气好的话，你可以在一位经验丰富的发掘家手下实习。他可能不是一个好的发掘者，但你可以通过观察来学习，并从他犯的错误中吸取教训。在一些做得比较好的发掘项目里，特别是在发掘罗马的遗址时，人们采用了皮特·里弗斯的一些方法。但按今天的标准来看，那些也仍然属于较原始的发掘行为。

年轻的列奥纳德·伍利是一位英国考古学家，后来因在伊拉克的乌尔发掘了皇家墓穴而闻名于世。尽管他当时完全没有经验，却接到通知，去负责一项在罗马进行发掘的重要工作（见第二十章）。

几乎每个参与发掘的人都是边干边学的，考古界没有在野外办学校或传授考古方法的课程，全凭着自己的头脑和组织能力，康斯、库尔提乌斯和皮特·里弗斯的开创性工作，起到了示范作用。

第十七章 微小和不起眼的

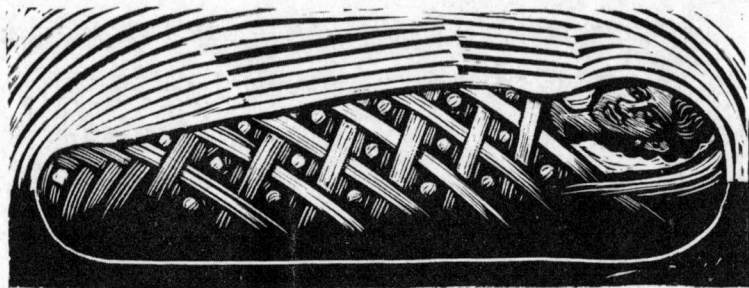

　　19世纪80年代，埃及开罗附近的吉萨金字塔群吸引了考古学家和各式各样古怪的人。富有想象力的天文学家们把金字塔称为用天空来测量时间的古代历法；有些好奇的游客认为，古埃及的度量用了比如"腕尺"[1]这样的单位。他们带着卷尺，围在大金字塔的旁边；有些人甚至试图把巨石的边缘敲掉一点，使石头与他们的计算相对应！所幸，来自佩特里家庭的两名英国测量师，对吉萨产生了兴趣。

　　佩特里家族长期以来就对科学调查颇有兴趣。弗林德斯·佩特里（1853—1942）主要是靠自学，为人有些古怪。他从父亲那里学会了测量法和几何学。在1872年，他们父子俩对巨石阵进行了

1　腕尺（cubit），古时的长度单位。

第一次精确的测量。他们总是谈起要精确地测量金字塔，这是前人所未尝试过的事情。弗林德斯·佩特里于1880年他刚满二十七岁时，启程去埃及考察吉萨的金字塔——这也是皮特·里弗斯将军在克兰伯恩蔡斯开始发掘的时候。

佩特里在到达埃及的一个星期内，就在吉萨附近岩石中凿出的一个坟墓里舒适地住了下来。他花了两年时间完成了调查。在此期间，佩特里设立了精确的测量点并研究了金字塔的建造情况。他的工作吸引了无数的访问者，其中就包括皮特·里弗斯。佩特里在这儿很愉快，他过着简朴的生活，光着脚在没有游客的金字塔周围到处跑。

他的第一本书《金字塔和吉萨庙宇》（*The Pyramids and Temples of Gizeh*）在1883年出版时，广受好评。他的测量为研究金字塔提供了新的基础。当时，埃及研究混乱不堪：研究缺乏精度，盗挖偷挖也是司空见惯。佩特里看不下去文物受到这样的破坏，于是决定从调查转向发掘。有影响力的学者们敦促"埃及考察基金"派他到尼罗河三角洲工作，去发掘那些古城市。

从一开始，佩特里的工作就做得有模有样。他用了大量的工人，按现在的标准来说也算挖得很快了。他雇了挖沟工、凿井工和清理石头的工人，还有一大帮人专门挑土。早上五点半就开始工作，到晚上六点半结束，在一天最热时的中午才休息一下。跟早先的考古学者不一样，佩特里总是在现场。他付给自己的工人报酬不低，并提供住房，确保他们能够敬业，以此来杜绝抢劫问题。

到了1885年，佩特里去到瑙克拉提斯发掘，这是一个商贸中心。在公元前7世纪后，这个商贸中心垄断了埃及和地中海东部地区之间的贸易。他们雇用了107人在工地上工作，只派了两名欧洲人去监督。他们挖开并清理了一个寺庙的部分和一个很大的围栏，这是由第二十一王朝苏森尼斯（前1047—前1001）修建的。佩特里找到了大量的陶器和好多筐的纸莎草文献。他把这些文献中的一部分装在玻璃间，并进行翻译。这时他意识到：小物件也是非常重要的，早期的发掘者基本上忽视了这些东西。

在瑙克拉提斯的发掘活动中，佩特里建立了一套坚持多年的程序：所有的发掘品，不管多小，都被运到了英国。在下一个发掘季节之前，在每一个冬季的发掘季节末尾，他都会很快出版一份挖掘报告。他给找到文物的工人固定数额的钱，以防止重要的文物落入当地文物商人的手中。

幸亏佩特里这样做了。在瑙克拉提斯，许多埋在最底层壕沟里的、带有日期或刻着能够帮助人们准确判断时期的硬币，是便于携带的。有了这些，他便可以判断周围建筑物的年代——这是从未在埃及尝试过的一项重大创新。

佩特里于1887年成为一个独立的发掘者。他从尼罗河三角洲转移到西边肥沃的法尤姆低洼地带，在那里挖了隧道，进入第十二王朝法老阿蒙涅姆赫特在哈瓦拉建的金字塔（约公元前1840年）里。

佩特里那次挖掘是不成功的，因为他没有发现任何有价值的文物。但他对附近的罗马时期的墓地发生了兴趣。那是公元100年至250年间的墓地，里面满是木乃伊，上面装饰着用彩色蜡涂画在木板上的木乃伊主人生动的肖像。这些画像曾经挂在房子的墙上，主人死后就被绑在木乃伊上了。佩特里发现了这么多的文物，多到他都抱怨说，他的帐篷里装满了杂物和炊具，还有为了安全起见存放在他床下的木乃伊。

回到伦敦后，在乔万尼·贝尔佐尼约七十五年前举办过展览的同一个"埃及厅"里（见第二章），佩特里为他所找到的文物，举办了一个大规模的展览。一位参观展览的老年人回忆起前一次展览时的情况，描述贝尔佐尼身材高大的样子。大批的观众前来观看，让埃及学成为令人尊重和热门的一门学科。

佩特里在一个又一个适合发掘的季节里，不断地回到尼罗河。他于1888年在法尤姆低洼地的卡洪一带研究了一个劳工的社区，这是个第十二王朝时期的聚集地，居住在那里的人建筑了辛努塞尔特二世（前1897—前1878）的拉罕金字塔。这个紧凑的、有城墙环绕的城镇几乎完好无损。佩特里清理了许多房屋，找到了许多民居文物。这些考古活动使他能够为当时的普通人提供工作，进而改善他们的生活——否则他们一辈子都有不断的劳役、常常要做极为艰苦的重活儿。

当时除了在地里劳作之外，许多平民还要为公共工程干活儿，而只能获得微薄的口粮。他们的骨骼显示了经历过艰苦劳动留下的明显印记。他们的生活是无尽的劳作：他们支撑起了国家及其领导人，但他们所干的一切，其目的和目标都是虚无缥缈的。与同时代的大多数人对大型纪念碑和陵墓更感兴趣相比，佩特里意识到：古埃及文明是一个有赖于成千上万低微的劳工通过辛勤劳动而建立起来的、复杂的社会。

佩特里接下来将注意力转移到在孟斐斯附近的一个十八王朝期间的古拉伯小镇。这个遗址可追溯到公元前1500年左右。佩特里注意到墙壁的一些表面上带着罕见涂漆的陶罐碎片，他就清理了靠近寺庙的一个小围墙。很快地，他在房子里发现了更多的碎片。这些神秘的碎片原来是从希腊流传过来的迈锡尼陶器，和海因里希·施里曼在迈锡尼出土的文物相似。

三年后，佩特里本人访问了迈锡尼。他在那里辨认出了从埃及进口的、日期大约和他在古拉伯小镇发现的文物属于同一时期的东西。这是一个经典的交叉定年方法的例子，奥斯卡·蒙特留斯在好几代人之前就运用过这个方法——通过从一个地区已知年代的文物，来推断其他遗址的年代（见第十一章）。佩特里宣称，迈锡尼文明的后期阶段大约为公元前1500年至前1200年之间。

佩特里对欧洲和地中海东部一带的考古有着深刻的了解。他以准确的计划、良好的发掘、全面的记录和及时的出版建立了声誉。这些让他在当时的考古学家中几乎是鹤立鸡群，并使他得以进入一个知识渊博的学者圈子。学者们的兴趣范围，远大于他们自己的发掘活动。

佩特里从古拉伯搬到了阿马尔那，这是上埃及阿肯那顿法老的首都。这个国王是一个有争议的人物，他放弃了对强大的太阳神阿蒙的崇拜，改为通过使用日盘来崇拜另一个太阳神阿托恩的一种新形式。阿肯那顿在公元前1349年从底比斯迁都到了下游的阿马尔那一带。阿肯那顿死后，这座都城被遗弃了。阿马尔那为佩特里提供了审视圣城的一个独特机会。他在大规模的发掘中出土了皇家宫殿里带有装饰的人行道和壁画。遗憾的是，由于游客们成群结队地去参观这些地方，践踏了当地村民处于作物生长季节的田地，一个农夫气得把那些无价的地板都砸坏了。

佩特里的一个最重要的发现是他确定了由一个妇女发现的、一些写有楔形文字的泥版的地方。楔形文字是当时国际外交用的文字。他发掘了一个房间和两个装满泥版的土坑，这在后来被称为"法老书信库藏"。

在阿马尔那找到的三百多片泥版，为人们提供了在大约公元前1360年间，土耳其鲜为人知的赫梯文明与阿肯那顿统治的埃及之间交往的情况：有些信件谈到交换礼物、建立联盟和通过联姻来进行外交的情况；有些是和东部一些关系不稳定的邦国之间的往来新建，小地方的统治者们答应在法老面前跪拜七次——然后再跪拜七次。埃及官员也和在塞浦路斯岛上的独立国家阿拉施亚这样的王国互通书信，阿拉施亚是铜的重要产地。

那时的中东，就像现在一样，一直处于动荡之中。有运筹帷幄的勾心斗角，有叛逆的国王和耀武扬威的军事活动，通常还有政治作秀。说佩特里发掘的楔形文字泥版是无价之宝一点也不为过！

佩特里鼓励年轻的考古学家跟着他一起发掘。他培养了新一代埃及学的研究人员，其中有一位名叫霍华德·卡特的英国年轻人。霍华德·卡特是得到"埃及考察基金"赞助的一名画家。卡特刚到发掘营地时没有任何准备，他不得不自己建起泥砖房子，并用芦苇盖了个屋顶。没有被褥，他就用报纸铺在床上。存放食品的空罐头盒被用来储藏小件的文物。这位新人在接受了一周的培训后，就和几个受过训练的劳工一起去独立发掘了。然而卡特很快就在发掘太阳神阿托恩的大庙和其他遗址中表现出色。他从佩特里那儿学到的经验，在日后的岁月中被证明，是非常有价值的（见第二十一章）。

1892年，没有大学学历的佩特里成为伦敦大学学院的第一位埃及学教授。作为庆贺，他及时地发现了埃及前王朝时期的文物——那些古代社会在法老王时代之前沿着尼罗河一带繁荣发展，当时还没有使用象形文字。佩特里在上埃及的涅伽达镇附近偶然发现了一个巨大的墓地，里面用简单的黏土容器塞满了骷髅。佩特里在1894年这一年内就发掘了2000座墓葬！

佩特里一如既往地为发掘墓地活动定下了一个规矩。当挖掘劳工们在沙地上发现了软塌地点、并勾画出埋葬坑的边缘后，他就让他们移往别处，然后让普通劳工把葬骨盆边的土清除掉。接着，专业的发掘人员轻手轻脚地沿着骨架和陶盆的边上清理；留下最后的工作让墓葬行家阿里·穆罕默德·埃苏菲来做——埃苏菲的专职工作就是清理坟墓。

这些陶罐都挺好看的——这固然相当不错，但问题是没有文字或纸莎草文献能为人们提示个年代。不过，类似的罐子在附近的小宙斯城遗址也被发现。佩特里发掘了足够多的墓葬，让他能够研究陶器外形的变迁。陶罐的手柄特别有助于分类的目的，随着时间的推移，手柄从用来做抓手的功能演变成画了图案的波浪形状。

佩特里用一系列的时间阶段给他所找到的墓葬文物分类，从第30期（"ST30"）开始（他自认为还没有发现最早的、可以称为第一时期"ST1"的文物）。"ST80"则排列到了第一个法老出现的时间，大约是在公元前3000年。"序列断代"是佩特里对考古学最重要的贡献之一。当然，这个方法在许多年里也还无法用来确定遗址的年代，这要等到人们发明放射性碳年代测定法之后才有可能（见第二十七章）。然而，佩特里为埃及有法老之前的年代，提出了一个有序的序列表。

弗林德斯·佩特里的工作范围之广和他留下的遗产之丰富，可谓非同凡响。不过，他不善沟通，爱与人争吵。由于缺乏正规教育，他常常会坚持认为他自己、而且只有他自己是正确的——这对于一位考古学家来说，可不是什么好的品质。随着新的、更具限制性的发掘申请规定在埃及生效，佩特里于1926年将其活动迁至巴勒斯坦。在那里，他继续发掘，直到第二次世界大战开始，他在八十九岁时死在了耶路撒冷。

佩特里在沿着尼罗河一带进行的漫长发掘中，建立了有序的考古活动，为古代埃及提出了一个明确的编年表，并把那些微小的、不起眼的物件带到了人们的视野中。

第十八章　米诺陶诺斯迷宫

　　时为1894年，雅典市场上的古董商都知道有这么一个英国人：他身材矮小、颇具攻击性，能说一口流利的希腊语。每天早上他都会慢慢地从一个摊位走到另一个摊位，拨拉着用小盘子装着的珠宝和印章。有时他会拿起一个小印章，在阳光下凝视着那几乎无法看见的字体。古董商们发现他是个难缠的顾客，他老是一直讨价还价，有时还会走开，直到价格合适为止。他把买来的东西用纸包好，塞进皮革背袋里，有时还会问一些问题：这些印章是从哪里来的？哪个遗址最容易发现印章？答案总是：克里特岛。

　　亚瑟·约翰·埃文斯（1851—1941）以其独特的眼光，成了唯一一个发现米诺斯文明的考古学家。他不用依赖眼镜或放大镜，就可以辨认出最细小的字母。像猎犬闻着气味一样，埃文斯在1894年追随着考古线索来到了（希腊）克里特岛。这个岛上的主要城市伊拉克利翁，是克里特宝石和印章的一个宝库，宝藏的大部分来自一个叫克诺索斯的、覆盖着橄榄树的山坡上。

埃文斯在克诺索斯的山坡上仔细地梳理着，经常花好几个小时收集文物，临摹陶片上带有异国情调的图案。在克诺索斯发现的一件石质盛器与在迈锡尼发现的相似，所以两者之间显然有关联。埃文斯立即决定买下克诺索斯。他不是第一个想尝试这样做的考古学家——海因里希·施里曼就曾这样试过，他认为这个地方是传说中的米诺斯王的宫殿。施里曼没能做到的事，埃文斯却成功了，尽管他花了两年的时间去讨价还价。

埃文斯发现，克诺索斯的确是克里特岛的主要宫殿，也许是传说中的米诺斯王（如果他真的存在过的话）的住所。埃文斯没有兴趣去猜测米诺斯是否存在过，他也不相信施里曼有关特洛伊和迈锡尼的说法（见第十五章）。他不是靠自学成才的、急于找到重大发现的考古学家，而是一个要寻找可靠信息的学者。

亚瑟·埃文斯从小就投身于考古事业，他的父亲是约翰·埃文斯爵士，一个富有的英国造纸商。约翰爵士曾支持了布歇·德彼尔特在索姆河流域的发掘（见第七章），是研究古代石质工具的专家，也对古希腊和罗马的硬币颇有研究。埃文斯在他父亲的鼓励下，七岁就开始描画硬币；三年后，他就开始陪同约翰进行考古旅行。

当学生时，埃文斯总是不能安分守己，常抱怨说牛津大学的老师们都很乏味。他整个夏天都用来徒步漫游欧洲，并喜欢上了巴尔干半岛东南部的人。埃文斯在当地被称为"疯狂的英国人"。他涉足新闻报道，非常深入地报道了奥地利帝国的政治动荡，以至于被关了六个星期的监狱。当局将他从（奥地利）帝国驱逐出去，他只得回到英国重找职业出路。

埃文斯虽然从事政治报道，但他对考古特别投入。他把所有的业余时间都花在收集各种各样的工艺品上。他从父亲那里继承了善于辨认艺术风格的那种本能，并在考古方面积累了广博的知识。

他于1884年成为牛津大学阿什莫尔博物馆的馆长，在这个职位上他做了二十五年之久。尽管这是一个不受重视的机构，但他对展品进行了重组，并入藏了许多文物。不过，他大部分的时间都待在地中海一带，收集文物并进行地质调查。他的助手会告知来访者说，馆长"正在四处云游"呢！而这所大学对此似乎也并不介意——也许是因为他不在更好，因为大家能够眼不见心不烦。

没有人知道埃文斯是从什么时候开始知道克里特岛的。开始时，他研究的是来自希腊本土迈锡尼的文物。在大约公元前1350年时，这里是一个非常重要的贸易中心，希腊各地和爱琴海一带的货物都能运到那里去。当埃文斯查看了数百个印章和经过雕刻的宝石的时候，他意识到迈锡尼人有自己的文字，在迈锡尼的陶罐上刻画的符号有的甚至来自遥远的埃及。为了寻找这种未知的文字，埃文斯来到雅典的市场，并从那里到了克里特岛。

在等着敲定克诺索斯的交易时，埃文斯骑着骡子在克里特岛上四处探索。他发现，甚至在小村庄的市场上，都能看到在迈锡尼出售的那种印章；同时他意识到，在他脚下的克诺索斯的伟大文明里，至少有两套书写系统——事实上，后来发现了四套书写系统！

在克里特人奋起反抗土耳其统治者的时候，该宫殿成了埃文斯的财产。埃文斯用自己的钱买了食物和药品，来帮助起义的反抗者。乔治王子在获胜后成了克里特岛的新统治者，他对埃文斯非常感激，在几个月内就发下了克诺索斯的发掘许可证。发掘工作于1900年3月开始。

埃文斯对艺术品和考古所知甚多，但他在发掘方面的实地经验仅限于几个小规模的发掘，而现在他要面对一整个宫殿。幸运的是，埃文斯有意识地聘用了一位发掘助理，一个名叫邓肯·麦肯齐的苏格兰人——他后来在克诺索斯一干就超过三十年。麦肯齐用带有苏格兰口音的流利的希腊语管理着劳工。由埃文斯来决定在什么地方发掘，鉴定每一个新发现的文物，并记下详细的说明。他还请来建筑师西奥多·法伊夫做绘图工作。

不同于施里曼的随意发掘，这是一次从一开始就进行了精心策划的发掘。在发掘的第二天，埃文斯就已经能够看到一栋房子，墙上的壁画还依稀可见。该遗址的房间、通道和地基，就像一个迷宫一样。出土的克诺索斯没有任何希腊或罗马的风格印记，在年代上也很明显要早于迈锡尼。很快，发掘人员就增加到了100人，来清理宫殿的房间。

数以千计的文物在地基的地层出土了，有巨大的储物罐，数百个小杯子，甚至还有一个复杂的排水系统。最好的文物，是发现了几十块写了字的黏土板——正好可以用来测试埃文斯的眼力。在1900年4月，一幅精美的壁画出土了，上面画着一个托着杯子的女子，长发飘逸，蜂腰纤细。麦肯齐小心翼翼地用石膏衬托了壁画，把它搬到伊拉克利翁的博物馆里。

埃文斯欢天喜地地宣布，他发现了克里特岛上的古代米诺斯文明，虽然米诺斯国王和忒修斯[1]仍然还只是神话。在克诺索斯的发掘范围，很快就达到了1公顷的面积。1900年的4月，考古人员还发现了一个房间，那里有一个用于仪式的浴缸和一个石质王座。墙的两边摆着石凳，在石凳的背后画着逼真的、没有翅膀的希腊神话中半狮半鹫的怪兽。这可能是一个女祭司的地方，代表母性女神，她被认为是这片土地的保护神。

埃文斯延揽来了埃米尔·吉耶隆，一位在古代铭文方面颇有经验的瑞士艺术家。他们两人把克诺索斯的壁画重新整理成图，图中有鲜花缭绕的橄榄枝，一个年轻的男孩在采集藏红花粉（从藏红花的花蕊中提取的香料），还有庄重的游行队伍。在石膏浮雕上画着的一头奔袭而来的公牛，引发了埃文斯的无限遐思。公牛的形象到处可见：在壁画上、花瓶上，在宝石的图案里，还有做成雕像的。埃文斯对一种消失已久的文明，开始有了个概念。

埃文斯每天早上第一件事就是检查前一天的工作。他用细小的笔迹，一页又一页地记录下每一个地层、每一个文物的发现和每一个房间的情况。日复一日，发掘出来的宫殿变得越来越复杂，它显示出一个非同寻常的结构。人们经过一个有巨大石柱的大厅，进入中央庭院；院子里有一排狭窄的储藏室，每个储藏室都有一条狭窄的通道；有些房间用铅条加固，用来存放贵重物品和储藏大量的粮食。埃文斯估计，在克诺索斯曾经存放过差不多有上十万升的橄榄油。

两个宏伟的楼梯通向在圣坛上方二楼的房间；穿过西式的宫殿入口，就进到了一个铺设过的庭院里，边上画有年轻人越过公

1　忒修斯（Theseus），传说中的雅典国王，其事迹主要有：消灭过很多著名的强盗；解开米诺斯的迷宫，并战胜了半人半兽怪物米诺陶诺斯。

牛的巨大的绘画。埃文斯与麦肯齐花了好几个月的时间，才理清了墙面抹过灰的皇家宅室，还在其中找到了木质宝座的痕迹。克诺索斯不仅是一个宫殿：它还是一个商业和宗教中心，工匠在这里制作各种各样的物品，从陶罐到金属物件和石质容器都有。

克诺索斯耗尽了埃文斯的余生。他在继承了大量财产后，开始对部分建筑物进行局部的（而且带有点想象性质的）重建，以便加深游客对宫殿的印象。不幸的是，埃文斯在重建时用了混凝土，这导致了在拆除时就不可能不破坏原有的结构。他是在和过去赌博，其实任何形式的考古重建都很难完全成功。你怎么能确定这些建筑看起来和你心目中的样子相似呢？每个房间的用途是什么？宫殿的不同楼层是用来做什么的？

埃文斯和吉耶隆不得不面对这一群在当年就像个迷宫的建筑——它们在被发掘出来之后，就更是令人眼花缭乱。我最近去那儿访问的时候，很快就迷失了方向，我意识到为什么希腊传说会提到迷宫：克诺索斯的修建真是杂乱无章！

埃文斯和吉耶隆对米诺斯人抱有浪漫的看法。他们认为该文明是多彩的、无忧无虑的、和平的。考古学家和建筑师用混凝土柱子代替木柱进行了重建。由于制图员西奥多·法伊夫绘制了准确的图纸，甚至就在发掘工作还在进行的时候，工人们就在皇宫的中心位置重新建起了墙壁和大楼梯。

埃文斯花了很多时间，把从壕沟里挖出的小碎片煞费苦心地修复成壁画，就像拼凑一个巨大的拼图玩具一样，人们得到的是一个对米诺斯人有些浪漫的印象。毫无疑问，埃文斯在类似与牛共舞的场景中，加入了自己想象的细节。在一幅图中，他甚至把原有碎片上的三个人换成了一个国王似的人物——这是一个痴迷于米诺斯文明的人所犯下的错误。

1900年到1935年之间，亚瑟·埃文斯往返于克诺索斯岛和牛津两地。他在工地上建了一座别墅，在那里研究他从发掘中搜集来的大量陶器。他对文物的专精知识让他能够识别偶尔出现的埃及文物，将那些文物与来自尼罗河的盛器器皿匹配起来。此外，英国的埃及学家弗林德斯·佩特里在孟斐斯一带出土的迈锡尼陶器，被他断定年代在公元前1500年到公元前1200年之间（见第十七章）。借用佩特里的调查结果来进行日期交叉研究（这个办法是奥斯卡·蒙德留斯用的），埃文斯认为，米诺斯文明开始于约公元前3000年，在公元前2000年到公元前1250年达到其鼎盛时期；但后来遭到来自希腊大陆的迈锡尼的侵犯，于是这座宫殿最终被毁坏了。

埃文斯多年的工作为我们展现了一幅有关米诺斯文明的宏大诗篇。他在1921年至1935年间发表了《米诺斯宫殿》（the Palaces of Mines），对米诺斯作了全面的介绍。在这部巨著中，埃文斯以皇宫作为中心，来考证米诺斯文明的年代发展。他一步一步地讲述他发现的故事。在最后一卷，埃文斯向自己心爱的克诺索斯告别。他只留下了一个遗憾：没能破译发掘出来的四种文字。

亚瑟·埃文斯在描绘克里特岛生活的积极方面时，也许过于浪漫。幸运的是，这位拥有显微视力的杰出考古学家知道他需要依赖各方面的专家来开展工作。不过，对米诺斯人和克诺索斯的认知，都还是要靠他自己。

每次我走访克诺索斯的时候，环顾四周，便不禁会赞叹亚瑟·埃文斯所取得的成就。当然，新的发掘、破译出来的文字和放射性碳定年法等等，对他所描绘的那个几乎被人遗忘的文明有了更新的了解和定义。今天，我们对米诺斯附近一些较小的宫殿有了更多的认识，也可以想象在丰富多彩的表面下，这里曾经演绎过多么复杂的政治和社会关系。

很少有考古学家能在没有书面记录的情况下，几乎独自一人就从零开始来阐述一个文明，而且还达到了很高的科学标准，但是亚瑟·埃文斯做到了。他于1941年以九十岁高龄辞世。而在那时，考古学的发展已经日新月异了。

第十九章　不仅是男人的工作

到目前为止，我们所谈到的考古学家都是男性。在很长一段时间里，考古是男性所做的事，但有两位女性先驱，格特鲁德·贝尔和哈丽特·博伊德·霍斯证明了这不只是男人才能做的工作。她们为今天的女性考古学家开辟了一条道路。

这两位女子的工作是相反的：一个是孤独的沙漠旅行者，另一个是考古发掘者。当时大多数男性考古学家认为，女性最适合当个文员或图书管理员，但今天世界上已经有很多最优秀的考古学家是女性了。

格特鲁德·贝尔（1868—1926）是约克郡一位富有的铁厂老板的女儿。1886年，在很少有女性上大学的时候，她就上了牛津。格特鲁德是个才华横溢的学生，毕业时拿到了现代历史的学位。此外，她对旅行很有热情，以敢于说出自己的想法而闻名。

她于1892那年访问了波斯的德黑兰——在当时那可是一个遥远的地方。然后她四处游历，并开始登山（登山那时主要也是男性的活动），成为当时最重要的女性登山者之一。

格特鲁德是一个很有天赋的语言学家，她于1899年搬到耶路撒冷住了七个月来提高阿拉伯语水平。她从那里前往更远的地方，去叙利亚巴尔米拉的寺庙，并穿越沙漠去了佩特拉。格特鲁德发现了沙漠旅行的难处：要忍受黑甲虫和浑浊的饮用水。她在用已经流利的阿拉伯语与族长和店主聊天时，开始了解在这些干旱地区所发生的复杂并时而还带着暴力的政治。也是在这里她对考古学产生了兴趣。格特鲁德从来没有去发掘：她勘察偏远的地点，拍下照片并用文字描写。

在为古迹拍了六百多张照片后，格特鲁德·贝尔接下来花了几年时间在埃及、欧洲和摩洛哥旅行，并在罗马和巴黎学习考古学。她于1902年在土耳其西部参与了发掘工作。然后在1905年，她到叙利亚和（土耳其的）西里西亚去调查和研究拜占庭帝国时期的遗迹（拜占庭是古罗马帝国在东部的延续，并最终于1453年落入土耳其人手中）。她记录旅行的书《沙漠与播种》（*the Sesert and the Sown*）于1907年出版。她对在拜占庭城市伯宾克利斯的教堂（现在大部分已经不复存在）的记录，奠定了她作为一个旅行作家兼学者的地位。

格特鲁德·贝尔首先是一位沙漠考古学家。她个性顽强、为人独立，她主要的兴趣是研究在西方的罗马帝国崩溃（公元476年）之后，那些建筑以及鲜为人知但有重要地位的遗址。在研究完伯宾克利斯后，格特鲁德从叙利亚的阿勒颇出发，穿越叙利亚沙漠，到了幼发拉底河。一支小型的武装护卫队护送她穿越了危险的地带。她的目的地是乌赫地伊的阿拔斯王朝的城堡。这个巨大的矩形要塞建于公元775年。（阿拔斯王朝是先知穆罕默德的后裔，从公元750年到1258年左右统治着伊斯兰帝国。）

格特鲁德·贝尔在四天的时间里拍摄并勘察了堡垒——这个以前没有人涉及过的地方。她的士兵护卫在帮她拿着测量带时，还坚持要拿着步枪。贝尔抱怨说，"我无法说服他们把那该死的东西放下"。她没有去发掘，而是致力于对乌赫地伊的建筑进行总体的描述。这是一个重大的贡献，因为那时乌赫地伊几乎不为人所知。她最著名的《从阿木拉到阿木拉》（*Amurath to Amurath*）一书于1911年出版，为公众描述了这个遗址，备受好评。她写的有关乌赫地伊的学术报告在三年后发表，至今仍然是一份重要的考古资料。

格特鲁德很快就又上路了，到了巴格达和巴比伦，然后去了北边的亚述。德国考古学家沃尔特·安德雷和康拉德·普瑞瑟尔正在那里发掘亚述首都。在希腊遗址上进行的专业的考古工作，很好地训练了这两个考古学家，格特鲁德很钦佩他们的仔细发掘。他们还教她如何在拍摄黑暗的内部环境时，使用闪光灯。

格特鲁德在回家的路上，逗留于叙利亚北部的迦基米施的发掘现场。她在那里看到英国考古学家雷金纳德·坎贝尔·汤普森和T.E.劳伦斯（劳伦斯后来在第一次世界大战期间以能熟练利用沙漠地形而闻名，这为他赢得了"阿拉伯的劳伦斯"这个称号——见第二十章）。格特鲁德用一贯坦率的方式说，与德国人所做的相比，他们的发掘手法太"原始"了。坎贝尔·汤普森和劳伦斯听了不太高兴，并试图用自己的考古专业知识给她留下好印象，但他们失败了。在她离开的时候，迦基米施的劳工发出了大声嘲笑。几年后，她得知劳伦斯跟劳工们说，她长相太一般，没人会娶她。

到第一次世界大战爆发时，格特鲁德·贝尔已经完成了主要的调查工作，她也积累了对阿拉伯和邻近地区的重要知识。她给英国情报局提供的简报非常有价值，因此她于1915年被派驻到英国在开罗的阿拉伯情报分局工作。一年后，当格特鲁德被转派到波斯湾湾口的巴士拉去研究当地的部落政治时，她的生活开始了新的一章。她着迷于阿拉伯文化，成为阿拉伯独立运动的倡导者，并担任当地英国官员的专家顾问。

战争一结束，众多外国探险队就试图返回美索不达米亚，去考察埃利都（据说是世界上最早的城市）和乌尔（《圣经》里说的犹太教的创始人亚伯拉罕曾住过的地方）。但是时代在改变，外国考古学家已经不能想在哪儿发掘就在哪儿发掘了，他们也不能把他们所发现的文物全部带走。当地政府开始坚持，他们只给合格的考古学家发放发掘许可证。

其中伊拉克的新政府有理由担心，因为格特鲁德·贝尔是在巴格达的唯一一个有考古调查和发掘知识的人，所以她被任命为古物保护主任。没有人期望格特鲁德去动手发掘，但她的现场勘测经验和她对考古学家的了解，是她最大的价值。她还写了有关古物处理办法的法律条文，并组建了伊拉克博物馆。

新的法律要求，在挖掘中发现的所有文物，要在外国人（通常是博物馆）和伊拉克之间均分。格特鲁德是一位强硬的谈判者，伊拉克博物馆的收藏迅速增加。在1926年3月，该国政府在巴格达给博物馆建了一个永久的馆址。格特鲁德在那里展出了所有重要发掘活动中找到的文物，包括德国人在巴比伦挖的物品（见第二十章）。

格特鲁德·贝尔是个相当固执的女人，对地方政治有强烈的观点。她无法忍受愚蠢的人，于是树的敌无数，政府官员逐渐开始不信任她。她越来越孤立，把自己埋在考古学中。劳累过度，加上身体欠佳，格特鲁德于1926年7月自杀身亡。巴格达的许多人参加了她的葬礼。

虽然格特鲁德的智力和考古知识可谓是一个传奇，但在今天的伊拉克，她的声誉却并不太好：许多伊拉克人认为，她把太多的东西给了外国的考古队。这么说可能有些道理，但格特鲁德总是把考古和科学的利益置于纯粹的国家目标之上——因为当时的伊拉克还没有任何设施来保存这些精美的物品。尽管如此，伊拉克博物馆就是这位考古学史上十分独特的重要人物给我们留下的永恒纪念。

当格特鲁德在旅行的时候，哈丽特·博伊德·霍斯（1871—1945）——第一个在克里特岛进行发掘的女性，已经在开挖了。博伊德·霍斯是一个消防设备制造商的女儿，她早年丧母，与四个哥哥一起长大，她学会了要为自己争取权益。哈丽特于1881年开始在马萨诸塞州上史密斯学院——格特鲁德在那时也刚刚进入牛津大学。英国一位旅行家、小说家和考古题材作家阿米莉亚·爱德华兹到史密斯学院作的一个关于古埃及的演讲，激发了哈丽特对古代文明的兴趣。在毕业后，她当过老师，存了足够的钱，于1895年访问欧洲。

在希腊的时候，哈丽特对古代希腊产生了浓厚的兴趣。她在

第二年又回到雅典的英国考古学学校学习。在舞会、晚餐和其他社交活动之间，她还抽时间学习古希腊语和现代希腊语，以及参观考古遗址。她还骑自行车环游雅典，引起了轰动。

希腊和土耳其之间的战争于1897年爆发。哈丽特立即志愿参加红十字会，去希腊中部救护在战火中受伤的人，这让她第一次亲历了战争的恐怖。医院的情况很糟糕：伤员挤成一片，连给他们包扎伤口都几乎是很难做到的事。战后，哈丽特留下来继续护理伤寒流行病的患者。当地人对她感恩不尽。

回到美国后，哈丽特获得了一份研究奖学金，去雅典附近古代的依洛西斯研究铭文。她想进行发掘，但这在雅典的美国经典研究学校里引起了争议：该学校认为发掘是"男人做的事"。相反，来自克里特岛的一位战争难民，建议她去那个岛上发掘——因为几乎没人在那儿搞过发掘。哈丽特和正准备开始挖掘克诺索斯的亚瑟·埃文斯取得了联系，还有牛津大学的考古学家大卫·霍加斯——他已经开始在克里特岛进行发掘了。海因里希的遗孀索菲娅·施里曼也安排她和其他路过雅典的大牌考古学家见面。

在这些有影响力的支持者鼓励下，哈丽特没有去理会那些说她的尝试伤风败俗的人，径自来到了克里特岛。当时岛上仅有19公里长的道路，和其他人一样，考古学家靠骑骡子旅行。埃文斯和霍加斯建议她在探访北边的一片海岸时，多向当地人咨询。有关这位不同寻常的孤单女性旅行者的故事，传遍了当地的村庄。克里特岛上的一位校长带哈丽特来到了米兰佩罗海湾。她在那里发现了一片部分裸露出来的石头墙、许多彩绘陶片和一条狭窄的、用石头铺成的小巷痕迹。

第二天，哈丽特带着一群工人回到这里。他们发掘出成片的房子。她表现出了非凡的发掘才华，很快她就雇用了100个男性劳工，而且很不寻常地——也许是第一次有这样的情况，她还雇用了十位女性，来一起发掘出米诺斯的一个小镇古尔尼亚。

古尔尼亚远比克诺索斯要小，但它为青铜时代的一个小型社区展示了一幅无与伦比的图画，在这里出土的文物也与克诺索斯发现的文物类似。哈丽特于1901年、1903年和1904年在此工作。小镇的文物主要集中在小镇存在的高峰期，即大约在公元前1750年到公元前1490年的时期。这个发掘活动部分由宾夕法尼亚大学博物馆赞助，他们发掘出了七十多栋成片的房屋、鹅卵石铺就的小巷，一个米诺斯时期的宫殿和墓地。发现古尔尼亚，对任何考古学家来说都是一个惊人的成就。

发掘工作结束四年后，哈丽特发表了一份大型报告，她展示了发掘过程中的每一个细节。现在没有人再敢说她的行为伤风败俗，或者质疑她的考古能力了！

这是哈丽特最后一次的实地考察，也让她成为美国在地中海考古方面的先驱。她成为第一位在美国考古研究所发表演讲的女性。

她于1906年嫁给了英国人类学家查尔斯·霍斯，他们生了两个孩子。在1916年和1917年第一次世界大战期间，她在塞尔维亚和西线前线积极参与护理工作。她继续参与考古工作，但只是在课堂里了：她在马萨诸塞州的韦尔斯利学院教了许多年的古代艺术课程。

格特鲁德·贝尔和哈丽特·博伊德·霍斯都是可以和当时任何一位男性考古学家相提并论的人物。格特鲁德·贝尔作为沙漠旅行家和政府事务专家，几乎比任何局外人都更了解居住在大漠里的人。而哈丽特·博伊德·霍斯则是一个极为优秀的发掘者。她于1926年作为贵宾再一次返回到克里特岛。亚瑟·埃文斯陪同她参观了克诺索斯。她还骑着骡子回到古尔尼亚，受到当地人的热烈欢迎。

第二十章 泥砖和洪水

　　巴比伦是古代美索不达米亚范围内最伟大的城市之一。它从公元前2300年建立的一个小定居点开始，在公元前609年到公元前539年间成为巴比伦帝国的中心。国王尼布甲尼撒二世（前604—前562年在位）把它变成了一个有八个城门的大城市，北边的门以女神伊什塔尔的名字命名。巴比伦在公元前612年被摧毁后，就从历史上消失了，沦为一片尘封的土堆。

　　发掘巴比伦，让几位早期考古学家，包括亨利·莱亚德（见第四章）束手无策。他们无法处理那些存留下来的、没有烧制过的泥砖。然后德国人来了，这座伟大城市在一个细心的发掘者手下复活了。罗伯特·科尔德韦（1855—1925）是一位建筑师兼考古学家，他是德国传统的那种精细的发掘者。科尔德韦坚信：通过有系统地发掘坍塌的泥砖建筑，就能发现尼布甲尼撒时代的巴比伦。他在那里的工作始于1899年，并延续了十三年。

德国考古学家以及在埃及的弗林德斯·佩特里，都已经在大规模的发掘方面规范了基本的组织方法。工人们不再是在一个城市的土堆上随意地挖掘，而是分成专门的团队，进行着密切合作：用铁镐挖土，并用筐来运土。科尔德韦把发掘过程规范化了，使用轻轨车把土从发掘沟槽里运走；后来他又培训工人来做一些专门的工作。

科尔德韦从容易辨认出的砖砌结构开始。没烧过的泥砖成了一个巨大的挑战，因为一旦被人丢弃或暴露在风雨中时，泥砖就会粉碎成泥。所以科尔德韦训练了团队，专门查找土坯泥砖墙。他和他的同事沃尔特·安德烈（他后来在底格里斯河畔的阿舒尔发掘了亚述首都）发现，最好的发掘手段是用锄头刮地面。挖掘专家们寻找着土壤质地的变化，或寻找高墙本身。一旦出现墙壁，工人们就小心地顺着其痕迹发掘，直到房间显露出来。他们把填料原封不动地留在地板上，以便日后继续挖掘，同时把每一个房间的内容都记录下来。科尔德韦系统彻底改变了发掘城市的方法。

科尔德韦有关巴比伦的最大发现，是在城市的北边发现了尼布甲尼撒的伊什塔尔城门，这是献给主司生育的女神伊什塔尔的。科尔德韦发现，国王的建筑师们在沙土下挖了很深的地基。墙壁仍然完好无损，他可以看到用琉璃砖做成的巨大的龙和公牛的浮雕。城门和拱门本身都用雪松覆顶。

在一份篇幅超过十行的题词里，国王对他自己的杰作感到自豪。在希腊作家希罗多德的作品里，也有对这个城市的描述。科尔德韦和其他人耐心地清洗了成千上万块釉砖碎片上结下的盐渍，然后把它们拼凑在一起。他在柏林的佩加蒙博物馆里一块砖接一块砖地重建了这个大门。一条路面修整过的街道，穿过大门，延伸来到马杜克神庙，马杜克是巴比伦神话中特有的神。伊什塔尔门和它的"城墙街"比其周围的平地高出13米。

与此同时，沃尔特·安德烈在1902年至1914年间，也在上游的阿舒尔进行了发掘。他采取了发掘巴比伦时用过的方法，来发掘这个屹立于底格里斯河上游悬崖上的亚述首都。安德烈的专家团队顺着痕迹发掘出城墙、许多房屋和寺庙的遗址。这里的一个主要建筑是伊什塔尔寺，伊什塔尔是这座城市的保护神阿舒尔的妻子。顺着深沟，他们在同一地点发现了六座更早的庙宇。安德烈是第一个逐层发掘美索不达米亚城市的考古学家。他和科尔德韦都意识到：发掘即意味着"破坏"，他们在向下深挖前，把该地层上每一个要清理掉的建筑都作了记录。

第一次世界大战后，安德烈、科尔德韦和其他人把在乌尔和美索不达米亚的其他城市进行的发掘活动变得更科学化。此时的发掘工作是由国家博物馆而不是个人赞助。1911年，大英博物馆决定在叙利亚北部幼发拉底河畔的迦基米施市，对鲜为人知的赫梯进行发掘。开始发掘时，工作由大卫·霍加斯（1862—1927）负责。他是一个经验丰富的发掘者，曾与亚瑟·埃文斯一道发掘过克诺索斯。霍加斯以在吃早餐前的坏脾气著称，因此他的工人们都称他为"死亡使者"。霍加斯在两个发掘季节的成果是如此喜人，以至大英博物馆启动了一项长期的项目，并选择三十三岁的伦纳德·伍利为新的主任。

查尔斯·伦纳德·伍利（1880—1960）身材矮小，性格威严。他上牛津的新学院[1]时，原本是准备当牧师的。但当他还是个本科生的时候，学院的学监就预言他会成为一名考古学家。伍利在苏丹待了五年（1907年至1911年），主要从事墓葬考古工作。在那里，他学会了如何与其他文化背景的劳工打交道，学习他们的语言，在对待他们时既严格又公平。他是负责迦基米施发掘的一个很好的人选。

迦基米施一直守护着河对岸的一片浅滩，一直到公元前717年，亚述人占领了这个日益扩展的居民区。这里后来成了赫梯人的城市。但对当时在地中海东部一带、与亚述人和埃及人作对的赫梯人，我们几乎一无所知。那里有超过15米的考古层等待发掘。

伍利是一位很会激励人的领袖——是那种从来不会感到迷茫的罕见人物。他还有一种生动的幽默感，这在处理当地千变万化的政治局势，以及对付有不满情绪的劳工时，是必不可少的。他言必称对人要尊重，但他也会态度强硬。在一位当地官员拒绝立刻给他颁发发掘许可证时，伍利只是笑笑，拿出一支装有子弹的左轮手枪，顶在那个人的头上。那个官员惊恐地举起双手，说恐怕是搞错了。几分钟后，伍利带着签了字的许可证离开了。

伍利很会讲故事，也是一个熟练的作家——有时这会让迦基米施的真实情况变得难以解读。这次发掘是成功的，很大程度上是因为伍利和T.E.劳伦斯两人合作得很好，和工人们相处得也不错。在牛津大学工作的劳伦斯当时正在叙利亚旅行，因为考古经验丰富，所以被聘请加入发掘。发掘队的领班是一个叫哈穆，迪的叙利亚人，他兴趣的两个方面是考古和暴力，在管理劳工上

1　新学院（New College）牛津大学的本科住宿学院之一。

是个天才。劳伦斯成了伍利最亲密的朋友之一，他们在1912年至1946年间一起合作过几次。

在1912年的时候，除了几年前弗林德斯·佩特里在埃及发现的阿马尔那泥片（见第十七章）提供的一些东西以外，关于赫梯人我们还知之甚少。伍利揭开了该城堡的考古层并发现了两个宫殿，宫殿的墙壁上装饰着威严的国王和行军士兵的形象。

迦基米施的发掘工作随着第一次世界大战的爆发而结束。像格特鲁德·贝尔（见第十九章）一样，伍利在被土耳其人俘虏之前，成为一名难得的情报官员。

战争结束后，伍利于1922年当了主任，负责在《圣经》里提到过的乌尔（迦勒底的乌尔）进行一项宏伟的长期发掘计划。这项计划是由大英博物馆和美国的宾夕法尼亚大学博物馆赞助的。除了位于既有酷热又有严寒的沙漠地带，乌尔还是一个复杂而难以发掘的地方。那里有一座坍塌的寺庙金字塔、整个被掩埋的城市居住区和许多考古层——这对最有经验的发掘者都是个严峻的挑战。但伍利是这项工作的理想人选，他充满活力、富有创意。

伍利是一个严格的监管者，他依靠少数几个欧洲助手和令人生畏的哈穆迪管理着这项巨大的发掘工程。每天的发掘工作从黎明开始，对于身为欧洲人的工作人员来说，很少能在午夜前结束。伍利最好的同事是麦克斯·马洛温，他后来成为一个一流的考古学家；成为在莱亚德之后，到尼姆鲁德进行发掘的第一人。马洛温娶了侦探小说家阿加莎·克里斯蒂为妻。据说她的小说《美索不达米亚的谋杀案》（*Murder in the Mesopotamia*）中的一些人物，就是取材于在乌尔的这些人。

在1922年的发掘季节中，人们从壕沟里找到了可能是来自墓葬的黄金物体。伍利猜测，他可能挖到了里面装满了珍宝的皇家墓穴，而这些珍宝也许脆弱不堪。伍利知道要清理这类墓葬，超出了他目前的技术能力，他的工人也还需要为这要求细致的工作而接受培训。所以，他等了四年时间，才再回到那里发掘。

与此同时，伍利挖了一些探测壕沟来丈量城市的布局；然后他在遗址附近的一个小村庄土堆上进行了发掘；在那里，找到了年代很早的彩陶，但没有找到金属制品。这些彩陶的主人也许是建设乌尔的苏美尔人的祖先。

伍利让哈穆迪带着400名工人干活儿。哈穆迪很严格、很善于发现问题，也知道如何克服疲劳和鼓舞士气：有一次，他扮演幼发拉底河的船夫，用铲子当桨，同时唱着轻快的歌曲来鼓励劳工们清除厚重的土层。

最后，当清除完皇家墓地时，伍利挖了一条大壕沟，探到了乌尔的底层。在土层的底部，他发现了一层洪水沉积的痕迹，但没有找到文物。这一层土层显示了前人生活的痕迹，出土的陶器类似于在这之前发掘过的小村庄里的文物。

伍利的妻子凯瑟琳不经意地瞥了一眼深坑，觉得这个神秘的泥层可能源于《创世记》中所说的诺亚遭遇过的洪水。对于一项经常面临资金短缺问题的发掘工程来说，这个提法在公关上简直太妙了！私下里，伍利也怀疑这个说法，因为他们只挖了一条小沟，而且乌尔本身就位于一个容易发大水的地区。但在伍利广受欢迎的著作中，他还是充分地提到了乌尔的洪水故事，他意识到：发现《圣经》里提到过的洪水遗迹，会引起公众的巨大兴趣，也将有助于筹集资金。

到了在乌尔的发掘工作结束的时候，伍利清理了乌尔-纳姆的金字形神塔（金字塔）。这座金字塔今天仍然屹立在该遗址上。他还发现了几十个小规模的住宅，以及几百片泥版，这为苏美尔人的历史提供了不少依据。

发掘皇家墓地是一项艰巨的任务。该地有两个墓葬群：一个属于亚述人，另一个属于苏美尔人。在长达四年的艰苦工作中，发掘者们清理了不少于2000个基本没有装饰的平民坟墓。伍利还发掘了十六个豪华的皇家墓葬。依靠印章题字和泥版上的信息，他把这些墓葬的日期定在公元前2500年至公元前2000年之间，这是伊拉克有记载历史以来最早的时期。这些墓葬位于深达9米的地层，通过挖开的斜坡才能到达。皇族的尸体躺在石头和砖砌的墓穴里，身边围着随葬者。在一个墓葬中，十个戴着制作精良头饰的女子被摆放成两排。要发掘出精美的陪葬物品，还需要发挥想象力和创造力。例如，在看到一个不起眼的小洞后，伍利通过注入液体石膏，设法把一个已经腐朽了的木琴做成了石膏模型，木琴上装饰着铜质牛头和贝壳。

经过几个月的繁重工作，伍利活灵活现地描写了一个丧葬仪式。他是少有的、能够把自己想象成生活在过去时光的考古学家，他生动地再现了皇家葬礼的过程：衣着华丽的朝臣和士兵列队进入铺了底垫的葬坑；皇家的牛车由车夫引导着，进入坑里；每个人都带了一个小泥杯，服下其中盛着的毒药，倒下、死去；最后，有人杀了牛，并将深坑填埋好。

令人遗憾的是，伍利的田野笔记不太完整，所以我们无法验证他所描述的故事。而事实上，新的研究表明，皇家侍从不是服用毒药而死，而是头上遭到击打致死。他们的尸体被做过简单处理以便保存，并被摆放到埋葬坑里。但人们还是可以原谅伍利使用戏剧性的语言和生动的再创造；因为人们知道，他曾经说过，考古学首先是关于人的科学。

这次发掘工作是最后一次由一个考古学家主导的大型考古活动，这是早期考古学的一个特征。伦纳德·伍利理所当然地能够跻身于最伟大的考古学家之列。

然而1922年，随着霍华德·卡特在埃及发现了图坦卡蒙法老的坟墓（见第二十一章），人们对伍利所写的畅销书的关注，已转向对金色法老的关注了。

第二十一章　有如神迹

1922年11月25日，在埃及的国王谷里，霍华德·卡特、卡那封伯爵和他的女儿伊芙琳·赫伯特夫人，正在图坦卡蒙法老墓里那炎热拥挤的过道里，等待着工人们把填在密封门前的最后一块瓦砾清理干净。他们看到了另一扇门上盖着国王的印章，便知道这儿是图坦卡蒙的墓葬之地。

怀着紧张与兴奋的心情，他们在潮湿闷热并充满了灰尘的空气里浑身冒汗。卡特用颤抖的双手在石膏门上打了个小洞，把铁棒推进去——从墓室里立刻传送出来一阵热气。他把洞口凿大，伸进去一根蜡烛，其他人则挤在他的身后张望。烛光摇曳一阵后，平稳了下来。卡那封伯爵着急地问道："你能看见什么吗？"卡特气喘吁吁地回答："能看见，有很棒的东西！"

他把洞口挖得更大，用手电筒照进了一个拥挤的密室，这是该墓室3000年来第一次重见天日。金色的床、王座、折叠的战车和一大堆财宝在他的眼前晃动。经过七年鲜有收获的搜索，他们终于发现了图坦卡蒙墓的原状。

这条发现之路始于1881年。在卢克索对面河流西岸的山上，人们在一条岩石缝隙中发现了一堆皇家木乃伊和他们埋葬的物品。到了19世纪80年代，埃及已成为富有的欧洲人和路过苏伊士运河的游客们喜欢逗留的冬季旅游目的地。在卢克索对面的尼罗河西岸，古尔奈的盗墓者们赚了很多钱。在1881年，有关一批待售的特殊文物的消息流传开来：有小巧的祭祀罐子、华丽的珠宝和精美的雕像。其中有些是前所未见的，显然是来自皇家陵墓的文物。

有两个当地人——艾哈迈德和穆罕默德·拉苏尔受到怀疑，他们是著名的盗墓贼，他们把赃品藏在衣服堆里或者装在篮子里偷运到卢克索去。他们被捕并受到严刑拷打，开始他们拒不承认，直到艾哈迈德与兄弟就如何分赃发生争吵之后，他才供了出来。穆罕默德也承认了，并带着出生于德国、后来在埃及文物管理局任职的考古学家艾弥尔·布鲁格斯来到西岸的一个偏远的石头裂缝处——那里面放着一些埃及最大法老的木乃伊，包括图特摩斯二世、塞提一世和拉美西斯二世。

三千年前，负责国王谷墓地的巫师们，就不时要把皇家木乃伊从一个藏身之处转移到另一个隐蔽的地方——要和无情的古墓盗墓者进行疯狂的"赛跑"。他们匆匆忙忙地做着这件事情，所以山石裂缝里到处都是无价的发现，皇后们的棺材堆成一堆。布鲁格斯从震惊中缓过神后，雇用了300个人来，找到了40名法老的木乃伊。后来，一些木乃伊被拆开，考古学家们仔细查看着这些曾是古代世界里最有权势的人物的面孔。塞提一世的墓曾被贝尔佐尼发现过，其木乃伊保存得最好，脸上还能看出温柔的笑容（见第二章）。

这些皇家木乃伊引起了轰动。富有的游客们蜂拥到尼罗河，梦想能找到一个宏伟的、堆满黄金的墓葬；有些人还希望能在国王谷进行发掘。他们花巨资购买那些从不太重要的坟墓里找到的物品。对文物的破坏和掠夺不可避免地持续不断，许多当地官员对此也睁一只眼闭一只眼。对科学界来说，有幸的是一些考古学家、特别是弗林德斯·佩特里，培养了一些年轻的发掘者。他把年轻的助手们带到墓葬实地，一做就是许多年。助手中有一位是英国的制图员珀西·纽贝里。在19世纪90年代，纽贝里曾与一位很有才华的、名叫霍华德·卡特（1874—1939）的艺术家共事，霍华德派纽贝里去向佩特里学习发掘方法。因此，在图坦卡蒙墓于1922年被发现前，这两个重要的考古人物就已经开始了他们的事业。

卡特出身平民家庭，是个普通艺术家的儿子。他表现出来的过人天赋引起了威廉·泰森-安默斯特的注意。安默斯特是一位拥有很多埃及收藏品的富有英国人。安默斯特家族在1891的时候雇用了十七岁的卡特来临摹他们的藏品。那一年的晚些时候，"埃及考察基金"把卡特派去给珀西·纽贝里当助手，专门绘图。纽贝里当时正在埃及中部的贝尼哈桑考察，挖掘可以追溯到大约公元前2000年的贵族彩绘坟墓。卡特临摹的贝尼哈桑墓葬壁画，水平非常之高。因此他又被派去为在阿马尔那的佩特里干活儿。这位年轻的艺术家干起发掘的活儿来非常有天分，仿佛他天生就是要从事这个行业的。

法国埃及学家、埃及文物协会的会长加斯帕尔·马斯佩罗于

1899年任命卡特为上埃及的首席文物督察。在这个国家，担任这个职务的官员，只有两个人。卡特作为督察官十分忙碌，他的工作重心主要放在国王谷一带，他还给一些古墓装上了电灯。

当时有一些富有的游客想申请能在国王谷中挖掘的许可证，但是很多都被拒绝了，因为他们没有做好寻找墓葬的准备。卡特是评判申请人的考古学家之一。在众多申请者中，准备得最好的是一位富有的纽约律师西奥多·戴维斯，他于1902年获得了在国王谷发掘的许可证。卡特曾为戴维斯做过发掘工作，帮他找到过一个名叫尤瑟赫特的贵族和一位法老图特摩斯四世的墓葬。卡特找到了法老战车的一部分，还有他的一只手套。戴维斯是一个粗枝大叶的发掘者，但他很知道要雇用考古学家来进行发掘。卡特后来在图坦卡蒙运用的方法，很多都来自他与戴维斯共事时的经验。

卡特在北边干得很出色，马斯佩罗就在1904年把他调到下埃及去做监管工作。他的职责包括保护遗址和不时对付那些难缠的游客。卡特一向严格，很难容忍某些不讲理的游客。1905年，卡特在萨卡拉[1]和一些喝醉了的法国游客发生了激烈的冲突，之后他便辞了职。在接下来的两年里，他靠在卢克索当艺术家和导游谋生。1907年，在卡特处于职业生涯的低谷时，他遇到了第五世卡那封世袭伯爵——乔治·爱德华·斯坦霍普·莫力纽·赫伯特（1866—1923）。发现图坦卡蒙的另一位主角登场了。

与卡特完全相反，卡那封伯爵是一个有权势的贵族，一位有着良好的判断力和高雅品位的艺术收藏家。他还喜欢赛马赌

1　萨卡拉（Saqqara）是埃及古王国时期首都孟斐斯的墓葬城，其中有最早的金字塔，精彩的墓室绘画以及古埃及特有的塞拉皮翁——也就是圣牛木乃伊的埋葬地。

博。赫伯特出生时的头衔是波切斯特公爵；在孩提时期，他体弱多病、个性孤僻；而且在十几岁上伊顿公学的时候，经常被人欺负。他的求学经历是个灾难性的过程——也许因为他在学校有学习障碍。在伊顿的时候，他和一个印度王公的儿子、沉迷于赛马赌博的维克多·杜利普·辛格结下了终生的友谊。波切斯特公爵上了牛津，后来退学；还考虑过参军。他沉迷于自己的喜好——赛马、帆船、射击和旅行。同时，他如饥似渴地读书，自学艺术和人文学科。

波切斯特公爵于1890年继承了父亲的遗产，成了第五世卡那封世袭伯爵。五年后，他娶了出入于最高社交圈的贵族阿米娜·沃布维尔为妻。卡那封伯爵的肺部不好，干燥和温暖的尼罗河流域就成了他度过冬天的一个好去处。由于这样的定期的造访，他对古代艺术和摄影产生了兴趣。到了1905年，他对没完没了的舞会和惯常的旅游线路感到厌烦了，他的心思于是转向考古学。

卡那封伯爵是那些以富有的游客身份参与发掘的许多人当中的一个，考古成了一种打发时间的娱乐。因为有过硬的关系，他于1907年获得了在一片已经被勘察过多遍的底比斯墓葬地一带发掘的许可证。在没有专家帮助的情况下，卡那封伯爵完成了为期六周的第一个发掘季，他乐在其中。他的主要发现是一只猫的木乃伊和一块裹了石膏的石头刻片。一经破译，该石板揭示了一个重大事件：它记录了法老卡莫斯战胜大家都憎恨的希克索斯国王的过程，希克索斯在大约公元前1640年占领了肥沃的尼罗河三角洲一带。现在这块石板被称为"卡那封伯爵刻片"。

就在这个时期，文物总监加斯帕尔·马斯佩罗向卡那封伯爵介绍了失业的霍华德·卡特。卡特越来越痴迷于国王谷，但要想在那里进行发掘，不仅需要资金而且需要能接触到最高级别的政府官员。当戴维斯正在国王谷中徒劳地工作时，卡特和卡那封伯爵不仅成了朋友，而且组成了一支高效的团队。由于卡特有长期的经验，他担任了领导者，他的发掘标准要远远高于戴维斯或弗林德斯·佩特里的水平。与此同时，卡那封伯爵为他们提供资金，并充当了他们的倾听者。他很早就意识到——当他们在墓葬地块清理坟墓时——他就发现卡特有一种非凡的嗅觉：即使其他人都认为某个地段已经没有东西了的时候，卡特仍然还能发现文物。在等待机会去挖掘西奥多·戴维斯所在的国王谷那个地段的时候，这两个人发表了有关他们过去五年来工作的宝贵记录。

细致的卡特和戴维斯保持着联系，尽管他不赞成戴维斯的方法。与总是在现场的卡那封伯爵不同，戴维斯是个放手让别人去做的考古学家。比起搞发掘，他更喜欢在停泊于尼罗河上的船上招待客人。但当某个坟墓被打开时，他总会在现场——而且他的助手也很给力（尤其是霍华德·卡特）。

戴维斯干活儿很快，但很少关注细节；不过他在寻找墓葬方面还是很有条理的。他找到了几处皇家墓葬，其中有死于公元前1401年第十八王朝的法老阿蒙霍特普二世。还有尤雅的墓地，尤雅是活跃在大约公元前1390年的一个战车队将领，在和他的妻子图雅的合葬墓里，有一辆完整的战车、两张床和三个镶金的扶手椅，以及三口棺材。尤雅和图雅的墓过去曾被盗过，但在发现图坦卡蒙墓之前，他们这个墓葬在国王谷里还是最完整的一个。戴维斯既有自控能力，而且他的资金也能够支撑他一个接一个挖掘季地去做。他清理了废墟，但是没有其他更多的作为了。戴维斯一直坚持到1912年，在撤离的时候他宣布说，国王谷已经没有新的东西可挖掘了——其实那时他离图坦卡蒙未遭偷盗过的坟墓入口只有两米之距了。在第一次世界大战爆发的1914年，发掘国王谷的许可证发到了卡那封伯爵的手中。他和卡特于1917年开始工作。

与三心二意的西奥多·戴维斯相比，卡特是位不一样的考古学家。他走遍了山谷的每一个角落，熟悉所有已知的坟墓，只有一个不在其中：即一位鲜为人知的、死于公元前1323年的法老图坦卡蒙。卡特深信图坦卡蒙墓有待发现，而且很可能就在拉美西斯六世著名的坟墓附近。在七年的时间里，他们两人随着卡特的直觉，从谷底清除碎石，寻找坟墓。

到1922年时，卡那封伯爵已经想停下不干了，发掘工作一年要花掉他几千英镑。卡特表示，愿意靠他自己来再撑一个发掘季。卡那封伯爵最后心不甘情不愿地同意再资助一下，在建造拉美西斯六世的墓地时劳工们所住的小屋一带，接着发掘。

1922年11月4日，发掘季的第四天，当时卡那封伯爵仍在英国。工人们发现了一个从岩石中刻凿出来的楼梯，通往一个封闭的门口。卡特等了三个星期，直到卡那封伯爵和他的女儿伊芙琳·赫伯特抵达。然后，在11月24日至25日，他们挖到门口，发现了上面印有图坦卡蒙印章的石膏，非凡的时刻到了：卡特推开障碍物，看到了"奇妙的东西"。

发现图坦卡蒙的陵墓，使卡特和卡那封伯爵的友谊大受考验。卡特坚持要准确地、有系统地整理坟墓；而从小就是一个赌徒的卡那封伯爵想马上就把墓里的文物清理出来。在付清了所有的费用之后，卡那封伯爵还想卖掉一些文物，把其余的拿去展览。这时两人发生了激烈的争吵。尤其是在1924年2月墓室被正式打开之后，冲突愈发加剧。不幸的是，几周后，卡那封伯爵死于被蚊虫叮咬后的感染（图坦卡蒙也死于此因），两人长达十四年的合作关系就此而告终。

霍华德·卡特花了近八年时间才清理好图坦卡蒙的陵墓。在一个专家小组的协助下，他于1929年完成了这项任务。他的随笔和记录都很细致，专家们直到今天都还经常拿来借鉴。因为当时埃及宣布，从坟墓里找到的所有东西都属于埃及，卡特的工作难度可想而知。卡那封伯爵的遗孀在1930年签署文件，承认埃及政府对该墓葬及其所有文物的所有权；作为交换，她得到了清理该陵墓的所花费的所有成本。霍华德·卡特因为挖掘整理的压力太大而疲惫不堪，他未能完成本来计划写的那份宏伟报告。但是他为发掘该陵墓而做的工作是一个伟大的成就——要知道他当时的资源是有限的。

发掘图坦卡蒙陵墓，在考古研究中是一个里程碑。搁在法老肩膀上的黄金面具，是现在埃及博物馆的一件标志性古埃及文物。法老头戴金蓝色的头饰，佩着代表皇家的眼镜蛇饰物。他直视着前方，他脸上精心编织的胡子最近在一次事故中断开，但后来又被修补回去了。

这些不同寻常的文物得以保存，都多亏了卡特的技艺。尽管他脾气暴躁，但在清理坟墓方面却是一个很有章法的领导者。在这个时期，其他学者也在尼罗河一带进行了严肃的研究，其中就有芝加哥大学的埃及文物学者亨利·布雷斯特德。他于1929年开始复制铭文，这项长期工作一直延续到今天。

越来越多的埃及考古学家们开始在挖掘、勘测和记录方面发挥着积极作用。与其他国家一样，在埃及，当考古越是国际化和专业化的时候，不管是重大的或较为一般的文物发现，都会成为增强民族自豪感的事件。对图坦卡蒙这位少年国王及其宝藏的发现，开启了考古学的新篇章——团队合作、缓慢而艰苦的发掘——成了规范。

第二十二章　适合首领居住的宫殿

　　我从高高的石头外墙上一个狭小入口侧身挤过，发现自己身处外墙和内墙之间的一个狭窄的通道中，我不知道里面会有些什么。用精心铺设的石块筑成的一座锥形塔出现在我的面前——它结构坚实，没有门，也看不出其明显的用途。

　　当我漫步于大津巴布韦的"大石圈"里，看着那些石块（砌石）和屋子地基的形状时，总觉得难以理清自己的思路。我之前花了近一天的大部分时间去看当地的非洲村庄；那些用木杆和黏土搭起的茅草小屋，与这里的反差是很大的。为什么住在这类社群的农民和牧民们，会聚起来修了这样一个非凡的建筑？在树林茂密的地方，这个看似奇怪的建筑仿佛来自外星，而且相当神秘。当地没有曾经建过宏大宫殿或寺庙的迹象：只有这个气势宏伟的"大石圈"高矗其中。

大津巴布韦占地24公顷，在一个巨大的花岗岩小山上；到处都是巨大的石头，俯瞰着一些混乱的石头结构建筑；其中有"大石圈"（又称"卫城"），是该遗址最有特点的一个地方。这座山通常被称为"卫城"（希腊语里表示"高地城市"的意思），是一个由石块和石墙组成的迷宫，其中最大的一个叫"西边石圈"。在很长一段时间里，曾经有人居住在这里。

"大石圈"卫城以其高大的石墙闻名，建造时没有用水泥砂浆，其中实心的锥形塔高于外墙。统治着大津巴布韦的酋长就住在这个院子里，与他的臣民是隔离开的。在其西北部，还建有其他几个比较小的石圈。

大津巴布韦是做什么用的呢？显然，这是一个重要的礼仪中心。"雅典卫城"是一座与遗址上其他东西分开的圣地。从这里发现的各种进口的东西，比如印度的玻璃珠、中国的瓷器和贝壳来看，酋长们曾用他们的黄金、铜和象牙，与来自东非海岸的商人进行贸易交换。

我们知道，住在这里的人都是酋长，因为在"大石圈"卫城里发现过铁锣——这在非洲是统领人物的传统象征。多亏了通过放射性碳测量年代的方法（见第二十七章），我们知道大津巴布韦在公元950年至公元1450年之间曾经蓬勃发展，但在葡萄牙船只于1497年抵达濒临印度洋的海岸之前不久，大津巴布韦就被废弃了。

葡萄牙人航海到了沿海城镇，比如今天肯尼亚的马林迪和蒙巴萨一带；从这里延伸进内陆，进行象牙、黄金和奴隶的交易。他们于1505年在赞比西河入海口附近的索法拉建立了一个贸易口岸——这里在很长时间以来就是伊斯兰人做贸易的地方。他们找到有一半非洲人血统的商人，带着小型的贸易商队，到河流的上游和内陆的高地，运去廉价的印度布料、五颜六色的玻璃珠和贝壳串。作为交换，贸易商们获得了用豪猪皮装着的金沙、铜锭和最重要的象牙。

一些贸易商品，比如中国的瓷器和布料，辗转运到了大津巴布韦。从对内陆的零星探索中，葡萄牙人听说过有那么一个用石头建立起来的定居点，但从未去参观过它。在1531年，索法拉部队的维森特·佩加多上尉称它为"Symbaoe"，说是一个"用好大的石块"修建起来的地方。

一直等到了1867年，一位名叫亚当·伦德尔的德裔美国猎人和探矿者，无意中邂逅这个遗址。四年之后，他带着卡尔·毛奇——另一位德国探险家和地理学家来到这里。毛奇一看，立刻就被震撼到了，他认为大津巴布韦是《圣经》里提到的示巴女王[1]的宫殿，是地中海文明在非洲南部留下的一个伟大的、富有黄金的遗址。他甚至声称，遗址里一个木质的门梁是用黎巴嫩雪松雕刻的，而那块木料则是由古代地中海的旅客带到了当地。

在这个时期，白人定居者正不断地向林波波河[2]的北岸移动。这条河流是今天的南非与津巴布韦之间的分界线。有的人来淘金并发了财；大多数人都想拥有一块土地，并开始修建农场。很多新来的人自己没受过什么教育，还瞧不起非洲人。许多人定居在当时被称为马绍纳兰的地方；这里土地肥沃，大津巴布韦就矗立在这里。人们普遍认为，在北方，从非洲以外的地方搬来的白

1　示巴女王（Queen of Sheba），基督教《圣经》中朝觐所罗门王，以测其智慧的女王，以美貌著称。

2　林波波河（Limpopo River），非洲南部的一条河流。

人，曾经建立过一个相当富裕的古老王国。

当我访问大津巴布韦时，与在1871年后第一批看到废墟的欧洲人相比，我的惊讶程度可能是微不足道的。他们意外地看到了爬满了植物的、弯弯曲曲的石墙；在树林和灌木丛间，锥形石塔几乎都被掩盖了。大津巴布韦对当时的人们来说，是一个相当大的冲击。这也是考古学上的一个谜团：是谁修起了这些独特的石头建筑？是由一个消失已久的外来文明建立起来的吗？这些建筑被遗弃多久了？当有人在"大石圈"卫城里随意地挖掘一下就能发现一些金珠时，人们就更加兴奋了。

这些信息在1891年传到英国商人塞西尔·约翰·罗兹和英国科学促进会那里。他们共同赞助，对大津巴布韦和林波波河北部的其他石砌遗址进行了发掘。他们选中了英国古董专家J.西奥多·本特负责发掘工作。本特并没有受过正式的考古学培训，但他曾在阿拉伯、希腊和土耳其一带广泛地旅行过（这似乎就是可让人钦佩的资格了）。幸运的是，他带上了E.W.M.斯旺，一个测量专家。

斯旺制作了大津巴布韦的第一张地图。与此同时，本特挖了粗糙的壕沟，发现了黄金制品，并在出版于1892年的《马绍纳兰遗址》（*The Ruined Cities of Mashonaland*）一书中说，该遗址非常古老，是从地中海来的人或阿拉伯人建立起来的。当地的殖民者很喜欢看到这样一本书：说大津巴布韦是由一个富有的、不是非洲本地的文明建立起来的！学术界人士和白人定居者都认为，是外来者建起了这个地方。没有人相信当地非洲农民的祖先能建造起这些伟大的建筑——他们都认为土著人过于原始，缺乏专业知识。

当本特在发掘中找到黄金和铜制品时，当地所有殖民者谈论的都是来自地中海的某个消失已久、特别富有的文明，以及为了寻找黄金而在马绍纳兰进行殖民的"伟大君主"。这一点也不奇怪，因为许多早期殖民者自己来到非洲，就是为了淘金，为了一夜暴富。

此外，如果来自地中海的外国人建起过大津巴布韦，那么就可以争辩说，他们的后继者——那些挤走了当地人以便自己能够开辟农场的新移民，就只是来收回被占领的土地；是非洲人推翻了这个曾经伟大过的王国，占据了这个地方。

在定居者中，一些更加雄心勃勃的人受到本特在津巴布韦找到黄金的启发，他们于1895年成立了"古代遗址公司"，想通过发掘考古遗址来敛财。他们无非是想通过挖掘大津巴布韦和其他考古遗址来发笔横财致富。这和在埃及进行古墓抢劫并没什么区别，不同的是，他们把这做成了一个公司的形式。幸运的是，由于没找到什么有价值的东西，公司很快就倒闭了。

后来，当地一位记者理查德·霍尔也参与其中。他没有任何考古经验，但他被任命为大津巴布韦的负责人。他从1901年开始了一些破坏性的挖掘。事实上，他所做的只是从大津巴布韦最大的结构"大石圈"中铲出所有的文物土层。他从壕沟里找到了金片的碎片、珠子、铜锭和铁锣，还有一些其他物品。他还发现了从中国进口来的瓷器碎片。

霍尔对其他地方的考古发现一无所知；除了当时流行的、带有种族主义的那种倾向之外，他在历史方面的知识也很有限。他首先是个新闻记者，是个能讲创造性故事的人，想靠自己的著作赚钱。他把从发掘中找到的各种物品，编写成了耸人听闻的故事，来描绘出一个早已消失的文明。他精力充沛，激情洋溢（尽管带有当时典型的殖民观点）。霍尔认为，大津巴布韦是由从阿拉伯南部的示巴王国（今天的也门一带）过来的人所建——这是《圣经》中提到过的示巴女王的土地，女王曾访问过所罗门国王。

虽然霍尔的挖掘勾起了当地白人定居者极大的兴趣，但英国科学促进会的成员们头脑清醒，他们希望进行有秩序的挖掘。促进会在1905年组织了由考古学家大卫·兰德尔-麦基弗（1873—1945）带领的遗址考察队。兰德尔-麦基弗在埃及有过广泛的发掘经验，他在那里了解到了文物对构建一条时间线的重要性。兰德尔-麦基弗为人客观，实践经验丰富。他特别注意到，他们没有找到任何早于中世纪时期的、来自外国的文物，没有任何东西可以追溯到古老的地中海文明或示巴王国的时代。

兰德尔-麦基弗在发掘的壕沟里发现了从东非海岸带过来的中国瓷器的碎片。从瓷器的图案可以给这些碎片定出准确的日期。根据这些发现，兰德尔-麦基弗肯定地指出，大津巴布韦的建成年代为公元16世纪，或可能稍早一些。

对可确定时代的进口品进行了仔细分析，从而表明，津巴布韦是在人们所以为的、由地中海文明建造之后很久才建成的。从石质建筑间发现的所有瓷器，都是中世纪时沿着印度洋贸易带进来的。因此，是当地的非洲人，而不是外国人，修起了这个建筑。这样的考古工作严肃认真、逻辑上也说得通，但这个说法令殖民者们感到愤怒，并拒绝相信他。当地白人圈子里的反应非常激烈，导致了对大津巴布韦的发掘工作要过了二十五年之后才再次继续进行。

当英国科学促进会1929年的年会安排在南非举行时，为了庆祝这次年会，该协会决定赞助对大津巴布韦进行新的发掘工作。他们聘请了英国考古学家格特鲁德·卡顿-汤普森（1888—1985）负责。卡顿-汤普森是一个强硬的、不说废话的女性，她曾在埃及跟着弗林德斯·佩特里学习过考古。当佩特里在寻找贵族墓葬时，卡顿-汤普森就在更早的石器时代的遗址上辛勤工作。她于1924年与伦敦地质学家埃莉诺·加德纳一起进行过自己的埃及远征。她们在尼罗河以西的法尤姆低洼地工作期间，发现了小农场的遗址。卡顿-汤普森估计，这些农场大约建于公元前4000年，这是当时已知的最早的农业定居点。

这位考古学界的后起之秀，是发掘大津巴布韦的理想人选。她从佩特里那里学到的经验包括：不能忽视小件的文物，交叉断代的重要性——即用已知年代的物品来判断史前定居点的年代。

卡顿-汤普森在1928年坐着黄牛拉的车到了大津巴布韦。她小心翼翼地开挖壕沟，在卫城的西部围栏里挖了一段深坑。借助于从壕沟中发现的中国进口瓷器碎片和伊斯兰玻璃，她展示了大津巴布韦如何从一个小小的农庄开始，戏剧性地扩大成为一个配有砌石和围栏的重要中心。她的结论证实了兰德尔-麦基弗是对的：大津巴布韦在葡萄牙人于1497年抵达东非海岸之前的几个世纪里，一直处于其辉煌的顶峰。这个最引人注目的考古遗址，完全源于非洲人的灵感和建设。

卡顿-汤普森在英国协会1929年的会议上提交了她的结论。这在大津巴布韦的白人定居者团体中再次引起哗然。但是其他地方的考古学家们都接受了她通过精心论证得出的结论——而这个结论也经受住了时间的考验。她的工作激起了白人定居者的愤怒，直到20世纪50年代，当放射性碳测定证实了她的断代记录之前，没有人再回到大津巴布韦发掘过。面对攻击，卡顿–汤普森立场坚定。她把收到的许多匿名信放在一个标记为"疯子"的文件夹中。她于1928年进行的出色的发掘工作，为第二次世界大战之后对非洲黑人历史的研究奠定了基础。

格特鲁德·卡顿–汤普森后来再也没有回到非洲工作，但她的研究结果得出了一个有力的结论：在仔细研究过的和认真发掘得来的考古数据面前，种族主义对过去的解释就站不住脚了。她对大津巴布韦的发掘，是一个重要的时刻：因为考古学在远离欧洲和地中海的地方蓬勃兴起了。

第二十三章 东方与西方

　　考古学在亚洲与欧洲有着不同的发展道路——也可谓：一个东方，一个西方。在大约2000年前，中国的历史学家就致力于追溯历史事件，至少追溯到公元3000年前统治着北方的三个主要朝代：夏、商、周。他们记载了各种各样的冲突和小王国的兴衰；直到后来，这个国家在公元前221年时，统一在中国的第一个皇帝——秦始皇手中（见第三十一章）。

　　中国人认识到，他们的历史是复杂的，是不断演变的；王朝会兴衰，但文明长存。在这方面，他们得益于独特的中文书写系统——它可以追溯到公元前1500年左右。中国文字起源于图形符号，但逐渐发展成为文字，并在公元前500年之后被政府官员广泛地使用。

　　欧洲的历史经验则在很大程度上有所不同。书面记录是从罗马人开始的。在公元前54年，记载了尤利乌斯·恺撒大帝对高卢（法国）的征服。任何更早的东西只能靠考古方法来研究了，例如，"三时代"断代法和奥斯卡·蒙德留斯以及其他人的研究，记录了冰河时代之后的史前时代（见第十一章）。欧洲考古学家们没有依靠书面记载，而是改进了他们发掘和调查的方法，密切关注类似胸针和别针这样的小物件。

早在2000年前，中国学者就对自身悠久的历史感到好奇，对古代文明的历史有着持久的兴趣。考古学在中国是以热衷于收藏而开始的，人们以拥有来自古代的精品为荣。早在宋代（960—1279），古董收藏就很盛行。从那以后，中国帝王们都习惯性地要收藏精美的古董。

中国北方的农民在几个世纪的时间里，就在田野里不断挖出各种各样的古老的动物骨骼，并称之为"龙骨"。他们把这些化石碎片磨成粉末入药。一些刻了字的甲骨在1899年流到了在北京担任国子监祭酒的王懿荣的手里。王懿荣平时收集古青铜器；他意识到，甲骨上刻的字，和一些中国最早的周代青铜盛器上的字一模一样。古籍和语言学专家罗振玉在1908年破译了一些甲骨铭文，并追溯其起源于安阳。这个地方在黄河流域，是古代商王朝（中国最早的文明之一）的首都。

1928年至1937年，由考古学家李济主持、在安阳进行的发掘，出土了2万块刻了文字的骨质碎片——牛的肩胛骨。这些用来占卜吉凶的骨头在被加热后，用火烫的金属刀尖破开。祭司将裂缝的形状解释为神圣的信息，并添加了铭文。经过译释后，人们知道，这些铭文原来是商王室用来占卦的，其内容涵盖了从身体健康到农业收成，以及战争是否能够胜利这样的预测。李济还发掘了十一个商代王族的墓葬，发现了许多青铜器等无价之宝。

除了在北京附近的周口店找到直立人骨骼（见第八章）的发掘，在现代考古学的早期，大多数的发掘工作都是由非中国人的探险家来进行的（当然也有少数当地的私人考古学者独立行事）。他们大多在中国的西北部、蒙古和西藏一带活动。这些学者中最著名的是奥莱尔·斯坦因（1862—1943）。

作为一个探险家、狂热的旅行者和考古学者，斯坦因是最后一批真正的考古学探险者之一。他出生在布达佩斯，十几岁的时候，就表现出相当的智力天分。他在匈牙利受过的军事训练，使他在勘测地形方面独有专长。与其他在偏远地区工作的考古学家一样，斯坦因在语言方面有着非凡的天赋，这使他能够在鲜为人知的中亚地区广泛旅行。除了古代丝绸之路和其他贸易线路——对当时的西方世界来说，这实际上是一个地理空白。（丝绸之路是横跨中亚、连接中国和西方的一条贸易线路。）

斯坦因于1887年加入"印度教育服务"机构，后于1910年转入"印度考古调查队"。在那个时候，他已经深入到了中国和印度边境一带的偏远地方。在这些地方，他调查了神秘的和阗帝国——这是早期佛教从印度向中国传播的一个中心。和阗在公元8世纪的丝绸之路贸易中致富。斯坦因的主要兴趣是收购当地人兜售给欧洲收藏家的艺术品和宗教书籍。

斯坦因在1906年至1913年间潜入中国最不容易抵达的地方，他在中国遥远西部的敦煌参观了千佛洞，那里有在岩石上镌刻出来的彩绘雕塑。中国僧人在公元306年时，就在洞穴中修建了最早的石窟。最后，在丝绸之路上这个重要的关口处，有多达492座的寺庙，大约4.5万平方米的壁画艺术点缀着洞穴——这是中国最古老的艺术品之一。

斯坦因听到了有关一批古代手稿的传闻，一个道士给他看了一个密封的房间，里面塞满了各种各样的文稿。这些是写于公元3世纪至4世纪之间的中国版的佛教文本，许多是用来悬挂在神社庙宇当中的。

斯坦因用四个银锭就买下了整个收藏，外加七箱手稿和三百多幅绘画。他悄悄地把所有东西装到了他的骆驼和马匹上，把收藏品运送到大英博物馆去了。虽然斯坦因被世人批评为欺诈与掠夺，他毕竟设法保存了许多早期佛教和古中亚文化的无价文物，使它们没有被在公开市场上拍卖。

与斯坦因的收藏活动不同，"印度考古调查队"支持他进行远征和四处云游的目的，是为了让他收集重要的地理和政治情报。在1913年至1916年间，他深入蒙古，并走了很长一段的丝绸之路。不过到了那个时候，已经有其他考古学家开始跟他竞争，政府官员对他的行动也颇为怀疑。尽管有这些困难，斯坦因还是带着更多的手稿、玉器和精美的陶器返回——所有这些东西，都是他以尽可能低的价格购买的，或者是从废弃的遗址表面收集来的。

斯坦因一直在中亚偏远地区活动，直到他七十多岁高龄。在20世纪20年代，他在波斯和伊拉克的一些很少为外人所知的地区，探索它们与哈拉帕和摩亨佐达罗的文化联系（见第二十五章）。到了20世纪40年代，他还在描绘着罗马帝国在东部的边远疆界。这个非凡的旅行者，几乎是单枪匹马地把古代的东、西方联系到了一起。中国人认为他是小偷，他的手法不太光彩；但他为西方考古学家和历史学家对中亚这片巨大的空白地带，打开了眼界。

中东和中国对古代欧洲有什么影响？维尔·戈登·柴尔德（1892—1957）是澳大利亚出生的考古学家和文献学（语言）专家，他对此提供了一些答案。柴尔德是英格兰教会牧师的儿子，对自己那种体面的家教相当叛逆；他在悉尼大学上学时，热衷于参加政治活动。柴尔德后来去了牛津大学学习古希腊和古罗马方面的考古学。其间曾短暂参与了澳大利亚工党的政治活动；之后，他回到英国，然后花了五年的时间在欧洲旅行，研究欧洲历史。

戈登·柴尔德总是把史前史看作是历史的一种形式。他的来源不是文献，而是史前社会的文物、遗址及其人类行为。与许多早期的考古学家不同，他用宏大的视野来看待历史，这与其他考古学家狭隘的、基于文物的求索形成了鲜明的对比。他对欧洲各地的遗址和各种工具丰富的认识，使他能够为欧洲社会后期的发展历程构建一幅图像：从农耕开始，并随着罗马人的到来而结束。为了得到更多的启发，他研究中东的古代社会，因为他们的创新和思想后来扩散到了欧洲。

这个想法其实也不新鲜。柴尔德的考古学界前辈们一直认为，文明在埃及和美索不达米亚早就有所发展。但柴尔德的观点不同于某些前辈——那些人认为欧洲从外部进口了一切新鲜事物：中东社会形成了更大的政治团体，最终演变成了自己的文明；而在欧洲，同时代的人则分裂成许多较小的政治团体。柴尔德跟他们辩论说，这种分裂使得工匠和商人能够在广大的地域中移动，传播他们的想法和创新。然后，当铁器都方便地为所有人都方便地使用的时候，第一批真正民主的城邦就形成了。

柴尔德文笔流畅、风格清新。他写了一系列流传甚广的书，其中最著名的是出版于1925年的《欧洲文明的黎明》（the Dawn of European Civilization）。它成为几代学生的经典，直到20世纪60年代都是如此。该书是以考古学为基础的叙事史，柴尔德谈论的不是国王和政治家，而是人类的文化，而文化再分类为各种文物（比如黏土器皿、青铜胸针和剑等等），还有建筑和艺术。

他认为，东欧的多瑙河流域，由于其肥沃的土壤和充足的降雨，是欧洲许多农业文明和使用铁器技术的发源地；然后这种文化再向遥远的大西洋一带扩散。

柴尔德也通过手工制品和装饰品的变化，来追溯人类社会的演变。这种方法被称为"文化史"，并已成为考古学家的基本工具。他对社会发展的断代，比如早期耕作的年代，在很大程度上是依据他自己的估计，现在人们知道他的测算是不准确的（见第二十七章）。

柴尔德在1927年被任命为爱丁堡大学的史前考古学教授。但他不是一个好老师，他把大量时间花在了旅行和写作上。他在发掘方面的经验不多，只是在苏格兰和爱尔兰发掘了大约十五个遗址。他最著名的挖掘是斯卡拉布雷的弧状岩石——那是在北苏格兰海边的奥克尼群岛上的一个石器时代的村庄里。他在那里发现了仍然完好无损的石质家具，现在被定出的年代为约公元前3000年。他把这些文物和19世纪苏格兰高地乡村住宅的石质家具进行了对比。

柴尔德的兴趣从文物转向历史上的经济发展，特别是农业和文明的起源。他提出独特的见解说，冰河时代末期的大面积的干旱，逼迫人类迁徙到绿洲去。他们在那里接触到了可以种植的野生牧草和可以驯服的野生动物。在他形容的"农业革命"时期，人类转向农业和牧业（参见第三十章）。他在1934年谈到了导致城市和文明出现的"城市化革命"。

柴尔德总结说，这两次革命促进了技术的极大进步、更多的粮食供应和大量的人口增长，最终带来工艺的专业化，书写文字和文明。他指出，农业和城市化革命对人类历史发展的影响，其重要性可以媲美出现在18世纪的、给人类带来蒸汽机、工厂和城市的工业革命。

柴尔德于1946年离开爱丁堡大学，成为伦敦考古研究所的欧洲考古学教授。然而到了20世纪50年代，他的观点受到了批评。通过放射性碳断代的方法，推翻了他编写的欧洲年表里的许多说法（见第二十七章）。部分基于这些原因，新一代的考古学家淡化了中东影响的说法；新的研究强调了社会内部的变化，而不是外来的影响。柴尔德开始变得很沮丧，并认为自己一生的工作都是个失败。他写得很好的历史故事，也没能影响到当代社会的方向。柴尔德于1956年退休并返回澳大利亚，一年后自杀身亡。

对于充满活力和直言不讳的戈登·柴尔德，我们要感谢他对人类史前史作了一些宏观的叙事，他所写的范围远远大于单个国家或地区。他、斯坦因和在安阳工作的中国考古学家们让东西方会合，他们把考古学变成了全球性的历史研究。

第二十四章　贝壳堆、印第安村庄与树木年轮

在加利福尼亚州的旧金山市对面、横跨过海湾的地方——埃默里维尔，有一条公路的出口，名为"贝壳丘街"。这样命名是有道理的，因为马克斯·乌勒（1856—1944），一名出生于德国的考古学家，就是通过这个贝壳堆，大胆地挑战了以前曾被广泛接受的假设——这个假设说，加利福尼亚的印第安人社会几千年来都没有变化。这个情况类似于人们对大津巴布韦的看法——简单地说，没有人相信加利福尼亚州的美国原住民有创新的能力。

现在，乌勒发掘过的巨大的史前贝壳丘早已消失在现代建筑中。但在1902年的时候，曾在秘鲁考古遗址工作了多年的乌勒，被聘请来发掘旧金山湾区的贝壳丘。他开始在贝壳堆积面积最大的埃默里维尔工作。该遗址长30米，高9米多，耸立于周围平坦的土地上。他把壕沟挖到了地面甚至水平面以下的深度。

乌勒详细地绘制了十个主要堆积层的剖面，并计算了每层中发现的文物数量。当时加利福尼亚的发掘者们很少想到堆积层的长期积累序列——而这是考古发展过程中的重要一步。在那之前，人们只是快速地凌乱地、去挖贝壳堆，主要是忙着去寻找墓葬和文物。这些遗址看着不起眼，发掘起来也很单调，似乎只是前人在挖贝壳的时候随意堆积起来的贝壳堆。早期的偏见观点坚持认为，这些人处于人类发展阶梯的底部。

　　最后，乌勒将十个文化层缩减为两个主要组成部分。在下面一个文化层的居民主要以牡蛎为生，他们将死者葬在贝壳墩里，用当地的石头做了工具。后来的居民大量食用的是蛤蜊而不是牡蛎，他们使用火葬，并用其他地方运来的细纹石头制造工具。乌勒估计，埃默里维尔贝壳丘有人生活的时间前后超过1000年。

　　用今天的标准来看，乌勒的发掘方法略嫌简单；但他的方法远比当时其他地方常见的胡挖乱掘要好得多。此外，他在发掘和分析不同环境中的文物和文化层方面，有着丰富的实际经验。他曾于1894年在玻利维亚高地的提瓦那库，考察前印加时期的祭祀中心（当时他曾阻止当地士兵对着雕刻文物进行射击练习）。1896年后，乌勒在秘鲁干旱的海岸边考察。他在那里密切关注陶器和纺织品风格随着时间而发生的变化——后者在干燥的环境下得以保存良好。他在秘鲁工作的每一个地方，都依靠墓地里发现的墓葬来制定年代序列。在某种程度上，他就像是在沙漠地带进行考古的另一个弗林德斯·佩特里一样。乌勒对当地考古学家的严厉批评，得罪了他的玻利维亚人和秘鲁人同事——他们指控乌勒通过贩卖文物牟利。他随后离开南美，投入了在加利福尼亚州贝壳丘的考古工作。

乌勒做事效率高，经验丰富。他及时并详细地发表有关发掘工作的报告。人们本来以为，其他考古学家会欢迎他对埃默里维尔贝类采集者的生活演变所进行的彻底评估。乌勒的结论很明确，记录严谨，他运用了在秘鲁多年积累的研究美洲原住民文化演变的经验。但相反的是，本地的考古学家把怒气发到他的头上。他们一直认，为加利福尼亚的印第安文化在历史上总是静态的，他们认为没有理由要改变看法。一位很有势力、名叫阿尔弗雷德·克罗伯的人类学家反驳了乌勒的结论。乌勒知道自己并没有错，就只管继续工作。后来的贝壳丘研究人员证明了乌勒的研究结论是正确的。

马克斯·乌勒阐明了美洲古代社会在上千年的时间里，确实发生了深刻的变化，他并不是唯一一个这样做的人。他考察了不起眼的贝壳堆、石质工具和软体动物壳。但在美国西南部，那里有令人印象更深刻的考古遗址和多层的印第安村落。那里干燥的气候不仅保存了石头工具和陶器，还包括很多其他东西：篮子、纺织品、凉鞋甚至墓葬等等。在乌勒工作的时候，几乎没什么考古学家深入美国西南部工作；但他们中的一些人在试图为陶器风格和印第安村落判定年代。阿尔弗雷德·基德（1885—1963）就是其中之一。

基德向美国西南地区引进了按文化层渐进发掘的方法，后来又成为玛雅考古学的主要人物。他出生在密歇根州的马凯特市，是一名采矿工程师的儿子。他被哈佛大学录取为医学预科生，但不久他就把重心转移到了人类学上。当时，哈佛是美国人类学研究最重要的中心。

基德的哈佛导师们，包括杰出的玛雅研究专家阿尔弗雷德·托泽，在1907年把他送到了西南四角地区去做考古调查，那里是美国四个州交会的地方。基德以前从来没有去过密歇根以西的地方，但他马上就爱上了这个地区，并对考古产生了浓厚的兴趣。他于1908年毕业时，与家人一起访问了希腊和埃及，然后在1909年进了研究生院。他在早些时候曾选过乔治·瑞斯纳（一位著名的埃及学家）有关野外考古方法的课程。基德在埃及和苏丹访问了瑞斯纳的发掘现场，并学习了他的地层（文化层）分析方法和发掘大型公墓（苏丹考古学的一个主要部分）的方法。

基德的博士论文是有关美国西南地区陶艺风格的研究。他发现，这项研究工作几乎是不可能完成的任务，因为当时的发掘者忽略了文化层的分层研究。在新墨西哥州的帕哈利托高原，也就是现在的洛斯阿拉莫斯所在的地方，他用古代和现代的陶器来构建了一个文化序列。他于1915年发表了一篇很有影响的论文。

同年，位于马萨诸塞州安多弗的"罗伯特·皮博迪考古基金会"任命基德为项目主任，在新墨西哥州的佩克斯进行了一次长期发掘。在那儿一个废弃的印第安村落里，有很厚实的、没人动过的弃物堆。然而这时，第一次世界大战爆发了。基德入伍，在西部战线英勇服役，并于1918年被晋升为上尉。基德对佩克斯的研究，在1920年才得以恢复并持续到1929年。这个项目取得了辉煌的成功。基德是一个充满热情和活力的领导者，他的个性对年轻的学生很有吸引力。他的许多学生后来在其他地方也取得了专业上的成就。

和西南地区的其他考古学家一样，基德清理了印第安村落的房间。但他的方法有所不同。他仔细地观察陶器风格的变化，并会探寻这些变化意味着什么。基德在佩克斯的弃物堆里进行了大规模的挖掘。但是，他的挖掘不是任意的，而是对各种特征——比如废弃的骨头堆和破碎了的器皿——作了仔细的记录。基德学着瑞斯纳的做法，对每一个发现都进行三维度的记录，这样他就能记录下地层哪怕是最微小的区别。他对陶器所作的详细日志，也是遵循瑞斯纳的做法。

在短短的几个发掘季内，基德就对佩克斯的陶器风格作了一个出色的记录，特别是陶器表面装饰，如黑色彩绘设计的演变。他还发掘了数以百计的古人墓地。哈佛人类学家E.A.胡顿，是研究古代人类骨骼的权威；他来到了发掘现场，通过辨认骨骼来确定墓主的性别和年龄。通过这项研究，在辛勤劳作对于预期寿命和人体骨骼会有什么样的影响方面，人们获得了宝贵和独特的信息。胡顿的研究表明，大多数古代佩克斯人寿命才二十多岁。

在佩克斯的实际发掘工作于1922年以后几乎就停止了，基德在那时改变了他的策略。他得到了有关印第安村落建筑和扩展的资料，并发掘了那里最早的文化层。现在，在分析了大量文物的同时，基德把他的研究扩展到对其他遗址的调查和发掘。他的研究范围远远超出了考古学，并且涉及研究现代普韦布洛印第安人的农业领域，甚至深入到公共卫生方面。在大多数北美考古都还非常简单浅显的时候，佩克斯的发掘项目是团队协作研究的一个非凡例子。佩克斯发掘开了个先例，今天的考古在进行实地考察时都是以团队来紧密合作的。

有了足够的信息后，基德在1927年编纂了一份详细的、有关美国西南部地区印第安村落和印第安村落形成前的文化发展表。他的发展表始于至少有2000年历史的"篮子制造者"文化。当时的这些人还不会做陶器，也没有永久性的房子。其次是印第安村落形成前以及印第安村落文化。基德在佩克斯发现了至少六个定居点，一个建在另一个上面。有足够的信息让他判断从公元前1500年（篮子制造者）到公元750年间，一共有八个主要的文化发展阶段。然后在公元750年以后，又有五个印第安村落时期，一直到有书面记载的历史时期（始于公元1600年）为止。佩克斯的发展表明，美国西南地区的族群，在与其他地区相对隔绝的情况下，发展了他们自己的文化和机制。基德有关（美国）西南部发展史的研究，一直是后世研究的基础。当然，也有许多需要修改的地方，但这些都丝毫不足为奇。

基德扩展了他的想法。1927年8月，他在佩克斯的发掘地召开了一次非正式会议，有四十位考古学家参加。他们考察了工作进展，并共同构建了一个基本的文化框架——这么做是必要的，因为有更多的考古学家加入了在美国西南部的考古工作。这次会议确定了"篮子制造者"的三个发展阶段和印第安村落居民的五个发展阶段，以此作为一个时间顺序的参考。与19世纪欧洲的"三时代体系"一样，佩克斯断代法减少了早期发掘时所面临的混乱。在美国西南部一年一度的佩克斯会议，到现在还在举行，每年都有数以百计的研究人员参加。

佩克斯断代法有一个主要缺点，即无法用公历年来标明顺序。幸运的是，亚利桑那州立大学的一位天文学家A.E.道格拉斯（1867—1962）自1901年以来一直在研究气候变化；他对太阳黑子等天文事件对气候产生的影响很感兴趣。凭着他深邃的洞察力，道格拉斯指出，美国西南部地区树木每年的生长年轮会记录大大小小的气候变化。道格拉斯发现，树木年轮的厚度，与年降雨量的大小有直接关系。薄薄的年轮标志着干旱年，较厚一些的则表示湿润年。

道格拉斯最初的实验，使他能够为上溯大约200年的时间断代。在研究了现存最古老的、还在生长的冷杉和松树之后，他利用西班牙殖民时期教堂的横梁，将这项技术推广到能够给已经死了的枯树断代。他接着转向史前遗迹，并在1918年发明了一种钻木器，让他能够从古代横梁上采集树木的年轮样本，却不会破坏横梁支撑的结构。

道格拉斯在古老的印第安村落房子的梁柱上钻孔取样，那些梁柱由在很久以前砍伐的树木制成。由于梁柱太老，无法用它们来和已知树龄的活树上的年轮来作对比。在新墨西哥州北部的阿兹特克废墟上，那些钻出的树孔年轮显示了八十年的变化。另一个树孔则来自查科峡谷巨大的半圆形普韦布洛波尼托印第安村落。但道格拉斯尚无法准确地为年代定位——那些树木年轮还"漂浮"在历史的某个时间段上。

道格拉斯花了十年的时间，才把他了解到的梁柱年轮和已知树木的具体年轮联系起来。印第安人于1928年允许他在亚利桑那州北部的霍皮村的横梁上打孔，他能够确认公元1400年为其年代；一年后，亚利桑那州的一个废墟上出土了一根烧焦了的横梁，其年轮序列与他早先发现的漂浮难定的年轮时间能够重叠。现在，他可以将从佩克斯发现的年轮数据定位于时间刻度上了。树木年代学（树环年轮断代法）这门新兴科学，终于为佩克斯的年代表定位，为普韦布洛印第安村落文化的大发展时期提供了一个年表：即大约为从公元10世纪到公元12世纪期间。

阿尔弗雷德·基德的文物分析和挖掘方法在北美洲逐渐传，播开来。后来在美国西南部所有的研究，甚至在美洲大部分的研究，其方法都源于基德的佩克斯项目。多亏了他对学生的野外培训，那些有才华的学生到其他地方工作的时候，就带去了最新的野外考察方法。基德自己在1929年则换到了一个重要的位置：他去了华盛顿特区的卡内基研究所，管理玛雅研究工作。

基德于1950年退休，到了马萨诸塞州的坎布里奇（又译作剑桥）市。他在那里的房子成了考古学家和学生的聚集地，直到他于1963年去世。此时，美国的考古学在基德研究的基础上，已经做好了进行更详细研究的准备。他准确、细致的观察和团队合作研究，成为美国考古学的基础。

第二十五章 喷火的巨人

1947年，在巴基斯坦的摩亨佐达罗，一小群年轻的考古专业人员和学生们聚集在印度河岸边这座古老城市里的一堆混乱的泥砖和沙石前。一位翘着胡子的中年考古学家，挺直腰板，大步向他们走来时，大家顿时鸦雀无声。

莫蒂默·惠勒（出生于英国）是一个强势的人，学生们都怕他。他没说几句话，只是动动手势，让他们分别监督当地劳工铲开沙子。一些风化的砖块显露出来，然后逐渐露出更多，山坡上出现了一个砖砌的巨大平台。"这是个堡垒！"他大声地宣布，"它威武地高耸于平原"。考古专业人员和学生们小心翼翼地点头表示赞同。这位考古学家经常发出这样大胆的论断，他曾被一位颇有怨言的同事描述为是个"喷火的巨人"。

许多早期的考古学家都个性很强。他们必须这样，因为他们经常需要单打独斗，而且通常是在偏远的地方。他们的许多发掘活动规模浩大，要雇用很多的劳工。莫蒂默·惠勒是一位天生的领导者，但这些才干是他于第一次世界大战中当炮兵军官时锻炼出来的。在摩亨佐达罗，他指导的发掘项目以其严谨的方法培训了年轻的印度考古学家。惠勒管理严格有力，没有人敢怀疑谁是老大。如果他告诉学生，说这一大堆砖头是堡垒，那就必须是堡垒，没有人敢去争论。

这位"喷火的巨人"不是第一个在摩亨佐达罗工作的考古学家。对当时的印度来说，考古学还是个新鲜事物。在印度，书面记载的历史，始于亚历山大大帝在公元前326年发动的入侵战争。然而第一个在印度进行发掘的专业考古学家，是英国人约翰·马歇尔，他于1921年成为印度新成立的"考古调查协会"的总干事。

马歇尔在摩亨佐达罗大举行事：在1925年至1926年的发掘季节，他雇用了1200名劳工，还通过发掘培训了一批年轻的印度考古学家。他们的发掘挖出了整个街区的砖房、街道网和精心设计的排水系统。在城市高处的建筑中，他们发现了一个巨大的、用石头堆砌的蓄水池——这是作为洗礼仪式用的水池。当在美索不达米亚工作的考古学家发现了与摩亨佐达罗的文物（公元前3000年至公元前2000年）完全相同的手工艺品时，马歇尔得到了一个大约的参考年代。他关于摩亨佐达罗和印度河文明的报告，是这个课题研究的必读参考著作——直到莫蒂默·惠勒的出现。

罗伯特·埃里克·莫蒂默·惠勒（1890—1976）像闪电一样在印度考古学界登场，于1944年成为"考古调查协会"的负责人——他继承了一个几乎办不下去的机构。但惠勒行事果断、为人高调，是一个给该机构带来新生机的理想人选。

　　惠勒出生于英国爱丁堡，是一名记者的儿子。他在伦敦大学学习古典文学，毕业后，去了德国的莱茵地区研究古罗马陶器。他在第一次世界大战期间当炮兵的经验让他确信，自己有提供后勤物流和组织办事的天赋——而这些都是发掘者必须要有的品质。惠勒于1920年成为在卡迪夫的威尔士国家博物馆的考古部主任，四年后担任了该馆的馆长。

　　在威尔士，惠勒和他的妻子苔莎承担了一系列的对古罗马时期边境堡垒的大型发掘。他们研究了皮特·里弗斯将军那几乎被遗忘的发掘方法（见第十六章）。就像里弗斯一样，他们对土壤中哪怕是浅浅的文化层也特别注意，哪怕是最小的文物也不错过；他们还及时出版了相关的工作报告。惠勒精美的绘画被用来当作插图——这可是过去在古罗马考古学中从未看到过的东西。惠勒还更进一步——因为他深信公众有权知道他的工作——鼓励游客到该遗址，并举办了许多大受欢迎的讲座。

　　惠勒于1925年出版的《史前与古罗马时期的威尔士》（*Prehistoric and Roman Values*）与戈登·柴尔德的《欧洲文明的曙光》（见第二十三章）在同一年出版，这本书建立了惠勒的声誉。他拒绝了爱丁堡的教授职位（戈登·柴尔德后来接受了此教职），而于1926年成为被忽视的伦敦博物馆的馆长。惠勒用他无穷无尽的能量，迅速地改变了这个地方。同时，他和苔莎发掘了更多的遗址。这些遗址都是经过精心挑选的，可以用来研究英国原住民和古罗马定居者之间的关系。在繁忙的发掘活动中，惠勒还培训了新一代的年轻考古学家。

　　1928年和1929年间，惠勒在（英国）格洛斯特郡的利德尼发掘了一个古罗马庇护所。然后，他把注意力转向了位于伦敦以北的古罗马城市维鲁拉米恩。这里是开阔的乡下地带，方便进行大规模的发掘。在1930年和1933年之间，他和苔莎发掘了该城市几乎4.5公顷的面积。他们揭示了该地的土木结构和早期定居点的复杂历史。

在让伦敦博物馆有序运转之后，惠勒仍然精力充沛。他接着在1937年创办了伦敦考古研究所，并成为第一任所长。在他的领导下，该研究所强调以实地现场工作及运用科学方法进行发掘研究——比如陶器分析法等，并以这些方面的出色训练而闻名。

惠勒夫妇挖掘了足够多的古罗马遗址，转而进行最雄心勃勃的英国遗址发掘。他们考察了英格兰南部巨大的、有2000年历史的梅登城堡及其大规模的土方工程。从1934年到1937年，这对夫妻搭档挖了又深又陡直的壕沟，来分析梅登堡复杂的防御工事。他们还通过在一系列方形洞口里挖的浅沟，调查了其内部结构。这种水平布局，使他们能够在很大的区域范围内，追溯不同的文化层。有了经过仔细标注和记录的壕沟，他们就能通过地层学来为不同的文化层制定年表。

梅登城堡的发掘，达到了当时前所未有的精细程度。惠勒积极欢迎人们来访，并为遗址撰写了生动的描述。他在自己所写的最著名的故事里，描述了发生在公元43年的古罗马人的入侵：幸存者在夜间匍匐进城，埋葬他们亲人的尸身，（这些死者是惠勒在他所挖的壕沟中发现的）。这是惠勒描写的可读性最强和最吸引人的故事。

惠勒的模样不怒自威，眼里精光闪闪，头发随风而扬。他听不得批评，绝无耐心与蠢人周旋。他把领工资的劳工和志愿者们都逼得很辛苦，一点也不关心他们会怎么想。他为人的方式粗糙，富有野心，而且喜欢出风头，因而得罪了不少人。但是，通过严格的规划和精心布置的壕沟——他们发掘是为了得到信息，而不是获取文物——他和苔莎把英国的考古学带入了现代世界。

第二次世界大战爆发，惠勒回到了英国皇家火炮部队。他参加了在北非的阿拉曼战役[1]，在战火中表现突出。后来，印度总督在1944年突然邀请他出任"印度考古调查协会"的总干事。

惠勒几乎一夜之间就震动了那个慵懒的机构。在（现巴基斯坦）塔克西拉进行的为期六个月的严格培训中，有六十一名学生学习了以前在印度闻所未闻的发掘标准。惠勒在印度进行的第一项发掘是在阿里卡梅都，这是在印度东南海岸的一个贸易点。他在那儿发现了古罗马的陶罐碎片，这表明古罗马的货物曾被交易到这么遥远的地方。

惠勒最大的挑战来自哈拉帕和摩亨佐达罗。惠勒以前曾经挖掘过城镇和堡垒，但从来没有面对过像这两座古城这么大、这么复杂的遗址。在五年的时间里，他带领着经过训练的工作人员一起探索着这两个遗址。

惠勒把摩亨佐达罗分为两个部分：高处建筑和城堡是在西侧，另一侧则主要是民房的低处城区。发掘者们发现了一条网格布局的狭窄街道，两边是砖砌的住宅；这些街道从北向南，从东向西；加了盖的排水沟连接了街道和小巷，其排水和排污系统的

1　阿拉曼战役（The battle of El Alamein）：第二次世界大战北非战场上，轴心国德国司令隆美尔所指挥的非洲装甲军团，与英国蒙哥马利将军统领之英联邦军队，于1942年在埃及阿拉曼开战役。这场战争以英国为首的盟军胜利而告终，彻底扭转了北非战场的形势。

复杂程度，在古代世界是无与伦比的。惠勒和斯图尔特·皮戈特——另一名非常称职、也于战争时期在印度待过一段时间的英国考古学家，为这个貌似不大起眼的文明所展现出来的技术成就而感到惊讶：这里没有被比作神的统治者在宫殿和庙墙上吹嘘自己的征战胜利——而在埃及和美索不达米亚地区就有这样的情况。

当惠勒发掘摩亨佐达罗和哈拉帕城堡时，他把在高处的建筑物解释为公共建筑。他看到一大堆砖头，说这是个粮仓——我们现在知道惠勒错了：那其实是一个有着圆柱的大厅。他是一个细心的发掘者，虽然有时咄咄逼人，他很敏锐地意识到：一个重要发现会有很大的公共关系价值。他经常在进行发掘时完全沉浸在历史当中——这一特点可能导致了他夸大自己所发现文物的重要性。灵感的闪光——就像他形容摩亨佐达罗"粮仓"时那样——是他大部分研究工作中的一个典型事例。像伦纳德·伍利一样，他也是一个笔下生花的作家，会将哪怕是个小小的发现都描绘成古代的一种行为，以此来吸引广大读者的注意。

哪怕也有城市和城堡，古印度文明还是与其他国家截然不同。这里没有宫殿或皇家坟墓，印度人的画像也没怎么幸存下来。但有一个著名的雕塑，展示了一个看上去很平静的人——他的模样像是个巫师，而不是一个强大的统治者。

惠勒和皮戈特描述了一个不同于埃及或美索不达米亚的文明。它的城市有围墙和高大的城门。起初，城市是紧凑、窄小的；然后，随着人口的增长，围墙外发展成郊区。考古学家们在那里发现了类似营房的建筑。惠勒当时说，那儿是劳工住的地方。但是，后来的研究表明，那些建筑可能是制造金属工具和陶器的作坊——而在那里工作的人很可能住在城市里。

应当注意的是，惠勒是从战场上直接到印度的；而且他是研究古罗马的专家——古罗马是一个军队发挥主导作用的社会。因此他认为印度河边的这些城墙是防御性的。当惠勒在摩亨佐达罗街道上发现横七竖八散落着的三十七名男子、妇女和儿童的骨骼，而且其年代处于这个地区有人居住的最后时期时，他立即得出结论说：这里发生过对坚持到最后一线的保卫家园者的屠杀。但他显然是完全错了："受害者"来自下层城镇的不同群体，而不是来自人们要保卫到最后的高处堡垒。所有的墓葬方式都没有显示出任何暴力的迹象，人类生物学家也认为他们是死于疾病而不是战争。事实上，巨大的平台和围墙不是为了抵御侵略者，而是为了预防不可预知的、有时是灾难性的印度河洪水而建造起来的。

惠勒从未发表过他在印度河发掘的全部细节。他写了一份初步报告，并为普通读者写了一本关于印度河文明的书，这就是为什么他对印度河城市的诠释还能流传下来的原因之一。今天我们知道，印度河文明是在一个肥沃的（却也是难以预测的）环境中蓬勃发展而来的；那里的农田、牧场和各种资源散落在一片巨大而多样的土地上。这个文明的兴起，是因为人们和社区需要为彼此提供生活必需品。显然，在他们兴旺起来的过程中，没有发生冲突。

惠勒于1948年离开独立之后的印度，回到他创办的伦敦考古研究所，当了五年的古罗马省份研究教授。后来他成为衰落的英国科学院的管理者，重振其当年的雄风。他很有心地将资金拨给在海外工作的年轻考古学家。

对惠勒来说，考古学是一件全球性的事业，他远比戈登·柴尔德对欧洲和中东的视野更加开阔。惠勒到了晚年时，成为电视名人，他出现在英国广播公司（BBC）的"动物、蔬菜、矿产"这个节目上——专家们在这个节目中辨别过去的文物。他还继续为公众写作，并进行广泛的演讲，因为他认为考古学家必须跟一般观众分享他们的工作。

惠勒的人格、个性可能充满各种色彩，但他的辉煌发掘成果代表着新的标准。他也许口无遮拦，但他的成就是巨大的。莫蒂默·惠勒是一个奠定了世界史前史研究基础的国际性人物。

第二十六章　环绕河湾

大多数人没有听说过在北美西部大盆地里的肖肖尼印第安人——这真是太可惜了！因为，他们的生活方式，曾对美国考古学家们关于历史的看法，产生了深远的影响。

作为名不见经传的英雄，肖肖尼人以一小群人群居的方式，生活在美国最干燥的地带之一。他们吃小型猎物和各种各样的植物，只使用最简单的挖掘棍子、研磨工具和弓箭，却在一个非常严酷、干旱的环境中顽强地繁衍了千百年。为什么他们能如此成功？

人类学家朱利安·斯图尔德（1902—1972）非常了解考古学，他花了好几个月的时间和肖肖尼人待在一起。他把他们的成功归结于他们不断地迁徙，以及他们对可用食物的非凡了解——斯图尔德形容为在非常干燥的环境里寻找食物。肖肖尼人在大盆地里不断移居，他们的活动规律随着食物和饮水资源而定。斯图尔德在一项经典性的人类学研究中，描绘了他们的定居模式是如何从一个季节变到下一个季节的。但他不把自己仅限于人类学研究，他意识到：在不同地理环境下的定居模式，是理解古代社会的一个关键。他的研究方法被称为文化生态学，专门研究人与环境的关系。

斯图尔德参与了在密苏里河的一个庞大的考古项目。在其职业生涯中，他与考古学家多有接触，这个被称为"大河流域调查"的计划，是在二战后开始的。

在20世纪50年代至60年代初，大量的大坝建设，开始改变着美国和考古学。大型水库提供了水力发电，为农业储备了用水资源，同时控制洪水，也让干流上的航行顺畅；但水库也摧毁了数以千计的考古遗址。其中最雄心勃勃的一个项目是密苏里河的开发，这要淹没1600公里的山谷土地，摧毁超过百分之九十沿河两岸的历史和考古遗址。

随着考古学家们为挽救过去所做的努力，"大河流域调查"计划得到发展。这种调查让美国考古学发生了翻天覆地的变化。以前，大多数研究都是在美国西南部这样有限的地区进行的。到这项调查计划结束的时候，我们为古老的北美洲描绘了第一幅包括范围很广的画像，其内容远比墓葬土墩和印第安村落要更丰富多样。

密苏里河大坝的建设和考古调查的规模是巨大的。当时只有极少数合格的考古学家可以参与这项调查工作，有十二所大学、四家博物馆和其他各种组织同时加入了进来。到1968年，当"大河流域调查"结束时，辛勤工作的实地考察人员对大约500个大、小水库的流域进行了调查。他们测试了2万多个考古遗址，其中许多项目填补了考古地图上的空白——因为调查队涉足、研究了许多在那之前尚属未知的地区。该项调查提交了近2000份重要的报告。

大量的文物和其他发现被收入了全国各地的考古实验室中。也许最重要的是，许多考古学家开始意识到，他们所依赖的档案是很脆弱的。发掘活动摧毁了遗址，因此他们也开始相信，发掘应该是研究考古学最后才使用的手段。自从调查活动结束以来，美国的大多数考古学家都转而致力于保存遗留下来的历史记录。

美国许多年轻的考古学家通过"大河流域调查"计划，以及由河道开发委员会资助的、在美国东南部地区进行的考察项目，完成了自己的实习期。他们在河水淹没之前调查了濒危的景观并发掘了遗址。他们发现的手工制品数量巨大，其中有许多来自过去长时间有人居住过的遗址。一袋又一袋的石头工具和罐子的碎片，要经过清洗、标注和分类。

从事这项工作的人员所要面临的问题，与150年前克里斯蒂安·约更森·汤姆森在哥本哈根遇到的问题相类似（见第九章）：如何为美国遥远的过去构建一个断代方面的框架？北美洲当时还没有适用的"三时代体系"。

"大河流域调查"计划的一些考古学家，为之付出了毕生的精力。其中一人就是詹姆斯·福特，一名文物专家。他把从数以千计的遗址上发掘出来的文物整理成了冗长而精致的图表，时间跨度有上千年之久。我记得曾听过他的一个讲座，他演示了图表和活动挂图。福特的演讲不大生动——这是在计算机出现之前很久的事了——他推出的一大堆的数据枯燥乏味。我必须承认，当时我打瞌睡了。

当时的考古学还相当含糊，只局限于研究文物的微小变化——也不过是为变化中的前人工具提供了一个框架。幸运的是，一些学者以更广泛的视角来对待工作，他们决心从纯粹的数据收集，转向对古人的研究。戈登·伦道夫·威利（1913—2002）就是这样一位有着远见卓识的人，他注定要成为20世纪最著名的考古学家之一。

当威利还是个学生的时候，就参加了"大河流域调查"，以及在佛罗里达州西北部的另一项调查。这一经历不仅让他打下了扎实的基础，能够了解许多种类的艺术品，而且还了解到人们在千百年来如何适应不断变化的环境。

威利从1943年至1950年间在史密森学会[1]的美国民族学部担任人类学研究专家。在那里任职时期，他参与了在美国东南部的"大河流域调查"工作。他与福特及其他人合作，撰写了一系列的报告，将文化史的研究（见第二十三章）提高到新的水平。这项调查工作比基德三十年前在美国西南部佩科斯所做的研究要复杂得多（见第二十四章）。在威利的实地考察年月里，他与朱利安·斯图尔德密切合作。斯图尔德告诫威利和其他成员说，他们不应该只是考察单一的遗址，而是要把前人放进他们生活的场景中来观察研究前人和他们的定居点。

当威利完成了这项考察工作后，他在考古实地勘测这一方面的经验之丰富，几乎已经无人可比了。他除了是一名考古学家，还是一位人类学家，他接受过的培训将两者结合在了一起。因为

1　史密森学会（The Smithsonian Institution），是美国国家博物馆一系列博物馆和研究机构的集合组织，其地位大致于其他国家的国家博物馆系统相当。

他的老师清楚地说过：你如果没有考虑到当代印第安人生活的情况，就无法了解古代的北美人。考古学在北美不仅仅是发掘和调查，也涉及人类学的领域。

斯图尔德积极鼓励威利在秘鲁北边干旱海岸的一个河谷进行考古调查。他帮助威利创立了一个项目，到鲜为人知的维鲁山谷去研究不同的地形和史前聚居模式的变化。威利利用航拍照片（从空中拍摄的图像）来观察整个山谷。他靠步行考察了最有可能相关的地区，并进行了有限的发掘。在1953年发表的关于这个项目的报告中，他描写了一系列关于这个山谷复杂的经济、政治和社会的不断变化的故事，地层序列和文物的研究只是故事的一小部分。威利的维鲁研究，创立了现在人们所说的"定居点考古"，这是当今考古学界的一个重要分支。

威利在维鲁的研究，使他于1950年被哈佛大学聘为很有声望的中美洲和墨西哥考古学"鲍迪奇讲座教授"。他在那里工作直到退休，其间他对玛雅文明进行了重要的田野实地调查。他还在伯利兹和危地马拉的重要考古点进行了定居点的调研。他的研究重点不是在主要城市，而是被城市盖过风头却也蓬勃发展的、比较小的定居点。

戈登·威利是一个很有魅力的、博学的考古学家，也是年轻学生的优秀导师。最重要的是，他强调：好的考古学要以数据为基础，而不能是好高骛远的空想。就像我们将在后面的章节中所看到的，这是很重要的一点。

威利当然不是独自一人，在这个时期内，在北美工作的还有其他具有传奇色彩的人物。杰西·大卫·詹宁斯（1909—1997）是美国西部从事考古研究的一个重要人物。詹宁斯于1948年加入犹他大学。他的第一个实地考察项目是在大盆地发掘几个干枯的洞穴遗址，特别是"险洞"（Danger Cave，其得名是因为有一次，一块坠落的岩石差点砸死了两个考古学家）。在这里，他精心发掘了4米的文化层，这些文化层显示了在过去大约1.1万年间，古人曾偶然来到过这个地方。

由于气候环境干旱，文物保存的情况近乎完美，让詹宁斯得以研究该地居民根据当地气候条件的变化而调整的生活状态。在洞穴有人居住时，附近有沼泽地，那里有鱼、有可食用的植物和水禽。詹宁斯在这儿发现了用植物纤维制成的绳子、皮革衣服的碎片、篮筐和用来碾压坚果的石头。他甚至发掘出保存完好的甲虫遗骸和人类粪便，并从中分析出古代这里的居民主要以植物为生。他记述了一段悠久的文化，该文化一直持续到公元500年。像威利和福特在美国东南部所做的那样，詹宁斯为所有后来的大盆地考古工作奠定了良好的基础。詹宁斯为人诙谐，有时爱挖苦人；他非常重视数据和研究发掘理论，他的发掘工作为一代人树立了典范。

与此同时，在北美东部，出生于堪萨斯州的詹姆斯·格里芬（1905—1997）任教于密歇根州立大学，他也参与改变了北美的考古学。格里芬首先是个文物研究者，他花了大量的时间研究"大河流域调查"中收集到的众多藏品。像福特和威利那样，格里芬试图把堆满储物间的文物进行排序。他所掌握的有关北美洲东部考古发现的知识，相当惊人。他在密歇根州立大学创办了一个陶瓷储藏库，这个规模庞大的陶器收藏，对今天的研究人员来说，仍是个重要的参考档案。

到20世纪60年代初，北美在哥伦布到来之前的历史，有了一个被广泛使用的总体框架；它是以发掘、调查和文物研究为基础的。就像在欧洲的戈登·柴尔德设想的一样，那些开发了这个框架的人认为合理的解释是：人类文化在广阔地区的分布意味着，它们在差不多同时的年代里蓬勃发展。格里芬、詹宁斯和威利首先是数据专家。不过，正如威利在他的维鲁研究中认识到的，变化正在发生。

新一代的考古学家意识到古代环境研究的重要性，特别是在美国西南部开创了树龄年轮研究的A.E.道格拉斯（见第二十四章）。他们开始提出新的问题，其中一些是在进行"大河流域调查"时引发的：环境和地貌是如何随着时间而变化的？生活在其中的人类社会是如何适应这种变化的？这种必须调节的需要，对整个社会会有什么样的影响？

20世纪30年代至60年代初期的北美考古学，主要是描述过去：根据微小的细节为不同工具进行分类，并根据古人使用的工具来定义变化中的社会。很少有人想到这些文化为什么会改变。例如，为什么人们从事农业而不是继续狩猎、捕鱼和采集植物食品？为什么一些狩猎和采集食物的社群，比如像在太平洋西北部地区的那些社团，要比大盆地或阿拉斯加中部的社群更复杂一些？

新生的一代考古学者想超越这种简单的分类，要用更复杂的方式来研究过去。他们也在寻找新的方法来为古代社会判断年代。说一种文化比另一种更古老是一回事，但它们在公历纪元上的年代到底有多古老？一种文化比另一种具体古老了多少？正如我们将看到的，放射性碳的年代测算法的发展（第二十七章）是考古学即将发生的一场重大革命中的一部分。

一直到20世纪50年代，考古学的重心主要在欧洲和地中海，在西南部亚洲也很有分量。逐渐地，考古学的研究扩展到了远离欧洲的地方。这种变化长期以来一直在发生，部分原因是由于英国和法国殖民地遍布全球；考古学和人类学都是跟殖民统治有关的活动，无论是在印度、非洲还是太平洋，都是如此。被称为世界史前史的根，早在19世纪就已经种下，世界史前史研究，马上就要繁荣发展了。

第二十七章　如何计算年代

其年代有多久？这是考古学家们在发掘遗址或鉴别文物时经常提出的基本问题之一。正如我们所看到的那样，任何断代——从现在算起的多少年前，或者是按公元前或公元后的提法——通常都只是一种"猜测"而已。只有树木年轮和已知年代的物本，比如罗马硬币，才能为史前遗址提供年代依据（见第十一章、第二十四章和第二十六章）。直到后来，威拉德·利比于1949年提出了放射性碳测年法的断代方法，这使得人们最远可以追溯到5万年前的遗址和文物。

威拉德·利比（1908—1980）是美国化学家而不是考古学家，然而他在给考古研究带来革命性的变化方面，比任何人做得都要多。利比是一个农民的儿子，后来成为放射科学和核科学的专家。在第二次世界大战期间，他参加了"曼哈顿项目"的工作，研制了原子弹。战后，他到了芝加哥大学，他在那里从事放射性碳测年法的断代工作。他相信，这可以为考古遗址提供一个公历年的断代方式。他因为这些努力而获得了诺贝尔奖。

利比在研究时假设：放射性碳——碳-14（被称为carbon-14）是在大气层中被宇宙射线与大气氮不断的相互作用而创造出来，空气中的碳-14会随着正常（非放射性）的碳被植物吸收和储存。动物吃了植物后，体内也会存有放射性碳。当动物或植物死亡的时候，它就停止与外界交换碳的元素。从那一刻起，碳-14的含量会随着放射性的衰变而减少。利比意识到，测量一株死去的植物、一片木头碎片或一块骨头里面留下的碳-14的数量，可以提供一个计算其年代有多久远的方法。样本越老，它所包含的碳-14数量就越少。他还确定了衰变率：在5730年（半衰期）后，任何样本中的放射性碳都将衰变减半。

利比的实验花了很多年才改进、完善。他和同事詹姆斯·阿诺德试着用已知年代的样本进行断代，利用的是埃及法老佐塞尔和斯尼夫鲁墓中的木头。根据历史资料，其年代约为公元前2625年，有75年的上下误差；而用放射性碳测年法测算出的日期是公元前2800年，加上280年的前后误差。利比和阿诺德在1949年发表了他们的研究报告。到1955年时，利比已经处理了约1000件案例，有知道其年代的文物，也有到那时为止尚不知道年代的史前遗址。

考古学家们最初都怀疑通过放射性碳测年法来断代到底能有多精确。由于种种原因，有的人不愿意提供已知年代的样本。许多人对利比通过实验提出的断代持怀疑态度。还有的人担心用放射性碳测年法来断代，会推翻他们珍视的理论。随着研究的进展，越来越多的合作者提供了样本。当然，也有些不确定因素，因为一种新的断代方法会受到怀疑，这也不足为奇。但是到了20世纪60年代初，考古学家们开始热情地接受了通过测算放射性碳来断代的做法，因为他们意识到：它有可能彻底改变人们对过去5万年来人类如何在这个地球上生存的认识。任何超过5万年的东西，也都还含有放射性碳的痕迹，只不过数量太小而没什么用处了。

如果放射性碳测年法测算的年代准确的话，其潜力是巨大的。考古学家期待着能够测算出第一批美国人出现的时间，或者是世界上不同地区农业发展的起源。从理论上来讲，还可能测算出文化变更的速度，比如从狩猎到耕作的过渡，或史前不同的民族如何分布到欧洲各地，或成千上万年前人类是如何跨过太平洋的——其运用前景十分诱人。

然而，还有严重的技术障碍需要克服。某些类型的样本结果，似乎比另一些样本更为准确。起初，木材和木炭的断代较准，而骨头和贝壳的断代则被认为不太准确。后来人们很快就弄清楚了，采集样本时必须格外细心，需要避免污染。样本在某个遗址里的确切位置也是重要的。随便举几个例子，比如说，某个样本来自壁炉，或来自烹饪壶罐里，或只是散落在居住层上的木炭，其结果都会有不同的误差。随着放射性碳测年断代法变得越来越细密，这些困难也在逐渐地被克服。

另一个重要的问题是，放射性碳测年法提供的结果，显示的是放射性碳测年法的年份，而不是历年的算法。利比最初假设大气中放射性碳的浓度是保持恒定的——但他错了：地球磁场强度的变化和太阳活动[1]的波动，改变了放射性碳物质在大气层和生物

---

1 所谓的"太阳活动"（solar activity）是指用太阳黑子数、太阳黑子周期长度等指标表征的太阳活动总体水平状况。

体内的浓度。例如，6000年前的样本接触的放射性碳的浓度，比今天的样本要高得多。

解决办法是：将放射性碳测年法的日期与树木年轮进行比较。当放射性碳测年法的断代法被提出时，树木年轮已经为美国西南部和其他地方的文物提供了确切的日历对比，最早能往回推到12,500年前，这正是冰河时代结束前的时期。近年来，通过利用加勒比海的珊瑚化石和在格陵兰以及其他地方钻取的冰芯进行比较，科学家们可以用历年法来给更加古老的物品进行断代测定了。

历代以来环境指数的波动，意味着仅仅依靠碳-14样本来计算的日期，以及从诸如树木年轮、冰芯或历史文件等等之类的来源那里得到的日期可能会有所不同——有时会有多达2000年的误差。利用冰芯和其他来源进行的细致研究，使得研究人员能够将碳-14的日期转换为精确的日历年表。

放射性碳测年断代法初次用来测算例如耕作的起源以及农业在欧洲的扩展这类事情时，引起了人们的惊讶和混乱。被人们广泛引用的戈登·柴尔德有关欧洲重大事件的年代计算晚了太多时间：例如，耕种的起源从大约公元前4000年的估算，推前到了公元前9000年前。今天，由于有了更准确的测算，有人认为，农业起源于更往前的约1.2万年前。由于有了数以千计的放射性碳测年法的断代数据，研究人员分析过去的方式，是在威拉德·利比那时代难以想象的。

放射性碳测年断代法问世的时候，考古学家们已经在世界的许多地方进行考古了。这项新技术提出了基本的问题：在埃及和叙利亚，在土耳其和整个欧洲，耕作是在多久以前开始的？

（英国）巨石阵的年代有多远？通过发掘并仔细分析过的那些不同建筑阶段，其日期应该是在什么时候？人们第一次有可能测算出农民们什么时候到了斯堪的纳维亚，美洲地区第一个人类居住点开始于何年何月，以及使用铁器的农民是在什么时候到了南部非洲。

到了20世纪60年代初，全球史前史的粗略轮廓，已经依靠一小块一小块的放射性碳测年法断代数据，合拼而成。从澳大利亚、冰岛、秘鲁和遥远的太平洋岛屿，来自世界各地的样本涌入放射性碳测年法实验室。学者们第一次可以用公历年的日期把世界不同地区的农耕起始年代进行比较。例如，他们通过实验证实，农业在中东和中国北部开始的时间大致相同。

最重要的是，人们可以认真地考虑用一个架构良好的时间框架，来书写有文字记录之前的一部人类历史。这种进步非常重要，特别是在非洲撒哈拉以南的地区、在印度的许多地方，还有在美洲——这些地区最早的书面记录都是要到最近几个世纪才有的。在中非的一些地区，最早的历史档案从19世纪90年代才开始记录。

随着放射性碳测年法测算的年代变得更加精确，研究者们转向加速器质谱分析（AMS），以得到更准确的数据。AMS是一个巨大的进步，它可以只用一片树木年轮或一粒麦子的种子（甚至种子的一部分），就能测算出样品的年代。它还可以对更多的样本进行分析，这样科学家们就可以得到单一的文化土层中发现的十多种甚至上百种样本的数据。直到不久以前，史前史的时间表仍然不那么精确。但是，随着新的、先进的统计方法的引入，现在的年表计算变得惊人地准确。

位于英格兰南部西肯尼特的龙巴罗——一个著名的考古遗址，就是一个例子。那里埋葬有大约四十个男女老少的遗骸，人们长期以来认为其年代大约为公元前3650年。这是一个社区墓葬，但这个墓地到底用过多久？放射性碳测年法测算出来的高度准确的日期，是唯一一个可以找到的答案。

通过对来自死者的数十份样本的精密分析显示，墓葬的时间顺序从公元前大约3640年开始，只有短短的三十年左右。附近的其他墓地在大多数情况下只埋葬了三代或四代的人。西肯尼特的龙巴罗是一个公共墓葬地点，但只是在很短的时间里被用过——这几乎是石器时代一些农民的家族史。因为墓地只在这么短的时间里被用过，被埋在墓地里的人不只是遥远的、不知道名字的祖先：他们中的一些人和埋葬他们的活人是直接认识的。

把眼光放得再远一点，我们现在知道，使用长形葬丘的做法，时间短暂，并在大约公元前3625年就停止了。这就引出了一些令人不禁要去探究的问题：在一个土地争夺越来越激烈的地方和时代，死者被埋在长形的墓坑里，是不是为了争夺领地？还是因为埋葬死者的社群维持的时间不长，因为社群不稳定，在面临政治压力的时候就土崩瓦解了？新的断代史揭示了那是一个偶尔会发生快速变化和突发事件的年代。

放射性碳测年法测算，并不是为过去断代的唯一手段。历史的最早篇章可以追溯到300万年之前，这远远超出了放射性碳测年法测算能做到的范围。所以我们要依靠地质测算方法，即钾氩测年法[1]来测定年代。

---

1 钾氩测年法（potassium—argon dating），是根据岩石内氩-40的含量来测定岩石形成年代的方法。

钾氩测年法，通过测量放射性氩与含放射性钾的比值，来计算岩石的年代。放射性钾-40在矿物或岩石中会衰变为放射性氩-40，两者的比值为样品提供了一个断代数据。氩是一种不活跃的气体，在岩石的材料（如火山熔岩）处于熔化状态时就会逃逸。当岩石冷却、变成火山岩时，氩气就再也无法逃脱。光谱仪可以测量出岩石中氩的浓度，研究人员就可以用已知的衰变率来计算岩石的年龄。

幸运的是，许多早期的人类遗址，如坦桑尼亚的奥杜威峡谷和埃塞俄比亚靠近哈达尔一带，都位于火山活动地区；有些文物被埋在火山灰层之间，在那里钾氩测年法是有用的。在奥杜威，路易斯和玛丽·利基运用在20世纪50年代末发展起来的钾氩测年法，把人类化石的年代断代在250万多年前（参见第二十九章）。也是在坦桑尼亚，古人在大约350万年前的火山灰中留下了足迹。人类进化的时间范围，以前被估计为数十万年前，钾氩测年法则将之推前到早得不可想象的年代。

人们不断地尝试着新的断代方法，但没有一个比得上放射性碳测年法和钾氩测年法——后者能测算人类的整个过去，其精确度每一年都在提高。所以我们很快就能为单个的世代测定时间。

从20世纪50年代以来，我们已经走过了很长的路程。例如，人们是何时开始在南太平洋的外海岛屿上定居的？超过1500份的放射性碳测年法的断代数据，提供了一个有趣的答案。包括夏威夷和复活节岛在内的太平洋中部和东部地区所有有人类定居的岛屿，都开始于公元1000年之后的一个世纪内。这些漫长的航程在相当短的时间里实现，现在我们必须弄清楚：为什么人们会这样做。

最重要的是，新的断代方法让考古学家们能够把握一个真正的世界史前史——远在15世纪欧洲的"大发现时代"[1]之前，人类的历史就早已把各个大陆联系在了一起。我们现在对人类历史有了这样的认知：历史上农业和城市文明的发展，就如同当今世界一样，是多种多样的。

---

1 "大发现时代"，欧洲历史的"地理大发现"（Age of Discovery）时代，又名探索时代或大航海时代，指从15世纪到17世纪时期。

第二十八章　生态和世界史前史

1931年，当英国拖网渔船"柯林达号"的渔网从北海的莱曼和奥尔海岸一带捞出一块泥团时，船长骂了起来。但是，当船员弯腰把黑乎乎的那团东西扔到甲板上时，泥团裂了开来。一个褐色带刺的物体掉到甲板上，上面仍然挂着黑泥。

船长顿时大感兴趣，他把捞出来的东西带回了港口——对科学界来说这是件幸运的事。最终，这件东西到了诺里奇博物馆，经那里的专家鉴定，这是在斯堪的纳维亚地区石器时代的猎人做的一个典型的骨质鱼叉。这件物品在1932年的东安格利亚[1]史前社会讨论会上展出。在观众中有一位来自剑桥的年轻考古学家，名叫约翰·格雷厄姆·道格拉斯·克拉克（1907—1995）。

1　安格利亚（Anglia），英格兰的拉丁名称。

克拉克少年时代在马尔伯勒学院求学时，因为迷恋石头工具和动物骨骼，他的绰号就是"石头和骨头"。他首次接触到考古学是从收集取火石工具开始的——这样狭窄的领域。那时的考古学主要还只是限于业余爱好者们，他们在采石场和河滩的石头堆中寻找石质工具和陶器。这些人的兴趣范围有限，但克拉克在与他们的联系中学到了很多知识。

考古学界在当时还是主要关注本地的遗址。只有少数像戈登·柴尔德这样的学者有着较为广阔的视野。柴尔德认为，在欧洲过去的历史形态中，是人而不是手工制品，才是最主要的。克拉克发现，这远比仅仅描述石质工具要有趣得多。

剑桥大学在20世纪20年代还没有专门提供三年的考古学学位课程，因此，当克拉克于1926年去那里上学的时候，他头两年学的是历史——这是一个宝贵的经历，因为他接触到了一些杰出的学者，其中包括世界史学家乔治·特里维廉[1]；经济史学家迈克尔·波斯坦也让克拉克了解到了中世纪经济史的最新研究，这对他后来的研究产生了重要的影响。

当克拉克开始为期两年的考古学高级课程时，他不仅有了史前史的知识，而且还了解了生物和社会人类学。很自然地，他能运用交叉学科来观察过去。这是一种不寻常的方法。

当时，剑桥的考古学几乎只关注欧洲。但克拉克有幸在伦纳德·伍利的课上听他讲乌尔的葬礼（见第二十章），听格特鲁德·卡顿-汤普森讲有关她在埃及的法尤姆省早期农耕村庄的考古见闻（见第二十二章），还有戈登·柴尔德有关欧洲青铜时代

1　乔治·特里维廉（George Trevelyan，1876—1962），英国自由主义史学家。旧译屈维廉。

的讲座。当时许多考古学家认为，史前文化在任何地方都是以同样的方式发展的；因此，在欧洲发现的东西，在别处也会一样。克拉克在1928年听到另一位英国考古学家多萝西·加洛德，在东英吉利史前协会的报告中大胆地说：情况不是这样的！他们所珍视的欧洲文化与中东的截然不同。石器时代研究，习惯于以欧洲为中心，这（多萝西·加洛德的观点）可不是一个会受到人们欢迎的想法。克拉克却热切地吸纳了这一切。他还在路易斯·利基的实验室花了很长时间，来鉴别来自非洲的石质工具（见第二十九章）。他在讲座和实验室里看到的东西让他了解到：远离自己家里的考古工作——国际化的考古，逐渐成为全球的一个共同热点。

克拉克的剑桥导师鼓励他研究从冰河时代结束到农耕时代到来那一段石器时代的英国文化。这个时期被称为"中石器时代"（Mesolithic，希腊语中，"mesos"是"中间"的意思，"lithos"是"石头"的意思），这个"中石器时代"被人们认为是在农业出现前的一个过渡时期。克拉克在博物馆和私人收藏中，看到过数以千计的燧火石小箭头和锋利的石头倒钩。他的论文不可避免地只是有关小型石质工具的枯燥研究；文物中的大部分物品是从地面随意收集的，而不是从文化层里发掘出来的。不过，克拉克的著述《英国中石器时代考》（*The Mesolithin Age in Britian*）一书在1932年出版，使他成为这个冷门领域的一个权威。

作为研究工作的一部分，克拉克在斯堪的纳维亚广泛地旅行，他感觉到自己需要了解在北海的另一边发生了什么。在那里，由于涝渍沼泽更好地保护了遗址，中石器时代文化的记录更加丰富。他在那里发现了易腐的东西，如鹿角和尖骨矛。在浅水覆盖的古人栖息地里，甚至还发现有鱼笼和渔网的残片。

克拉克还沿着位于现代海平面边的海滩散步，以前波罗的海的面积比今天的要大得多。这像一个警钟，因为他意识到，紧接在冰河时期之后，北欧环境急剧变化的严重性。要了解当时的人类社会，你常常不得不把那些社会放到沧海桑田般的变化环境中去。

写博士论文的那几年对克拉克来说是很忙的，他对那些沉迷、纠缠于工艺琐事的业余收藏家们越来越不耐烦。克拉克毫不犹豫地批评现状，他和斯图尔特·皮戈特——另一位后来在埃夫伯里做出了大事的人，当时还是在大学里言辞激烈的年轻叛逆者——一起发声。尽管年纪轻轻，但他们的声音却越来越有影响力。克拉克在《英国中石器时代考》一书的最后一份附录中指出，在剑桥附近的沼泽地里，就有很值得进行考古研究的地方；而这种研究必须包括植物学家、地质学者和其他行业的专家，而不仅仅由考古人员组成。莱曼和奥尔海岸一带鱼叉的发现，让克拉克的研究走向一个新的、令人振奋的方向。

在北海发现的鱼叉，启发了克拉克和其他人到东安格利亚沼泽地的泥炭层去寻找中石器时代的遗址。在攻读博士学位时，克拉克就和植物学家哈利与玛格丽特·戈德温夫妇成了朋友。戈德温夫妇是英国生态学创始人物亚瑟·坦斯利的学生。坦斯利建议他们学习孢粉花粉分析学。该方法利用泥炭沼泽中的微小花粉颗粒来研究冰河时期以来植被的主要变化。这门学科是在第一次世界大战期间由瑞典植物学家伦纳尔特·冯波斯特开创的。戈德温夫妇研究了附着在莱曼和奥尔海岸一带发现的鱼叉上粘的泥炭，证明该鱼叉与丹麦发现的类似武器时期相同。他们是克拉克新项目的理想搭档。

戈德温夫妇、克拉克等人在1932年组成了"沼泽研究委员会"——一个多学科的研究小组。克拉克是其中最活跃的成员。他开始在伊利东北部11公里的"种植园农场"里的一个遗址进行发掘。克拉克在沙地上发现了燧火石；然后往下挖，在这块曾经的、沼泽中的一个沙岛上，发现了散落着的石质工具。他们通过发掘发现了两个泥炭文化层——被高海平面带来的细砂分隔开来。遗址的年代从石器时代延伸到了青铜时代。

克拉克和戈德温夫妇在1934年发掘了附近的另一个文物点"孔雀农场"。他们在泥炭层挖了一条壕沟，这次挖到了宝贝。一些中石器时代的燧火石散落在石器时代的罐子碎片下面一层的文化层上。在这个新石器时代的文化层上，是早期的青铜时代陶器。他们出土了一个罕见的序列文化层，涵盖了许多的史前时代。通过分析花粉样品和软体动物，这一小群研究人员记录了随着时间的推移而发生的重大环境变化。这是英国进行多学科环境考古学的第一次尝试。

克拉克于1932年成为剑桥大学彼得学院的研究员，不久之后成为考古学的助理讲师。他在剑桥待了一辈子。从1932年到1935年，他的研究奖金使他不用再承担教书的任务。他用这个时间在北欧广泛游历，主要靠骑自行车出行。在那里，他学会了鉴别用木头和其他有机材料制成的各种易腐的文物。他对受水淹浸的遗址产生了浓厚的兴趣；并认为，如果假以时日，他在英国也能找到一个这样的遗址。

克拉克利用在北欧的旅行，探索了民俗文化、人种学、考古学和环境变化等领域，并写了出版于1936年的第二本书：《中石器时代的北欧定居》（*the Mesolithin Settlement of Northern Europe*）。在这部辉煌的著作中，他指出，古代的人类社会与其环境进行了互动。它们可以被认为是更大的生态系统中的一部分，众多因素相互影响。这在当时可是一个激进的想法。这本佳作的研究主题着眼于生态和环境。

如果有哪位考古学家堪称专心致志的话，那就是格雷厄姆·克拉克。他全身心地投入环境考古学当中，研究人与环境变化的关系。他还相信考古学对社会进程起着重要的作用。克拉克认为，考古学最重要的功能是解释古代的人类是如何生活的。

在战争年代，克拉克（他因为身体原因不能服役）写了一系列关于经济考古学的文章，研究人们在过去怎样生活。在1952年出版的《史前欧洲：经济基础研究》一书，是汇集了从古代养蜂、捕鲸、到狩猎等的一个研究系列。

克拉克把考古证据和他在北欧访问期间收集到的斯堪的纳维亚的传统民俗文化结合在一起。他采用的经济和生态视角变得非常有影响力，即使在美国也是如此，哪怕作为个人他当时在美国几乎还是默默无闻的没什么名气。就在本书出版之际，克拉克被聘为剑桥史前考古学的迪士尼讲座教授，在史前考古学方面，这在全世界都算得上是个重要的教授职位。

克拉克从来没有放弃过想找到一个浸在水中的中石器时代遗址的愿望。在约克郡东北部的北海附近，一位业余考古爱好者于1948年报告了一个潜在的地点。克拉克立刻意识到，在地表上发现的石斧，跟在斯堪的纳维亚的文物很相似，而且有很大的可能是来自淹水的泥炭沉积层。他在1949年至1951年之间三年的时间里，只靠很少的经费就完成了斯塔卡尔的发掘。该遗址位于一个干涸已久的冰川湖的岸边，在一个芦苇丛中的桦木平台上。放射性碳断代法的测算，把该遗址的年代定于大约公元前7500年。

克拉克在他的发掘报告中，描绘了这样一幅画面：古人在白桦林中设置了一个小小的营地，那里的居民猎杀红鹿和马鹿。他不仅通过工具和动物骨骼来描述斯塔卡尔，还介绍了它周围环境的情况——这种介绍在英国是第一次。五十年后，研究人员用最新的高科技方法重新发掘了斯塔卡尔，发现其面积实际上比克拉克报告里说的更大。通过AMS放射性碳的测试，人们现在已将该遗址的年代往前推到公元前9000年至公元前8500年之间。

作为迪士尼基金赞助的讲座教授，克拉克接替了曾在剑桥教授过第一门世界史前史课程的多萝西·加洛德的位子。他所创建的科系把史前史视为一个全球性的研究课题。他还广泛地旅行——远至澳大利亚。克拉克和他的同事们培养了一代年轻的考古学家，他鼓励他们到海外工作——通常都是些不为人知的考古地带。（我就是其中之一，去了非洲。）

他的旅行和放射性碳断代法的革命性成果，让他写出了最著名的作品之一《世界史前史》（*World Prehistory*）。这本书在1961年时可谓独一无二。其他作家，比如戈登·柴尔德，曾简要地写过古代欧洲、玛雅文明和北美史前史。但是之前还没有人尝试过介绍在世界各个地方探索早期人类历史的工作。《世界史前史》曾三次再版并且被广泛地阅读。

格雷厄姆·克拉克是一个害羞、内向的人，他也会严厉地批评他的考古学家同行。他的权威性著作和他对经济考古学之重要性的坚持，在他死后很久都还经受住了考验。他不仅把这一点作为20世纪考古学的中心部分，而且还推动考古学变成了今天这样的全球性的学科。克拉克和后来出现的其他考古学家一样，反对过分强调工艺品和时间序列的重要性。他的著作影响了一代人，他的学生桃李满天下——其中有些人现在还在从事研究工作。

第二十九章 "亲爱的男孩！"

　　这是在东非坦桑尼亚的奥杜威峡谷，时为1959年7月17日。路易斯·利基的妻子玛丽走过去，重新检视他们在八年前发现过石质工具的一个地方——路易斯因为轻微发烧，躺在营地的床上。玛丽在现场从两颗大牙齿上擦去细细的泥土——牙齿嵌在一块看上去像是人的下巴的骨头上。她的心跳都快要停止了，都快跃入路虎车，疾驶回营地。她喊道："我找到他了！"路易斯在兴奋中忘了自己还在发烧，和玛丽一起检查起牙齿来。

　　但是，躺在土里的，是什么形式的类人猿呢（这是与人有关的一个物种，还是人类的祖先）？当所有的碎片都找到后，玛丽拼出了一个看起来很健壮的猿人的头骨。他们把这个发现命名为"Zinjanthropus boisei"，"博伊西的南方猿人"（又译"鲍氏傍人"），以感谢一个曾经赞助过他们研究的、名叫"博伊西"的男子。Zinjanthropus boisei是第一次在南非以外发现的、一个身材强健的类人猿。利基夫妇称之为"亲爱的男孩"。

人们对人类起源的探索早在许多年前就开始了。1924年，南非解剖学家雷蒙德·达特（1893—1988）在南非开普敦的塔翁附近一个石灰采石场发现了类人猿的一小块头骨：其牙齿看起来很现代，脸朝前凸出，头部是有点圆的——这融合了现代人和远古人的特点。达特称之为"来自非洲的古（南非）猿"（Australopithecus africanus）。他宣称，古猿是现代猿类和人类之间的一个纽带。但是达特太急于下结论了。

正如我们在第八章中所看到的，当时的科学家们不承认荷兰人欧根·杜布瓦1889年在爪哇岛发现的直立人可能是一个潜在的缺失环节。他们痴迷于研究尼安德特人，也被伪造的"皮尔当人"的头盖骨糊弄了。"皮尔当人"有很大的大脑和小巧的牙齿，于1912年在英国首次发现。达特遭到人们的嘲笑，他成了那些名声扫地的化石寻找者之一。

即使到了20世纪中叶，我们对人类早期进化的认识也并不多。后来在欧洲发现了更多的尼安德特人，在中东也有发现。中国周口店的直立人化石被证明是真的（见第八章）。在南非发现的古猿，现在被人们认可为可能是人类的祖先。否则的话，非洲的研究实际上是空白的——随着路易斯和玛丽·利基的到来，这一切都改变了。

路易斯·西摩·巴塞特·利基（1903—1972）生于肯尼亚，父母是英格兰教会的传教士，他后来成为20世纪最杰出的考古学家之一。利基个性有点急躁、意志坚定、很有主见，他在剑桥大学学习考古学；上学时，曾因为在网球场上穿短裤而引起过争议！

利基一直想在非洲进行发掘，他确信人类起源于那里。他在1926年毕业后，组织了一次对肯尼亚的探险，并在大裂谷一带发掘了"甘布尔洞穴"。他发现了时间长达至少2万年的人类活动的文化层，最早的访客可能是与欧洲尼安德特文化同时代的人。后面的文化层里出土了精良的矛尖、石刀和其他工具。这些比较有经验的非洲人，与在法国的洞穴中发现的前旧石器时代的居民时间大致相同（参见第十章）。石头工具确凿地表明，非洲的史前社会与欧洲的非常不同。还有一些从其他地点发现的原始文物表明，在非洲还有更早的人类生存过。路易斯·利基逐渐相信，东非是人类起源的地方。

利基于1931年与德国古生物学家汉斯·雷克一起去奥杜威峡谷。这个峡谷大约有40公里长，在坦桑尼亚北部的塞伦盖蒂平原上，像一条锯齿状的斜线，在猛烈的地壳运动中让呈分层状的古老湖泊的河床暴露了出来。雷克是去寻找化石动物的；而同行者利基则认为，在峡谷中会有人类早期定居过的证据。雷克赌了10英镑，说利基在奥杜威不会找到石头工具。结果利基第一天就赢了。

利基从孩提时代就能流利地讲（肯尼亚的）基库尤语，因此，在一项始于1936年的对部落进行人类学研究的项目上，他是当然的人选。同年，他娶了他的第二任妻子玛丽。出生于伦敦的玛丽·利基（1913—1996）与路易斯正好个性相反。她为人文静、谦虚，做事有条不紊；她画图技巧精湛，发掘细心，并对石质工具很有研究。她制约了自己丈夫的许多浮躁计划，并使他的许多发掘工作最后得以完成。

利基夫妇没有被第二次世界大战阻挡自己的步伐。他们于1943年在内罗毕附近东非大裂谷的奥洛戈赛利叶发掘了一系列遗址——古代猎人曾在那里猎杀大型动物。这些遗址的年代大约为30万年前。奥洛戈赛利叶是一个很值得参观的地方。在那里，你可以看到很多在几万甚至几十万年前古人用过的、挺大的石头屠宰工具——就扔在他们曾工作过的地方。利基夫妇还发现了成堆的石质工具和零碎的动物骨骼，以及猎人们露营、进食和睡觉的地方。这些遗址相隔只有几米远，是了解古代人类行为的无价档案。通过仔细发掘，你可以找到诸如小的工具、老鼠的骨骼，甚至蛇的毒牙这类东西。

战后，这对夫妇依靠几乎微不足道的经费在奥杜威工作，从分层的湖床里发掘出数以千计的石头工具。利基夫妇在1951年发表了一份关于峡谷中石质工具发展进程的报告，从粗糙的、并且是很简单的熔岩卵石做的砍切工具开始。

一旦为石质工具的发展进程提供了框架，这对夫妇就将他们的焦点从石头工具转向暴露在峡谷中的细土和沙子。当你仰望着曾经是湖床的地方时，真的很难想象大大小小的动物曾在这里的浅滩中饮水。这次，利基夫妇搜索了湖边的驻地，发现古人曾在这里用粗石块和锋利的石片宰杀猎物。除了一些牙齿的碎片，没有类人猿化石的痕迹。然后到了1959年7月，玛丽·利基发现了鲍氏东非人，或"亲爱的男孩"。

"亲爱的男孩"给利基夫妇带来了国际声誉。（美国的）国家地理协会资助了对鲍氏傍人东非人遗址的全面挖掘。玛丽小心翼翼地挖出了散落的骨头碎片和石头碎片。她在拿起文物前，都会把所有手工品和骨头所在的位置记录下来。考古学家第一次能够重新构建非常早期的人类生活。

我曾经参观过玛丽的发掘现场。她蹲在伞下，她养的达尔马提亚狗躺在旁边。她用刷子和牙剔轻轻地把沙子从一只小羚羊的骨头上清理掉。玛丽有非凡的耐心，她那"慢慢移动"的发掘方法，现在已成为发掘古老遗址时很常见的做法。

鲍氏东非人的年代有多久？路易斯估计说，这个化石的年代大约有60万年。当两名来自加利福尼亚大学伯克利分校的地球物理学家使用新的碳酸钾–氩测年方法把化石的年代定位在175万年前（参见第二十七章）时，利基夫妇和国际科学界都被惊呆了——一夜之间，人类的起源时间几乎往前推进了三倍。

对人类祖先的搜寻范围现在扩大了。在奥杜威的其他地点进行的大规模发掘，发现了更多的古人类遗存。在一个稍微更早些的遗址上，人们发现了属于一个身材细长、较为苗条的类人猿的头骨碎片和一个几乎完整的脚骨——与鲍氏东非人的完全不同。南非生物人类学家菲利普·托比亚斯研究了这个标本，并称之为Homo habilis，"巧手人"。路易斯·利基以其典型的大胆判断，称"巧手人"为最早使用工具的人，时间为200万年前。

玛丽·利基承担了记录遗址的繁重任务，她的报告详细地研究了用石头砍和石片切的简单技术。她把这种做法用峡谷的名字命名为"奥尔德沃"。与此同时，路易斯广泛地旅行、讲课，并不断提出新的人类起源理论。他还鼓励年轻的研究人员去考察黑猩猩、猩猩和大猩猩等活体灵长类动物的行为——此类考察可以为研究人类早期行为提供某种视角。路易斯指导了来自英国的珍·古德，她成了黑猩猩的世界级专家；还有来自美国的黛安·福西，她是专门研究大猩猩的专家。

路易斯死于1972年。玛丽于1977年到坦桑尼亚利特里的另一个有考古前景的地方开辟了新的发掘点。她在坚硬的火山石上，发现了类人猿359万年前留下的两行脚印——这让他的同事惊呆了。利特里的脚印位于一条季节性河流的河床上，薄薄的火山灰堆积在动物前往附近水坑的路上。硬化的火山灰还保存了大象、犀牛、长颈鹿、剑齿虎和许多羚羊物种留下的足迹。

类人猿留下的两行脚印相距约24厘米，可能是在不同的时间踩出的。独特的脚跟和脚趾印，由两个不到1.5米高的个体分别踩下。按照玛丽的描述，他们步态摇晃，移动缓慢。他们的臀部在走路时旋来转去，不像现代人的自由大步步态。最有可能的是，这些脚印是由像"露西"那样的类人猿留下的。唐·乔纳森于1973年在埃塞俄比亚发现了矮小的南方古猿，被命名为"露西"的类人猿是许多此类发现之一。利特里古人类依靠双脚，直立行走。因为"从树上下来"是人类的一个独特特征；用两条腿走路，是在宽广的田野里能够成功狩猎和觅食的关键。

多年来，那些研究人类起源的科学家，只有很少的化石可以研究。他们往往认为，人类的早期进化是线性的（沿着一条直线进行）。但是到了20世纪70年代，人们发现，很明显的是，在东非和其他地方的古人类有很丰富的多样性，其中大多数还不为我们所知。随着更多的研究人员开始在东非进行研究（其中包括唐·乔纳森和利基夫妇的儿子理查德），这种多样性就更加为人所认识到了。

在Palaeoanthropology（古人类化石研究）现在的实地考察中，要依靠小组中不同的专家，他们对当地环境和人类行为就像对化石一样感兴趣。利基夫妇倾向于独自工作，他们自己研究地质学，只有在很少数的情况下才咨询其他领域的专家——如植物学、断代法和动物学的专家。但这种有限的专家咨询改变了研究的结果。基于分子生物学的研究表明，和人类血缘最近的黑猩猩，在大约700万到800万年前，就和人类在生物概念上分道扬镳了。

对人类起源的探索，现在发掘出了比"巧手人"和鲍氏东非人早了很多的化石。理查德·利基在肯尼亚北部偏远的图尔卡纳湖的东部，考察了埋藏有化石的河床。他的团队发现了一系列保存完好的古猿化石和人类祖先的遗骸，显示了这是既有原始特点、又有较为进化特征的混合物。在有了更多的化石可供研究之后，"巧手人"今天被称为早期的人类，是我们最早的直接祖先。

在20世纪90年代，另一位美国古人类学家蒂姆·怀特在埃塞俄比亚干旱的阿沃西地区的阿拉米斯，发现了至少17个小小的古人类的化石。他们来自始祖地猿，这是一种可能生活在450万年和430万年前的类人猿。"阿地"似乎更接近于黑猩猩而不像人类，而且他们可能比其后来者更多地生活在树木繁茂的环境之中。这种鲜为人知的生物依靠两只脚站立，比非洲猿更像古人类。发现其骨头的文化层，堆积在后来更新纪灵长动物的文化层下面。按照研究地猿来判断年代的标准，唐·乔纳森发现的"露西"，年代在300万年前左右，在时间上要近得多。

现在我们知道，在700万至200万年前，大量古人类在东非蓬勃地生息。他们中的许多故事虽然无人知晓，但似乎南方人猿是最常见的。他们长了更圆的头，臀部和四肢也有其独有的特征，可以把他们称为早期的人类，是我们最早的祖先。他们具体在什么时候出现，仍然是一个谜。但他们显然会制造石头工具，可能在300万年前就已经存在并演变着。

与20世纪早期的其他考古学家一样，利基夫妇在他们的大部分职业生涯中都是独立工作，资金很少。他们的发现让有关人类起源的研究成为现代研究的一个课题。今天，随着更多的化石可供研究，我们认识到：对人类进化的研究，就像一棵有许多分枝的树一样，其中大部分会走进死胡同；然而，有少数的发现，让我们知道了类人猿、直立人，以及最终演变为现代人的发展历程。

第三十章　第一批农民

　　20世纪30年代，戈登·柴尔德提出在中东干旱时期开始的一场"农业革命"的推论（见第二十三章）。他推测，从狩猎、采集到农耕和动物放牧的转变，始于公元前4000年左右——或许还要再早一些。柴尔德写的只是猜测，并没多少信息可以支持他的说法。在这个地区曾经发生了什么，以至于从根本上改变了人类的生活？四分之三个世纪过后，在经过了许多的发掘活动、放射性碳测定年代法的发明，以及新的气候数据获得，我们多了一些线索。

　　柴尔德描写了改变历史的一场革命。农业确实改变了人类的生活进程。但正如柴尔德清楚地知道的那样，从事农业是一个转变过程，而不是一个发明。所有收集可食草类的人都知道，草类植物发芽、生长，然后脱落种子。但是，如果有野生食草随处可采，为什么还要那么费事呢？人们开始种植野生草类谷物，显然是为了对付自然收成减少而采取的一种生存策略。从狩猎和采集植物类食物，到进行农业耕作的转变，是人类历史上的主要转折点之一。农耕活动最早是在哪里、在什么时候出现的？为什么会出现？

这些问题，让考古学家们思考了一个多世纪。不幸的是，早期的耕作地点少而分散。考古学家很难区分野生和人工种植的谷物，野生山羊和绵羊的骨骼与驯养的同类动物骨骼几乎一模一样。进行这种考古，需要遗址保存良好，发掘不慌不忙，并使用非常精细的筛子以找到微小的种子。它也需要团队合作，有一个人就特别了解这一点。

罗伯特·约翰·布雷德伍德（1907—2003）是个药剂师的儿子。他在密歇根大学学习建筑学，毕业时拿到建筑学、人类学和历史学三个学位。布雷德伍德随后在芝加哥大学东方学院工作，在那里他成了一个编年史专家，依靠从很深的分层次的壕沟里得到的资料来构建时间表。他于1937年娶了妻子琳达，两人在一起工作了六十六年，成为考古界最持久的搭档之一。九十多岁时，夫妻二人在短短的几个小时内相继离世。

布雷德伍德提出了一个重要的问题：人们会在哪里找到可以种植的野草？他与生物学家和植物学家们进行了交谈，他们指点他去中东北部的山区。因此，布雷德伍德因此前往伊拉克北部。从20世纪40年代末到20世纪50年代初，考古研究把他带到了耶莫，这是在伊拉克扎格罗斯山脚下一个村庄里的土堆。

这是一个不同寻常的项目。好几代的考古学家们，都要依靠其他专家来帮着辨认他们在发掘中不时发现的动物骨骼的样本或炭化的种子。但布雷德伍德意识到，他不能只依靠兼职专家。他坚持与专家学者们建立密切的合作关系，并坚持研究工作要经过精心的策划。他带着地质学家去研究当地居民和他们的环境之间的相互作用，其他的团队成员还包括了动物学家、植物学家、陶器专家和放射性碳定年法专家。

耶莫有十二层文化层；它包括了大约二十五座有泥砖墙壁和黏土屋顶的房子，建在石头的地基上；大约有150人曾经住在耶莫。布雷德伍德的团队合作得到了回报，因为他的专家们把事情都弄清楚了：那里的居民耕种了两种麦子，也种扁豆；并且放牧山羊和绵羊。作为一个编年史专家，布雷德伍德自然着迷于放射性碳测年法的运用。令他吃惊的是，耶莫最早的耕种年代是在公元前大约7000年，远远早于以前人们普遍相信的：早期耕作出现于公元前4000年的说法。

农业在莫耶已经相当成熟。显然，这些农民和早期的狩猎社团之间，隔着很长的时间距离。布雷德伍德设想着最早的农民会住在比耶莫更简单的村庄里，于是他开始寻找这些先人的足迹。

他移师到了土耳其东南部的萨尤尼土丘。令他吃惊的是，他发掘到了另一座精心规划的村庄，现在已知其年代为公元前9400年至公元前7200年之间。布雷德伍德意识到，农业化的转变，比人们想象的要复杂得多。但他对大约同一时期在耶利哥的非凡发现尚无准备。

凯瑟琳·肯扬（1906—1978）是一位英国考古学家，她以对发掘工作、养猎狐小狗和喝杜松子酒的喜爱闻名圈内外。肯扬曾在牛津学习历史，后来于1929年曾陪同格特鲁德·卡顿-汤普森到过大津巴布韦，在那里培养起了对发掘工作的热情（见第二十二章）。肯扬的训练是无懈可击的，她非凡的发掘技术来源于从1930年到1934年跟随莫蒂默和苔莎·惠勒在古罗马的维鲁拉米恩进行的发掘工作（见第二十五章）。

肯扬作为发掘家的名声非常之大，因此她被邀请去巴勒斯坦发掘古代以色列的首都撒玛利亚。她后来在中东度过了余生。当布雷德伍德在挖掘耶莫的时候，肯扬得到了资助去发掘位于今天约旦境内杰里科的古老城市土墩。她特别擅长破译复杂的、分层堆积的文化层，没有人能比她更胜任这项工作了。

耶利哥是《圣经》中提到的一个地方，也是青铜时代一个主要的建有城墙的小城镇。肯扬关注着该地的整个历史。她在靠近现代城市的一个叫苏丹废丘的地方挖到深处，并从早期文化层里收集了大量的放射性碳样本。在地层的底层、靠近泉眼的地方，有一个在公元前9500年前就有人定居的地点。耶利哥很快就成了一个紧凑的定居点，建有用黏土和晒干的土砖建造的、规模很小的圆形住宅。过了一个世纪之后，那里有了大约七十座房子。在大约公元前8350年和公元前7300年之间，这里成了一个小镇，有一个巨大的、高达3.6米的石头墙壁围着，也许有数百名居民曾经住在这里。一座有内部楼梯的石塔矗立在墙内——目前尚不清楚，建起石塔和围墙来，是为了抵御约旦河的洪水，还是为了抵御外人的入侵。

镇里的居民当然是农民，后人也都以农业为生，他们居住在用石头做地基的长方形房子里。到了公元前6900年，这里的居民们把他们的祖先的头（有些是没有头的躯体）埋葬在房子的地板下。有些头骨用石膏塑出了粗糙的面部特征，当作"肖像"，还用贝壳当作眼睛。在一所房子的地板下，肯扬发现一个坑里塞了十颗头骨。

　　肯扬在耶利哥的发掘，是人们通常所说的"垂直发掘"的一个典型例子。又深又窄的壕沟能提供一些比如说他们是谁、什么时候住在某个城市里这类细节，从而揭示了古代社会随着时间的变化而变化着。事实上，垂直发掘是肯扬唯一的选择，因为耶利哥的城市堆积层非常深，要揭开更大面积的遗址最早期文化层遗址，将会是令人负担不起的昂贵工程。肯扬的垂直发掘，为城市在许多世纪的发展情况提供了一个基本的历史描述。

　　肯扬在耶利哥的发掘，证实了布雷德伍德的推论：农耕的开端是一个漫长的过程，而且在许多地方同时展开。今天，我们知道，从土耳其的东南部到叙利亚，甚至更远的南部地区，至少在1.1万年前就星罗棋布着农耕的小村庄。除了阿布·胡赖拉以外，很少有被广泛发掘的遗址。阿布·胡赖拉是在叙利亚的幼发拉底河山谷林地边缘较开阔地带的一个小村庄。英国考古学家安德鲁·摩尔在1972年至1973年间发掘了这个定居点的土墩——因为当时水力发电大坝的建设很快就要把这个地方淹没了。阿布·胡赖拉经过专家的挖掘和团队的研究，为人们提供了一幅精彩的画面，使人们了解这个在公元前10,000年前就已经存在的早期农庄。

　　当时这一整个地区的气候比今天要暖和、湿润一些。一些家庭住在往地下挖坑而建的小房子里，上面盖了芦苇作为屋顶。居民们以吃各种各样的野生动物、可食用的草和坚果为生。他们猎杀每年春天从南方迁徙而来的小羚羊（沙漠羚羊）：在这个很小的定居点里发现的动物骨骼中，有超过百分之八十来自这些小动物；居民还晒干肉类以供日后食用。村民们还吃六七种野生植物，并使用了超过200种的其他植物来作为草药、染料颜料和药品。阿布·胡赖拉居民小心翼翼地管理和照顾着他们的居住环境。在这个成功的村庄里，住有300~400个人。后来，在持续的旱灾影响下，他们放弃了这个定居点。

我们从不同的文化层中发现的可食用草和坚果的巨大不同，可就知道这一点。摩尔率领的专家之一、植物学家戈登·希尔曼收集了不同文化层中的残留作物，他用很细密的网兜来在水里清洗那些有很多种子的土壤样品，以获取大量的植物标本。希尔曼的研究表明，在公元前10,000年之后，随着环境变得干旱，能结果的树林和野生草原面积缩小，距离阿布·胡赖拉也越来越远。随着旱灾的加剧，植物类食物变得越来越稀少。

人们可以想象那不断加剧的灾难。日复一日，太阳在万里无云的淡蓝色的天空中照耀着，地平线上一直都没有乌云的迹象。在幼发拉底河边，尘土以前一直都是在绿色的平原上飞扬；随着干旱遥遥无期地延续，开阔的草原一片枯黄，面积不断缩小。每年，村民们不得不步行更长的距离去森林里采集坚果和可食用的草类。收成比以前差多了，冬天时村民们都在挨饿；到了春天，他们都快饿死了。希尔曼和摩尔认为，持续干旱和森林砍伐（由于气温的降低和人口数量的增加而造成的对木柴的需求不断地增加），最终迫使原居民离开了此地。

大约在公元前的9000年，一个完全不同的、更大的定居点在原来村庄的土墩上凤凰涅槃般重生了。起初，这里的居民继续猎杀羚羊。然后，就在几代人的时间里，人们转而放牧山羊和绵羊。在接下来的上千年里，随着羚羊捕猎量的减少，山羊和绵羊变得越来越重要。村庄的面积扩大到12公顷——后来的来访者们会发现自己徘徊在一个由长方形的单层泥砖房子组成的社区，房子之间由狭窄的车道和庭院连接起来。

专家们估计，人类要花1000年到2000年的时间，才能培育和掌握好野生牧草以供收割。在长期干旱的情况下保持粮食供应的必要性，很可能是促使人们种植农作物的始因。起初，阿布·胡赖拉（以及其他地方）的居民可能种植野生牧草来获得更多的收成；开始种黑麦、然后是小麦和大麦。过了一段时间后，他们就成了全职的农民，守望着他们的田地和牲畜的放牧地。他们的农耕完全依靠降雨，每年第一场的耕种都需要在时间的选择上特别小心，以免庄稼在下雨前枯萎。在一个无法预知降雨时间的环境里，这种耕作方式风险很大。

是不是因为地中海东部地区，在大约公元前10,000年发生过时间长达上千年的旱灾，才诱发了农业的发展——这个提法仍然有待讨论，但它可能是迫使猎人和觅食者变成农民的主要因素之一。

阿布·胡赖拉是年代可以追溯到公元前约1万年的许多早期的农业村庄之一。人们现在已经知道，这样的村庄曾横布在中东的广泛地区；所有这些村庄都与在叙利亚遗址上看到的转变有着共同的特征。农业的起源比我们前一代人想象的还要早得多，而这一转变并不是局限于中东地区的独特发展。农业耕作在世界的另一头，也就是在中国，差不多也在同时开展；再晚些时间后，在美洲也出现了早期农耕。

由于这一转变，人口爆炸性激增，人类社会变得更加复杂。接着在数千年之后，世界最早的文明就在埃及和美索不达米亚出现了。

第三十一章　保卫皇帝

　　中国的皇帝秦始皇想让自己被后人永世铭记，就在公元前221年，这个严酷而残暴的统治者把中国从一些松散的邦国变成了一个大一统的国度，他在完成大业的十一年后就驾崩了，死时只有三十九岁。中国古人有一种信念，认为水银可以给人带来永生，所以这位始皇帝吞下了无数的汞丸。这些仙丹可能是致使他死亡的原因，而不是让他长生不朽。

　　秦始皇驾崩在沿海一带驾崩，但他的墓地在内陆。他的棺材由马车缓缓地拉着行进，他信任的王室官员陪护在旁；腐烂的尸体发出难闻的气味，只好用咸鱼来做掩饰。

　　早在始皇帝成为皇帝之前很久，就已经在中国西北部的西安东部40公里处开始建造他的陵园；建造速度在他称帝期间加快了。大约70万名男子在著名的骊山脚下深挖土地，来建造他的埋葬地；随后，一大批工匠创造了一整个地下王国。

　　劳工们往下深挖，直到他们看到一系列的淡水地下泉；然后他们在皇帝的陵寝上建了宫殿和其他建筑物的模仿品，还为皇帝浇铸了青铜的外棺。穹顶上模仿夜空，以珍珠象征日月星辰。根据公元前94年的一部中国文明文献介绍，墓里还灌注了汞，多到像是在流动，用来模仿海洋和主要河流。在这里，可能害死了始皇帝的水银，又被当作不朽的象征，这使得秦陵成为一个危险的地方：在坟墓周围采集的土壤样本显示，这儿有很高的污染程度。

　　书面记载告诉我们，工匠在墓里设置了机械弩，用来射杀任何入侵者。始皇帝一被埋好，那些曾在皇陵上工作的人们就被殉葬于内，以防止他们走漏任何消息。

　　始皇帝的陵墓封土比周边高出43米，建造者种了树木和灌木使之与周围景观混合。皇帝的墓地是巨大的陵园的一部分，四周环绕着长达5公里的外墙。

　　在陵园里到底有些什么东西，一直是个秘密。直到1974年，当一些工人在墓地以东的2.5公里处挖了个井——他们在那里发现了一个真人尺寸的兵马陶俑（黏土）士兵，然后又发现了另一个，接着是一个又一个的陶俑。后来，一组考古学家和保护专家发现，自己正在发掘的是一整个皇家军团，这就是著名的兵马俑。团队发掘的规模是如此之大，以至于没有人能单独拥有这项工作的功劳。

　　令人遗憾的是，我没能近距离地参观发掘；只是作为一个游客，从远处看了兵马俑。所以我的描述只能局限于泛泛而谈，但我被自己所见到的场景惊呆了。这些陶俑令人难以置信地真实，他们站成十一个平行的队阵，每列有200米长。编织席子做成的屋顶，用黏土加强，盖在通道上。看着这个阵仗我很容易就想象出一支真正的军事队伍：男子排成四十行队列，每队有四人。每个陶俑都神情警觉、装束严整，直立而站，随时准备战斗。部队穿戴了护身装甲的模仿品装束真的盔甲是用铜线穿了石板做成的，开关在右侧。他们没有戴头盔，目光朝前。每个人的容貌都不同，就好像他们都是按照实际的活人而塑造出来的一样；但是他们面无表情，显然是没有感情的。现在的陶俑都是淡褐色的，只有少量的油彩痕迹；但是当陶俑被埋葬时，身上的制服都涂了鲜艳的色彩——其效果一定十分耀眼。

近200名弓箭手和弩手在前面站成三排。他们穿着棉布服装（用陶俑展现），但没有盔甲，因为那些使用弓和弩的人是从远处射击而不是在近距离战斗。这些队伍轮流射击，这样就会射出一连串的箭或弩。现代实验表明，当时的弩可以射到约200米远。

在弓箭手身后是六辆战车和三队步兵小队。四匹陶俑马匹拉着战车，每辆车都有一个人驾驭，有两三名士兵随同每一辆战车投入战斗。两辆战车是军官的指挥车辆，从那里敲响、传递出的鼓声或钟声，则预示着前进或撤退。有些军官留着胡须，面带微笑。

我被这个场面震撼了。这些都是进攻士兵，他们没有盾牌就踏上了战场。从历史记载中我们知道，秦军是十分凶猛的，他们的指挥官认为：进攻就是最好的防御。他们的这种近距离格斗是血腥和残忍的，每个人都使用着青铜剑或长矛，或舞动着戟——这种武器综合了长矛和斧头的功能，可以在一击之下就杀死一个人。

始皇帝用一个强大的、训练有素的军团来保护自己，但是只是把部队做成兵马俑来守卫着他，也许是因为，这些精锐士兵太有价值而无法用真人陪葬。

还有更多。在第二个坑里有超过1500个战士和马匹的陶俑，被划分成四个小组。在一个角落，没有穿戴护甲的矛兵的行列，包围着跪姿弓箭手。坑里的其他地方分布了战车，在一个队阵里就有六十四辆之多。这一切都是为了作个警示，表示士兵们在警惕着任何人发动的突然袭击。

第三个坑是在经过五年的艰苦发掘和保护工作之后，于1977年开始展示的。在这个坑里的是指挥官的战车和他的卫兵。他们都是些超过1.9米高的异常高大的男子，比在一号坑里的普通士兵高出了约10厘米。

要出土这些脆弱的陶俑，是需要团队合作的一个精细活儿。当地的黏土黏性足够强，可以雕刻出全尺寸的人像。每个陶俑都是事先按部件制作头部和身体分开制作然后组合而成的——这就让工匠们能够制作出多少有点标准化的躯体，而头像则被雕成容貌各异的样子。

保护工作的要求非常严格。除了重新组装许多陶俑之外，保护人员还试图从细小的油彩碎片上，找出陶俑身上穿的是什么颜色的制服。进展缓慢的保护工作着眼于促进旅游开发，始皇帝的兵马俑阵已成为一个重要的国际旅游热点，每年来访的游人不计其数。这是在公共舞台上进行的考古学，考古学家面临着影响陶俑的拥挤和空气污染等问题。

新的发现不断出现。在1998年，在墓地的西南部，人们发现了数以千计的盔甲碎片和头盔——这也许是个军械库的所在地，从土里还发现了更多的东西。

一年后，就在南部的另一个坑里出土了十一个陶俑和一个青铜鼎。从这些精致雕刻出来的人物姿态来看，这些都是杂耍演员，也许是为了在阴间供皇帝取乐。另一个坑里出土了十五位乐伎，她们曾经手持乐器（早就腐烂了），也许是为了让皇帝走在他的花园里的时候，能够随时娱乐。

从另一个坑里，出土了站在水渠边一个平台上的四十六只青铜鸟，其中一只鸟甚至在其喙里还叼着一条（青铜）小虫。就是像这样的偶然发现，才会让你立刻回到过去：叼着虫子的鸟儿提醒着你说，古人也能欣赏美，喜欢安静的池塘和野生动物。

始皇帝陵的规模和复杂性令人生畏。例如，皇帝的马厩放在中央区域之外——在那个地方，真正的马和跪着的马夫陶俑被埋葬在一起。我们不知道活马为什么要被埋葬，在马享有很高地位的国度里，这些马匹或许是最为皇帝所喜爱的。有未经证实的报道说，有一个坑里埋满了皇帝后宫嫔妃的陶俑雕塑，附近还有大批的集体墓地，这让我们想到：皇帝为了追求幸福不朽而造成的巨大的生命代价。

到了最近的2012年，一个有90米长、250米宽的巨大的宫殿建筑群出土了，其中有中央庭院和一座俯瞰着院子的主楼。这些新出土的文物，足够考古学家们在始皇帝的陵园里工作上好几代人了。

还有帝陵封土。中国考古学家们已经暂停发掘，因为他们担心自己的技术水平或资金还没有达到足够的程度——来发掘和保存好墓室。当然，汞污染也造成了危险。

到目前为止，他们依靠地磁仪来测量在土堆深处的不同磁性反应。这些仪器对铁、砖、被烧过的土壤，甚至腐烂的木头和其他有机材料都能进行测量。地磁仪探测表明，封土堆中心的地下有一座宫殿，四周环绕着一堵墙。专家们还知道，在埋葬室里有大量的金属以及良好的排水系统，汞的水平也异常之高——这也证实了早在公元前94年就存在的关于帝陵内部的描述（参见上文）。

解释如何发掘始皇帝陵，学界发生了激烈的争论。考古学家们解释说，他们目前掌握的挖掘方法还略嫌不足，比如在开挖过程中无法减少对一些兵马俑造成的损害。不过，有些人却要求立即进行发掘，声称这样能够阻止盗墓者；另一些人则指出，皇家陵墓可以提供巨大旅游潜力和经济利益。

所有这些因素，都对考古学家们提出了一个重要的问题。旅游产业的需要优先于纯粹的考古吗？成群的游客蜂拥到埃及的吉萨金字塔以及柬埔寨的吴哥窟等地，这引起了人们对重要遗址受到损害的真正担忧。中国的考古学家们知道，发掘始皇帝的墓葬将是本世纪最重要的发掘——即使不说它是从古至今最重要的发掘的话。他们想等到有必要的工具和足够的知识的时候，再来进行这么一项独特的发掘研究。这是正确的。

在辩论纷纷嚷嚷的同时，中国人正在通过发掘其他皇室墓葬来获得经验。公元前74年，汉代宗室在刘贺（前92—前59）掌权二十七天后就把他推翻了。他被废黜了，因为他是一个"荒淫迷惑，乱汉制度"的花花公子。他也没有领袖的才能，所以，朝廷官员让他在江西北部靠近南昌的一个小封国里当了个海昏侯。尽管他被废黜，刘贺还是享受到了帝王的荣华，其帝陵有封着的围墙，里面有十座坟墓，其中有一个是为他妻子建的。

考古学家信立祥带领的一个研究小组，自2011年以来一直就在该地发掘。刘贺的陪葬品包括：共用了78公斤金子的金锭和金盘，十吨青铜硬币和十件青铜大鼎，还有大雁形状的宫灯，以及用活马陪葬的战车。

刘贺的整个棺椁在2015年通过液压升降机被抬离墓穴，并被运送到附近的研究中心进行详细分析。棺材里的印章刻着他的名字，墓主的身份也通过陪葬的一些青铜器皿上的刻字而得到确认。这座汉墓的独特之处在于，它完全未受过盗挖。海昏侯的遗体经过DNA测试，确定了他与其他汉族贵族的关系。按照汉代风俗，玉饰覆盖着他的眼睛、鼻子、耳朵和嘴巴。刘贺的墓葬品之丰富，证明了2000年前的汉代中国有着惊人的财富。

始皇帝陵，是中国考古学家未来所面临的巨大挑战中的一个例子，尤其是要如何处理陪葬甚丰的陵墓。有了越来越精密的科学方法后——比如遥感、DNA测试和对人类骨骼的同位素（放射性）含量的运用——来揭示古人在世时生活中的饮食变化等等这类方法，考古学者的任务将变得容易一些。他们知道，长期的团队项目将是常态，而且发掘必须在文物保护与国内旅游业的巨大需求之间取得平衡。

我们可以肯定，未来一些最好的考古学成果将会来自中国。我们也可以肯定，会有壮观的发现在等待着我们。

第三十二章　水下考古

　　考古学家乔治·巴斯（出生于1932年）是专门研究希腊陆地迈锡尼文明的一个专家，也是世界上顶尖的水下考古专家之一。巴斯在宾夕法尼亚大学就读研究生的时候，碰巧成了一名水下考古学工作者。当时该大学的博物馆需要有人在土耳其西南部的格里多亚角指导从海底发掘沉船的工作，他们选择了巴斯。那时他对潜水还一无所知，所以博物馆送他去当地的青年俱乐部接受潜水训练。这是一个偶然的选择。

　　土耳其海产捕捞员凯末尔·阿拉斯于1954年在海角外的水下瞄到了一堆青铜物件——显然，有艘船过去曾在这里触礁，船底被岩石撞裂开了。当船沉没的时候，这艘船上的东西在27米深的海底散落成一条不规则的线。彼得·索克莫顿，一个美国记者和业余考古学家在这时出现了，他于1959年建档记录了海岸边的古沉船的情况。当时彼得意识到，这艘沉船异常古老；他建议博物馆组织队伍来进行科学发掘，并做一个调查。这是有史以来人们第一次在这样的深水环境下进行考古作业。水下考古学就这样诞生了。

乔治·巴斯首先是个考古学家。他一看到沉船时，就坚持说：在水下考古要和在陆地上用同样的发掘和记录标准。他指出，该商船是从一个地方运载货物到另一个地方，这为我们了解古代贸易路线提供了重要的信息。商船沉没了，把船上的货物带到海底；在过了许多个世纪之后才被人发现，这之前没有人打扰过沉船。因此，沉船不同于陆地上的考古遗址——比如狩猎营地或城市，那些地方经常被移动或重建，并受到各种后来人类活动的干扰——那些地方从来没有像水下沉船的那种"密封"的状态。而在水的深处，往往只有潜水员才能够靠近。

格里多亚角的沉船，躺在光秃秃的海底岩石上。首先，巴斯和他的潜水员拍了照片。他们在水下无法用纸来记录文物的大小和位置，所以他们用的是磨砂塑料片和可以在水下写字的石墨铅笔。船上的货物主要由铜、青铜和手工制品组成，在底部都已经粘成一团。巴斯所能做的，就是用重型汽车千斤顶把整团的东西抬起来，然后进行发掘，队员们在岸上把文物分开。

这批货物被证明很有价值，它们大部分是铜锭，其来源可以追溯到塞浦路斯；还有用来制造青铜武器的锡。当时的金属非常珍贵，船员们甚至用柳条篮子来包装青铜原料。沉船中的许多文物来自叙利亚和巴勒斯坦。巴斯估计，这艘商船曾前往塞浦路斯，装载了铜和金属原料，然后驶往爱琴海。但商船是什么时候沉的？彩绘陶罐子和货物样本的放射性碳年代测定给出的日期是公元前1200年，这艘船沉没的时间为青铜时代晚期。

完成了相对简单的格里多亚角的沉船考古之后，巴斯于1967年移师到了在土耳其西部的海岛亚细亚达附近的一艘拜占庭时期的沉船上。该船上大都是两耳细颈酒罐（很大的陶土贮罐）。他在船上建造了两座水下塔来进行拍照。考古学家们就像在陆地上挖掘一样，在遗址上建立了一个网格；潜水员在网格上方作业，在记录了每件文物的位置后才将文物带出了水面。他们用大吸管把海底的淤泥和贝壳吸走，以便检查文物。

这一次，他们根据船上的硬币确定了沉船的年代为公元7世纪的前半段。船体有足够的部分幸存了下来，让发掘者能够研究它用砖瓦做屋顶的厨房：厨房在船头（船的前段）和船尾（船的后段）之间一半的地方；在船体的深处，有一个瓷砖炉子；餐具和炊具仍然摆放在相应的位子上。

一些铁质物体早就散落在遗址上，在成团的沙子和贝壳里腐朽了。研究小组的一名成员迈克尔·卡特耶夫用锯子锯开锈块，然后注入人造橡胶化合物。当锈团被打破后，他就能看到那些铸造出来的原始工具的样子：双刃斧、木工工具，甚至一个用以填补船舶船体（凿密连接处以便防水）的工具。

水下考古比在岸上挖掘更加耗时。考察亚细亚达沉船的人员潜水了3575人次；船的木材非常之轻，因此潜水员们必须清除船上的沙子，然后用自行车轮子的辐条把船体固定在海床上，以进行测量和记录——否则，脆弱的木材就会在被带到水面之前漂走。一名小组成员弗雷德里克·范多明克研究了每一块船木碎片，甚至画下了每一个连接处和螺栓孔，来绘制出这个21米长的船体——他成功了。不过船首和船尾当时却都很不完整了。

亚细亚达的发掘，规范出了研究所有沉船的基本方法。1967年至1969年间，卡特耶夫在塞浦路斯北部的凯里尼亚发掘了一艘不起眼的、年代为公元前4世纪的希腊沉船，把沉船发掘技术变得更加细化。这艘近15米的商船向船体左侧倾倒，后来裂开了。幸运的是，船体有四分之三的木材存留了下来。

这艘船饱经风浪，船体陈旧，已经修过好几次了。这批货物很难说得上有什么值得一提之处：35吨的杏仁和装满了橄榄油、葡萄酒的坛坛罐罐，还有磨盘。像这样的船只，从始至终都在从爱琴海到地中海东部的塞浦路斯之间的港口间双向航行。凯里尼亚的这艘船之所以算是一个重要的发现，是因为它记录的不是华丽的皇家货物，而是普通百姓在海上进行的日常商业贸易。

在凯里尼亚发掘的是一艘载着普通货物的简陋船只，但在海上还有其他商船载着更值钱的货物。例如，公元前1305年，在土耳其南部的乌鲁布伦悬崖边上的险滩里，有一艘触礁的船只[1]。我们不知道这艘船是因为什么缘故而沉没：也许是突然的暴风雨把船抛到了岩石上。当船员们跳到海里、丧生于海浪之间的时候，货船沉没到了45米深的水底。

大约3300年后，海产潜捞员梅米特·萨基尔向他的船长报告说，他在靠近乌鲁布伦悬崖的海底发现了一些"带着把柄的"金属物体。水下考古学家在那些年里一直在当地的港口举办讲座、展览图片来表示古代沉船看起来是什么样子。他们希望当地的海产潜捞员能够报告他们在海底看到的任何船只。幸运的是，那位

1　乌鲁布伦沉船（The Uluburun Wreck）被西方考古学界视为20世纪的十大考古发现之一，堪与"死海古卷""埃及图坦卡蒙王陵"等比肩，它发现于1984年的土耳其乌鲁布伦海岸附近。这艘公元前1316—公元前1305左右的沉船载有20吨重的金属锭块。

船长去听过这方面的讲座，知道这些"带把"的东西有可能是铜锭；他报告了这个发现。有专业潜水员在1982年来查看了沉船，确认它是青铜时代的一艘船舶。

来自德克萨斯州立农工大学的考古学家杰马尔·普拉克和唐·弗雷于1996年考察了该遗址，他们的大学有一个水下研究的顶尖机构。他们发现了一堆堆没被动过的铜锭和来自塞浦路斯的巨大的贮存罐，散落在超过9米宽的陡峭斜坡上。巴斯称，乌鲁布伦沉船是考古学家的梦想——不是因为它的货物珍贵丰富，而是因为它是一个无价的、密封的"时间胶囊"，里面收藏了来自几个地方的、充满异国情调的物品。对船木的年轮环进行的分析表明，沉船的时间约为公元前1305年。更重要的是，这艘沉船揭示了一条鲜为人知的贸易路线，把埃及与叙利亚、塞浦路斯、土耳其、克里特岛和希腊陆地连接了起来。

这艘商船沉没的时候，正是非常有利可图的地中海东线贸易处于一个竞争十分激烈的时期。南边的埃及，作为一个辉煌的文明，正处于它的鼎盛期；北边的赫梯族人善于经商，也骁勇善战；在西边，克里特岛上宫殿的主人和欧洲大陆上的迈锡尼的国王们，在爱琴海的群岛上交易橄榄油、葡萄酒和其他商品。数以百计的商船航行于地中海东部沿岸和港口之间。

这艘15米长的乌鲁布伦船并无特别之处，它的短桅杆和方形帆在拥挤的码头上很难脱颖而出。只有走近船的人才会注意到，船上装了许多金属锭物。这艘商船运载了如此特殊的货物，让巴斯和普拉克不禁联想到：船上装载的是否为皇家所要的货物？

他们面临着非常复杂的、要花上数年时间才能做好的水下调查工作。沉船的深度带来了严重的问题：潜水员只能在水底待上有限的时间，然后在浮回水面时要吸纯氧以避免生病。在1984年和1992年之间，考古人员潜水了18,686人次，进行了6000小时的发掘，并在接下来的两个发掘季里做了更多的工作。

乌鲁布伦沉船的考古需要非凡的团队合作——这远比在陆地上发掘需要的合作更多。巴斯估计，水下调查一个月所做的实验室分析量，相当于在地面上工作一年所产生的结果。发掘工作开始时，潜水员团队为沉船残骸和一排排金属锭画图定位。每一块金属锭位置的测量，都是在估测船体的弯曲度时必不可少的数据。队员们用手持式测距与定位仪器记录了比如石锚这类大型物体的位置。

乌鲁布伦沉船上的铜和锡，足够造出300套青铜头盔和护身。货舱里有6000多件武器，数量足够武装一个步兵团了。来自哈佛和牛津的化学家和金属专家们分析了铜锭中所含的独特元素，推断铜锭是来自3500年前，铜的主要来源地为北塞浦路斯。锡是在制造青铜时必不可少的东西，它来自哪里很难确定，但可能起源于土耳其中部或阿富汗；铅锭则来自希腊和土耳其。

乌鲁布伦沉船上的金属，主要来自沉船地点的东面；船上的大型贮罐里装满了塞浦路斯的陶器。两耳细颈酒罐的产地，则是更东边的叙利亚和巴勒斯坦的沿岸。船上的一些货物装在来自爱琴海一带克里特岛和迈锡尼的大型罐子里。源自埃及的东西则包括甲虫（神圣甲虫）装饰品和一个刻有象形文字的石匾，而圆柱状的印章（小型的、带有楔形铭文的黏土或石质圆柱）可能产自叙利亚北部的贸易城市乌加里特。

最有可能的情况是，乌鲁布伦商船沿着人们已经开过许多次的环形航线，从叙利亚的迦南港驶向西边的塞浦路斯：一艘船在驶过宽阔的地中海到达北非海岸之前，会往西最远开到（意大利的）撒丁岛，然后回到尼罗河。船上的一些异国物品来自埃及，包括截短了的黑檀木原木——在图坦卡蒙墓中发现的一张床、椅子和凳子，用的就是这种珍贵的黑色木材。

文物中还有黄金物件，包括一枚圣甲虫形的宝石，上面刻有埃及女王奈费尔提蒂的名字，她是图坦卡蒙法老的母亲；包括波罗的海沿岸的琥珀珠；甚至还有一块写字板——所有这些都是在沉船上发现的。根据文物来分析，在这艘构造厚实的船上，船员来自不同的国家。这艘船相当简单笨拙，但它有一个大帆，在起风时可以缓慢行驶。船上有二十四个石锚，船往往一停就会停上好几天，等待顺风来临。密集编织的绳索保护着甲板上的货物和船员。

乌鲁布伦沉船的发掘，是水下考古需要精心组织的团队合作的一个典型的例子。该商船运载了来自至少八个地点的货物，高科技的分析和细致的保护与发掘，为3000年前就有的国际贸易线路提供了一个独特的视角。在陆地上运用同样的方法，则为人们了解来到美国的第一批殖民者展示了意想不到的图像。

第三十三章　遇见殖民者

　　"我们看过去就像身处异邦：他们做事的方法不同。"要了解过去的人，还真需要有一个能够穿越时空的"侦探"，艾弗·诺埃尔·休谟（1927—2017）就是这样一个人。他是最早将历史和考古学融合起来的考古学家之一，这个门派现在被称为历史考古学。他除了是名优秀的发掘家之外，还孜孜不倦地寻找小小的历史线索，以昭示他的发现。他也是一位有趣的作家，他的作品让考古学（还有历史）变得人人都能读懂。

　　诺埃尔·休谟出生于英国，自1949年起开始在伦敦市政厅博物馆（现为伦敦博物馆）工作。他学考古的经历是很艰难的，需要在伦敦受到轰炸袭击后的建筑工地上工作。在一个拥挤的、历史很长而且不断重建的城市里，无法用放射性碳测定技术来测出不同文化层次的年代；诺埃尔·休谟只好通过自学来辨认17世18

世纪时期的陶器和玻璃酒瓶。他成了非常内行的专家。因此，建于殖民时期的弗吉尼亚威廉斯堡历史博物馆于1957年邀请他来研究他们收藏的玻璃和陶器。他担任威廉斯堡的这个考古项目主任的时间长达30年。

弗吉尼亚殖民的先驱者于1607年就乘船到达这里，有关他们的历史记录很不完整。他们的定居点通常是临时的，房子也用木头和茅草建造而成。一旦没人居住，房子很快就会被遗弃而消失。在切萨皮克湾的詹姆斯敦是第一个定居点，这儿曾经是弗吉尼亚的首府——直到1698后不久，在附近的一个被命名为威廉斯堡的种植园成了政府的中心——时间长达八十一年。后来州政府于1780年迁往里士满后，威廉斯堡变得与世隔绝，陷入衰败。这个18世纪的城镇几乎就要消失了。直到1926年，人们开始维修现在叫作"威廉斯堡殖民点"的这个地方；这项工作今天仍然在继续进行。现在的建筑师们，要在很大程度上，要依赖考古学以及历史资料来从事他们的工作。他们认识到，地下往往埋藏着有价值的、看不见的数据。

对诺埃尔·休谟来说，威廉斯堡殖民点是一个理想的地方。其他人之前的工作完全集中在研究建筑上面。但他有不同的观点，他认为：生活在那里的普通人的生活，被忽略在历史的聚光灯之外了。诺埃尔·休谟说话坦率，是个完美主义者。他既有侦探和故事大师讲故事的能力，又有在瓷器和玻璃方面的广博知识，因此他真能给人带来魔幻般的历史考古学术研究。

休谟发掘的第一个地方是维勒伯恩的酒馆，在那里，他改良了自己那已经是很先进的方法。建筑师们知道建筑的布局，但是只有考古学才能揭示酒馆里的生活是个什么样子。他们发现了约有20万件文物，其中包括四十七个被埋在地下的、装满了樱桃的葡萄酒瓶，还从一个12米深的井里找到了硬币和其他东西。酒吧里的生活活灵活现地展现了出来。

诺埃尔·休谟还发掘了一家橱柜店和几栋房子，取得了同样的成功。他最大的考察工作之一是发掘了东部的州立医院。这里曾经安置过精神病患者，并于1885年被烧毁。在1985年重建之前，他发掘了那儿的地基，现在那里是一家博物馆。

沃斯腾霍姆镇是沿着詹姆斯河发展起来的"马丁百户庄园"的一部分（"百户"是美国一个郡下面的分支），这个镇也呈现给考古学家们一个不同的问题。沃斯腾霍姆镇成立于1619年，是一个小殖民地村镇，距离威廉斯堡只有11公里。定居者用低矮的瞭望塔和木栅栏（围栏）建起了一个堡垒，以保护自己免遭印第安人和西班牙海盗的入侵。在1622年3月22日，当地的波瓦坦印第安人袭击并放火烧了村子。房子着火的时候，幸存者逃走了。没有人再回到这里来，这个定居点很快就被人遗忘了。

考古人员在开始调查时，只是从历史文献中知道了一些基本事实。在法院的文件和伦敦的"弗吉尼亚公司"的记录中，这个不算重要的定居点只有很少的笔墨带过。只能依靠考古学来重构建筑，再现居民的生活。沃斯腾霍姆就像海床上的沉船——一张过去的瞬间的闪照。诺埃尔·休谟在发掘了威廉斯堡殖民点之后，成了能够从微小物体中追查历史线索的高手。他在沃斯腾霍姆干得出类拔萃。

诺埃尔·休谟和他的妻子奥黛丽花了五年时间发掘沃斯腾霍姆。他们从1976年开始发掘，并揭示了一个由坟墓、柱坑和垃圾坑组成的拼图。该文化层很浅，所以要找到几乎所有的建筑是相对容易些的。地面下的柱坑描绘出了有两个门的堡垒的轮廓，一个正方形状物显示是瞭望塔的底座，还有一个枪炮平台保护着西南角。

定居者在里面挖了一口井，有一个商店和一个住宅。南边是弗吉尼亚公司的一个大院，里面有一个池塘、棚子和一间长木屋，由另一个木栅栏围着。诺埃尔·休谟还发掘了一个填了泥土的坑。它看起来像一个地窖，但在坑的上面没有住宅的迹象。起初，他感到有些困惑。后来休谟看到了有关新英格兰早期定居者房屋的描述，这是在新阿姆斯特丹（现在的纽约）的人写的，说这是窑屋，屋顶就搭在地面上。一旦业主有些钱了，他们就造一座传统意义上的房子，搬到地面上去。后来休谟找到了窑屋。

住在窑屋里的是什么人呢？发掘者在靠近地基的地方发现了一小截扭绞在一起的金饰——是绅士和军官佩戴的一种装饰。该地于1621年通过的一项法律规定，除了管理委员会成员和"百户长"之外，禁止弗吉尼亚州的任何人在衣服上装饰黄金。"马丁百户庄园"的头头是马丁·哈伍德，是投票通过那项法律的人之一。这件金饰是他衣服上的吗？这个遗址里的另一个发现——一枚大炮炮弹——支持了这个说法。档案馆里的资料再次提供了一条线索：哈伍德是"马丁百户庄园"里唯一被允许拥有大炮的人。

诺埃尔·休谟还发现了墓地，其中埋葬了受袭击的死者。一位曾在英国调查过一件骇人谋杀案的病理学家发现，"马丁百户庄园"里的头骨上的创伤，与一个现代受害者（一个男人用园艺铲子杀死了他的妻子）头上的伤痕相同。

考古学家威廉·凯尔索（生于1941年）跟着休谟学过发掘。

他因曾研究了托马斯·杰斐逊在蒙蒂塞洛种植园里的奴隶住所而闻名。"弗吉尼亚保护组织"于1994年请他去詹姆斯敦海岛发掘，这是欧洲人在弗吉尼亚州最早的定居点。凯尔索的任务是要找到最早的、年代大约为1607年到1624年间的詹姆斯堡垒。

1607年的4月，在切萨皮克海湾，"弗吉尼亚公司"的船只把第一批英国殖民者送上了岸。殖民者在沼泽半岛的上游约80公里的地方建筑了一座堡垒。每个历史学家都认为，最初的殖民者因为发烧害病、与印第安人发生战斗以及遭受饥饿而死光了。殖民者是为寻找黄金而来，结果遭遇了失败。原来的堡垒是一个三角形的建筑，人们都认为堡垒已经被河水淹没了。凯尔索后来证明他们错了。

到了2003年，凯尔索等发掘者发现了堡垒的外围——只有一个角被河水冲掉了。从那以后，凯尔索在堡垒里发掘了几座住宅，找到了数以千计的文物，还有一些居民的遗骨。印第安人在1608年袭击了堡垒，有两人死亡——一个是成年人，另一个是十五岁的男孩，他们被葬在栅栏外的浅坟里。

凯尔索为这一灾难性的殖民活动填补了很多细节。历史学家们一直认为，殖民者装备简陋；但考古学家们已经证明，事实并非如此。他们发现了鱼钩和武器、木工工具和玻璃的痕迹——显然，德国工匠也曾被带到詹姆斯敦，在这里做玻璃器皿，运送回伦敦去出售。

根据新被任命的州长的挖掘命令，他们发现一座建筑的地窖里在1610年装满了废物，其中有数量惊人的美洲原住民使用的箭头和陶器。这可能表明当地的波瓦坦印第安人与殖民者之间曾经有过和平接触——但这种和平接触没有持续多久。

到了1608年，詹姆斯敦陷入了困境：在经过了三个季节的耕种之后，殖民者仍在挨饿。但是饥荒是他们的错吗？凯尔索和他的同事认为不是。他们了解到一项1998年根据当地柏树的树环做出的研究，该研究表明，在1606年和1612年之间，当殖民者刚刚到达美洲的时候，树木的生长急剧减慢。800年来罕见的旱灾非常严重，水资源枯竭，印第安人和殖民者赖以生存的农作物都枯死了。粮食短缺可能是引发双方战争的原因。当然，当旱灾变轻缓时，双方的关系也随之改善了。

威廉·凯尔索在詹姆斯敦的发现，改写了詹姆斯敦的历史：曾经被视为懒惰的殖民者，实际上是勤劳的人——只不过他们经受了一场严酷的旱灾，旱灾几乎让定居点毁灭。在詹姆斯敦可能有一些游手好闲的人，但他们一定为数不多。当然，生活对每个人来说并不都是容易的，有七十二个贫穷的殖民者被葬在堡垒西边简陋质朴的坟墓里。

凯尔索于2010年挖到了考古金矿，他发现了一系列大型柱坑，找到了殖民地第一座教堂的遗址。在这座长方形的建筑东边的尽头，在教堂最神圣的部分祭坛附近，有四个坟墓。遗骨保存不良，很难确定四人死于什么原因。他们的死因很可能是发烧或者饥饿。一个坟墓里有银饰的丝绸腰带；另一个是军事人员，墓里有一个小银盒，太脆了无法打开。调查人员用X光机发现里面有个小的铅囊，里面包着一些骨头碎片——这是宗教里用的圣骨匣，一种装了圣物的容器。天主教徒会用圣骨匣，但新教徒不用这东西。很少有天主教徒住在詹姆斯敦，因为这是一个新教的定居点。

史密森学会的人类生物学家道格拉斯·奥斯利检查了遗骨。

他发现尸骸里有很高的铅含量，这可能是由于当时人们用铅釉或镀锡器皿饮食的结果。在那时，锡釉是锡和铅的一种合金，这对人体是有害的。尸骸骨骼中的氮含量也很高，这表明死者的饮食比大多数殖民者都要好。埋葬记录和考古使人们辨认出了这些墓主：一个坟墓里埋的是牧师罗伯特·亨特，他是到该殖民地的第一位牧师；另一个墓里的费第南多·韦曼爵士是个骑手，大腿特别强壮，他曾监管大炮和马匹；威廉·韦斯特上尉是一位有身份的人，他在二十四岁时与印第安人作战时丧生，他的腰上裹了银色的丝绸腰带；最后，加布里埃尔·阿彻上尉是一个罗马天主教徒，这也就是为什么在他的坟墓里有个圣骨匣。

考古研究和生物研究让我们能够了解当年来北美的第一代英国移民。凯尔索和诺埃尔·休谟的侦探式的工作，通过将美洲和欧洲的历史记录，与从考古壕沟和实验室里获得的数据相结合，让弗吉尼亚的殖民者现出了身影。这种研究所需要的知识广度，远比考古发掘时所需要的知识更广泛。例如，堡垒内的一些建筑物用的是英格兰东部的建筑风格——为什么呢？因为詹姆斯敦最早的移民之一是威廉·拉克斯顿，一个来自林肯郡的木匠。通过考古学、历史学和科学讲述的故事，我们似乎正在殖民者的身边看着他们。遗址上现在建了一个宏伟的博物馆，带领参观者通过考古和文物的发现，去了解一个个引人入胜的故事。

通过詹姆斯敦和沃斯腾霍姆这两个小镇，弗吉尼亚的殖民历史生动地展现在人们眼前。在这里，考古学家以独特的方式，把人作为历史的个体参与者来研究。按考古的标准来看，其时间刻度是很短的，这使得我们可以利用历史资料来填补空白。

要研究年代很久以前的个人，其挑战是非常不同的，尤其如果研究对象是地位较为普通的平民，挑战就会更大。考古学和现代医学的结合，让我们能够研究生活在3000年前的一个人所经历的生活——这样的机会千载难逢。但当一个青铜时代的人骨在阿尔卑斯山的高处被发现的时候，这样的机会就来了。

第三十四章 "冰人"及其那些事儿

1991年9月，德国登山者赫尔穆特和爱莉卡·西蒙在阿尔卑斯山脉的豪斯莱乔克附近、约3210米高处的冰雪融化冲出来的水沟里，发现一个棕色的东西突出在外面。这片山脉处于意大利和奥地利交界的边境。他们意识到这是一个人的头骨、背部和肩膀，脸还埋在水中。

起初，警方认为这是一个登山事故的受害者——该尸体在当地验尸官（验尸官是证明死亡的官员）的解剖表格上被简单地列为第91/619号尸体。但这位官员很快就意识到，该具尸体很有年头，于是就叫来了考古学家。考古学家们在被新的积雪覆盖的该处进行了一次发掘。他们用蒸汽鼓风机和风干机来吹开积雪，找到了草斗篷、用草编织的条条和木头碎片。在这次快速发掘结束时，考古队把该具尸体命名为"奥茨冰人"。冰人把斧头、弓和背包放在一个隐蔽的角落里；然后，他侧身向左躺下，头枕在一块石头上休息。他松弛的四肢显示，这个疲惫的人在睡着后的几个小时内就被冻死了。奥茨就像被保存在冷库里一样，没有受到过干扰。

一个复杂的"侦探故事"展现在人们的眼前。专家们用放射性碳测出尸体的年代在公元前3350年至公元前3150年左右，这是欧洲青铜时代的早期。根据他们的计算，奥茨身高1.6米，在5000多年前死的时候，年龄为四十七岁。奥茨是个自给自足的人，他在路上度过了自己的最后一天。他背着一个木质架子撑起来的皮包，里面有一把石质匕首和一把带木柄的铜刃斧头。奥茨还有一把用红豆杉木做的长弓，一只鹿皮箭袋和十四支箭。他身上还带着多余的箭头，也有晒干的菌类和黄铁矿屑——这是用于取火的东西。

他的服饰很适合在山里生活：他穿着羊皮衣服，腰里系着皮革制作的腰带。腰带上的吊带扣着用山羊皮做的紧身裤。他的外衣是用不同的动物皮毛做的，由黑色、棕色的动物皮毛交织而成，十分坚固。在他的大衣外，他套了一件用草编织的斗篷——直到19世纪，在阿尔卑斯还有人这样穿着；他的熊皮帽子系在下巴下面，为他的头部保暖；鹿皮鞋里塞满了草，那些草用绳子绑在一起，做成了"袜子"，以此来保护他的脚。

身高和年龄的估算是考古例行要做的事情，但是奥茨曾经在哪里生活过？一个研究小组研究他的骨头、肠子和牙齿来回答这个问题。当牙齿长成时，牙釉质是固定的，所以研究人员分析的牙齿里，包含有奥茨在三岁到五岁时吃过的食物带来的化学成分。骨骼则会在每十年到二十年之间再生，所以研究人员也能知道冰人在成年时，在什么地方生活过。

奥茨出生在（今奥地利）蒂罗尔的河谷地带（最有可能的地方是山脉南边的艾萨克山谷）。奥茨骨骼里的化学成分表明，他在成年时到了海拔更高的地方生活。科学家们将注意力集中在奥茨肠道里发现的云母的细小碎片上。他们相信这种矿物质来自用来碾碎食物的砂磨。对石片进行钾氩测年法分析（参见第二十七章）发现，云母石片来自艾萨克山谷西部的下温斯高地区。奥茨的传记完整了：他的童年在低地度过，然后生活在附近的山里，他从未去过离自己出生地60公里以外的地方。

冰人的尸体也提供了丰富的医疗信息。他的骨骼显示出他在九岁、十五岁和十六岁时营养不良。他的肠道里有鞭虫的寄生虫，其虫卵还留在他的肠子里。他的衣服里有两只跳蚤；在室内生火时吸入的烟雾，使奥茨的肺部与今天吸烟之人的肺部一样黑。他的手和指甲由于不断的体力劳动而变形，并且伤痕累累。奥茨的胃是空的，所以他在死的时候，可能是饥寒交迫又虚弱无力。

我们就好像面对面地看见了奥茨。但是他在山上做什么？他是怎么死的？最初，研究人员认为奥茨是自然死亡，也许是被恶劣的天气冻死的。但是当人们发现他左肩深处的箭头时，他们改变了看法。他的一只手上还有匕首扎过的伤口，好像他抵挡过近距离的格斗。DNA分析又派上用场了。样本分析显示，他与至少四个人进行过战斗。最后，让他致命的是箭伤，这个伤导致他流血过多而死。奥茨虽然因故逃到山里，却在高山上因为受伤而死。

由来自许多国家的科学家团队花了巨额研究费用后，冰人的传记完整得令人惊讶，数以百计的科学论文描述了他的身体健康状况。是阿尔卑斯高处的严寒让我们得以研究他：寒冷的环境保存了他的衣服、装备和武器。我们对奥茨的了解，远远超过了对成千上万的那些史前的猎人和渔民，农民和牧民，罗马士兵，中世纪的工匠的了解。他让我们对他和其他人生活的条件是如何困难，有了一个逼真的印象。我们很幸运能从这个平凡的个人身上，了解到了这么多东西。这一发现也提醒着我们：考古学是关于人的，而不是关于物的。

考古学家一直对人类的骨骼深感兴趣。长期以来，我们都依靠人类生物学家来了解古人生活的细节。他们可以通过头骨来确定人的性别和年龄，看出被干苦力活儿摧残的脊椎下部，或因为不断骑马而造成的腿骨弯曲。

最近，我们已经超越了骨骼分析，进而可以看到留下骨头的那些曾经鲜活过的人了。多亏了尖端的医疗技术，一旦有了微小的线索，头骨也能被复制出有血有肉的模样来。人类学生物学家用DNA来追踪人类的迁徙轨迹，用医学成像技术在不用打开木乃伊的情况下，就能对木乃伊进行研究。对骨骼进行化学元素的分析，也能告诉我们古人在哪里生活以及他们喜欢什么样的饮食。多亏了医学科学，我们对"冰人"的了解，比他自己知道的还要多。古代遗骸，无论是保存完好还是仅仅留下骨骼，都是当今考古学研究的热门主题。

数以千计的个体被留存了下来，其中大部分是骷髅，也有一些保存完好的尸体在沼泽中被发现。古埃及和古秘鲁的木乃伊为我们了解贵族和普通百姓的生活提供了大量的信息。医学影像已经能够看穿包裹着木乃伊的绷带，揭示了3000年前古埃及人曾受过口腔脓肿（肿胀）的痛苦，口腔疼痛让他们难受了几个月，甚至几年。

有时，由于发现了被作为祭品的受害者，我们知道了他们在暴力下死亡的过程。在秘鲁，在安第斯南部山脉大约6210米高的地方，美国人类学家约翰·莱因哈德和他的秘鲁籍助理米格尔·萨拉特发现了一个十四岁女孩的木乃伊，她是在五个世纪前的祭品。她穿了一件精致的编织衣服和一双皮革做的鞋子。对她的头骨进行的扫描显示，她死于头部受到快速的一击：她头部伤口的积血把她的大脑挤到了一边。

中世纪战争中徒手搏斗所造成的创伤是可怕的。我曾经检查过在一次这样的战争中死去的人的骨头。在英格兰北部的陶顿霍尔，一个在中世纪战争之后埋了三十八个尸体的葬坑，给人留下了令人震惊的、这种战争野蛮至极的印象。这些遇难者在1461年3月29日的暴风雪中发生的一场血腥冲突中丧生，这场系列冲突被称为玫瑰战争。所有的骷髅都是年龄介于十六岁至五十岁之间的人留下来的。他们生前活跃、健康，身体中带着从小就艰苦劳动的印记，就像人们知道农夫要干的那些活儿一样。一些人的肘关节还有因为拉射长弓而受过伤的痕迹。

大部分死者死于头部受到的野蛮打击，有一个人的脸被剑砍掉一半。另一名男子在近距离格斗中身受至少八处的刀伤，然后因为头部受到打击而身亡。弩螺栓、箭头和大锤造成了可怕的伤害，其中许多是致命的。数名男子的前臂因为想抵御攻击者的打击而造成了创伤，这些人在一场大屠杀中丧生。对任何人来说，当时的生活都是很不容易的：坏血病和佝偻病这两种由于维生素缺乏而引起的疾病，在他们身上也很常见。

除了奥茨，人们对历史上著名的人物也进行了最彻底的研究。拉美西斯法老（前1304—前1212）是埃及历史上最著名的国王。他在年轻时服过兵役，有超过100个儿子（真的有）和无数的女儿。拉美西斯活了很久：他在九十二岁高龄时去世，而当时大多数人的预期寿命只有二三十岁。

法老被做成木乃伊埋葬在国王谷里。法国专家用最新的医疗技术对他的木乃伊进行了研究。他们对国王挺直的鼻子印象很深，其形状因为他的防腐师（保存他身体的人）塞进了胡椒撑起来而得以保持。法老有关节炎、牙槽脓肿和血液循环不良等毛病——鉴于他的年龄，这些都不足为奇。

作为法老，拉美西斯享尽了民脂民膏。但埃及平民的生活肯定是很苦的：他们的日子就是无休止的辛劳。最近有一项研究，调查了阿肯那顿法老（见第十七章）时期的首都阿马尔那一带一个埋葬着劳工的公墓，几乎所有的人都死于二三十岁。他们的骨骼显示出营养不良的印记，而多年的繁重劳动压弯了脊椎，手、腿骨折，并导致了手臂和腿部的慢性关节炎病。

也有年代更近些的统治者，他们的遗体经过历史研究和考古发掘找回来了。英国国王理查德三世（1452—1485）在英格兰中部莱斯特郡进行的玫瑰战争的最后战役中，在与他的对手、未来的国王亨利七世作战时死亡。过去很少有人知道理查德，历史记载说他是畸形的，当然这个说法难以确定，也可能是用来比喻他的不好的性格。

理查德的尸体被剥个精光，送到莱斯特郡那里示众，然后没有经过任何仪式就埋葬在方济会的修道院里。在该修道院被拆毁很久之后，人们还知道他的墓地的地点；但在19世纪之后就没有人知道了。后来经过长期的历史调研之后，人们确定该修道院的地点就位于现在的城市中心停车场的地下。发掘工作于2012年开始。在第一天，人们就发现了两条腿骨，尸骨被塞进了一个有点儿太小的坟墓里，脊椎骨是弯曲的S形，双手位于身体的后面——好像曾被捆绑。所有迹象都表明，尸体是被仓促地埋葬的。

这架骨骼属于一位成年男性，他患有严重的驼背症，因而他的一边肩膀高于另一边；头骨遭受过很大的损伤。这是理查德国王的尸体吗？研究人员转向用DNA来回答问题，从骨架中采集的样本，与该君主在世的后裔们进行的DNA比较，证实了该骨骼确实是身体畸形的理查德三世。他的遗骨被重新埋葬在莱斯特郡大教堂里。

今天的医疗技术正在帮助考古学家们书写历史，其细节之生动，甚至在一代人之前都是不可想象的。一些医生早在20世纪初，就用X光来研究埃及的木乃伊；然而到了现在，我们不仅能够知道某人在哪里度过了他的青春时期，还能知道他去过哪里旅行。我们正在成为"传记学家"，书写着前人的生命故事。

第三十五章 莫切文化中的祭司武士

　　随着壶的旋转，壶身上的彩绘场景讲述着一个完整的故事：故事发生的时间在公元400年左右，一个莫切部落头领坐在秘鲁北部海岸的一个金字塔顶上的凉棚下。他身在阴凉处，傍晚时分的夕阳照亮了他的金色头饰；他的右手拿着一个装满人血的陶土容器。部落头领披着黄金和绿松石的装饰品，显得冷静而严肃；他正俯视着一排被剥去盔甲、夺走武器且赤身裸体的俘虏。

　　一个穿着鸟状服饰的祭司一瞬间就把犯人的喉咙割断，让他们的血溅在一个罐子里。尸体被拖走，随即被等在一边的其他祭司砍成碎片。部落头领喝了更多的血，脸上毫无表情，他的杯子立刻又被装满新鲜的人血。等到部落头领大限来临的那天，他将被埋葬在他所坐的地方，会有另一个祭司武士取代他的位子。

　　这一幕，是出土于莫切的各种各样陪葬陶罐上许多画面中的一个场景。这些陶罐也许也会应用在日常生活中，也会在宴会上出现，有的陶罐还是社会地位的象征。叙事场景显示，武士们在成队奔跑，狩猎驯鹿和海豹，或者是在游行。莫切的陶罐制作者是雕塑家和画家，他们制作的画着重要人物头像的陶罐很有名；同时他们也把陶罐做成鸟类、鱼、羊驼或鹿的形状，甚至还有做得像蜘蛛的陶罐。他们也把陶罐做成玉米、南瓜和其他植物的样子，或者模仿超自然的神灵。我们对莫切文化及其统治者的很多认识都来自这些精湛的陶器，以及来自对莫切头领华丽的葬礼的研究。

莫切邦国于2000年前沿着秘鲁北部海岸一带开始形成，这一带的沿海平原是地球上最干燥的地区之一，因此莫切人靠捕捞太平洋盛产的凤尾鱼为生。肥沃的河谷土壤，有安第斯山脉流下来的水源滋养，使得居民可以在精心灌溉的农田里种植玉米、豆类和其他作物。

随着粮食供应的改善、耕种效率的提高，有少数富裕的家庭爬到了显赫的位子。统治者和他们的家庭是莫切社会的上层阶级，贵族和普通平民之间的界限越来越明显。统治者修建了规模更大的泥砖金字塔和寺庙，这些建筑为精心策划的仪式提供了舞台，而这些仪式只有一个目的：向平民展示他们的统治者与超自然的世界之间，有着密切的联系。

几个世纪以来，成百上千的普通人为了在莫切河边上建起高大的寺庙而辛勤劳作，他们通过服徭役来抵交税——这在秘鲁的早期邦国里是一种流行的做法。太阳神庙（Huaca del Sol）用泥砖搭建于河边。在远离太平洋的内陆，有座超过40米高的神庙。这座金字塔在被洪水侵蚀以及掠夺者破坏之前，有个巨大的祭塔

（一个神圣的地方）呈交叉形状、面对北方。该塔由四个部分构成，呈现出阶梯上升的效果，墙面曾经被涂成红色和其他鲜艳的颜色。今天矗立在那里的金字塔已经很难再现当年的那种宏大规模。曾经住在那里的莫切头领，把该塔当作宫殿和埋葬地。

第二个金字塔：月亮神庙（Huaca de Luna），建在大约500米外的地方；规模较小，有三个平台，由三面砖坯高墙连接和封闭起来。色彩鲜艳的壁画表现了半人半动物的神物。专家们认为，这是统治者祭拜保佑莫切邦国神灵的一个地方。

在一个偏僻的院子里，考古学家史蒂夫·布尔热出土了大约七十位被作为祭品的武士的骨架。他们中的许多人就像陶罐绘画中表现的那样，肢体被砍得四分五裂。表现裸体男人的黏土雕像上，画满了错综复杂的符号，放在一些遗骸的边上。这些祭祀仪式中，至少有两次是在暴雨季节里举办的。在干旱的莫切，暴雨是十分罕见的天气现象，它们由于不规则的厄尔尼诺事件而产生，这是西太平洋复杂的气候变化造成的。厄尔尼诺把温暖的海水带到海岸，扰乱了凤尾鱼的繁衍；它所产生的暴雨也可以在数小时之内摧毁整个农田系统。

莫切的头领是些什么人？我们从彩绘陶罐上知道，他们的政治权力取决于战争的胜利，也依靠精心上演的公开仪式——这就是寺庙和庭院起作用的时候了。你可以想象这样的场景：当太阳在西边落下时，一大群平民百姓穿着他们最好的棉布衣服聚集在太阳神庙的大广场上。鼓声响起，香火的味道随着神圣的火焰缭绕升起，寂静的空气中回响着人们大声的歌唱。灿烂的斜阳映照着山顶上的金字塔入口，当一个（头领）身影出现在小门口时，四处鸦雀无声；他那晃眼的、经过抛光的黄金头饰反射着夕阳，散发着令人眩晕的光辉。太阳终于落山了，那人也消失在黑暗中，仿佛回到了超自然的世界。

莫切陶罐上的彩绘显示出了把人作为祭品和囚犯被杀死的场景，但却很少透露头领自身的情况。我们对他们身边的仪式一无所知，甚至不知道他们的名字。莫切部落没有文字，对指引着莫切社会的强大信念，我们只能进行猜测。但多亏了陶罐制作者的技艺，我们可以观察他们的一些特色。带有仪式感的肖像盘盏，很可能描绘了曾经活着的个人——可以肯定的一点是，他们是些重要人物，因为这些盘盏来自装饰华丽的墓葬。有些头领在微笑，有的甚至大笑；但大多数头领显得严肃、冷峻，显示出莫切头领对自己的权威有着绝对的信心。

所有这些线索，只给人们了解莫切头领们提供了一个模糊的印象，他们的墓葬很少能幸免于盗墓者的抢劫和西班牙士兵的破坏。西班牙人甚至还让莫切河流改道，冲掉太阳神庙的一部分，以便寻找黄金。据说他们真的发现了一些黄金，这就鼓励他们去把神庙冲掉得更多——这一损失让后来找到的西潘头领的宏伟陵墓，成了一个特别重要的考古事件，这是20世纪末考古学的重大发现之一。

盗墓贼在1987年闯入了一个还没被动过的莫切头领的坟墓里，这个墓葬在莫切王国的主要中心兰巴耶克山谷的西潘金字塔深处。幸运的是，秘鲁考古学家沃尔特·阿尔瓦——研究莫切文化的一位专家，几乎马上就赶到了该遗址。他随后组成了一个考古学家和文物保护专家团队，进行了发掘，丰富了人们对莫切王国神秘统治者的认识。

到了2004年，在这座建于公元300年之前的重要庙宇里，发现了十四个坟墓。这个地方被称为神庙，其埋葬室由两个小的土坯金字塔和一个小平台组成。阿尔瓦的发掘，发现了三位西潘头领的坟墓，每个墓主都戴着华丽的装饰品，还有很多的随葬品。

第一个被发掘出来的墓主只有1.5米高，年龄在三十五岁到四十五岁之间。他身穿礼仪服饰，躺在一个土坯墓室里，坚实的长凳摆在他的两侧和头端。送葬者把数以百计的细黏土陶罐放在长凳上的小壁龛里。他们将墓主放在墓室中央的木板棺材里，棺材盖用铜带固定。墓主的头前和脚下都放着尖嘴盘盏。他套着全套礼服（独特的服装），佩戴完整的头饰、黄金的面具和胸饰、耳环以及一些最高级的珠宝。他还戴了两条黄金和白银色珠子的项链，珠子是花生的形状，这是莫切文化里重要的粮食作物。

他并不孤单。五个藤棺里装了成年人的尸体。三个是女性，也许是他的妻子或妾（与男子同睡一张床但未与他结婚的女性）；女子死的时间要早一些。墓里还有两个可能是勇士的男子，其中一个带着作为武器的棒子；第三个男子交叉着腿，坐在一个可俯瞰墓室的位置上。武士们的脚被砍掉了，大概是为了防止他们逃跑。墓室里还有一条狗和两只驼羊。一旦棺材摆放到位，就在墓室上建了一个低梁的屋顶，然后填满了土。

在靠近第一个墓室的地方，第二个墓室于1988年被打开了。这座墓里的人与前一个生活在同一时代，他的随葬品包括一个祭祀碗和与月亮崇拜有关的文物——这个人可能是个祭司。

第三个墓室年代稍微久远一些，但墓主的装饰和衣服表明，该墓主与第一个墓室里的人是等级一样高的人。DNA测试显示，这两个人在母系一方有血缘关系。一个年轻女子和一个被砍断了双腿的战士——大概是墓主的保镖，也躺在坟墓里。

三位头领都穿着精致的、非常相似的装束，在随葬品的陪伴下进入"永生"。这些人到底是谁？繁琐的仪式、精致的鼻子装饰和耳饰、铜质的凉鞋和精致的手镯都清楚地表明：他们是有权有势的人。

我们只能参照这样一个信息来源——莫切盘盏上的绘画。考古学家克里斯托佛·唐南把这些彩绘陶壶放在转盘上，边转边拍下照片，从而"展开"了一幅幅完整的场景。有数以百计的场景描绘了两个人从事战斗，其中一个打败并俘虏了对方。在每一个这样的场景中，胜利者剥掉敌人的衣服，把他的武器捆绑在一起，并在敌人的脖子上绑了绳子——然后，被拴牢的战俘被迫在胜利者面前游街示众。其他的场景则显示，一个重要的人物坐在金字塔顶上面，一排俘虏在他面前展示。然后俘虏们的喉咙被割断，祭司、侍卫和主持仪式的那个人喝着新鲜的人血。

这些仪式中最重要的参与者都戴着一个带有新月形头饰的圆锥形头盔、圆形的耳饰和新月形的鼻饰——西潘的头领们也是如此打扮。唐南称这些头领为祭司武士——他们在莫切社会中监督着最重要的仪式。他指出，这些一代又一代头领的装饰，变化甚少。与他们一起陪葬的文物，几乎都有含义。例如，他们在右边穿金、在左边戴银，以代表太阳和月亮以及日与夜的对应。从墓葬的祭品来看，西潘头领被认为具有某种超自然的力量。他们一定是些富有攻击性的好斗的武士，为了不断抓捕更多的俘虏而组织突袭和发动战争。

莫切头领的墓葬里有如此多的黄金，以至他们的坟墓很少能够幸免于被盗墓者掠夺。这意味着，除了那些在西潘的祭司武士，我们对他们了解甚少。这三个贵族墓葬位于杰克特佩克河口附近一座32米高的多斯卡贝萨斯金字塔内，年代约在公元450年到550年之间。这三位头领身高非凡：每个人几乎都有2米高。人类生物学家怀疑，他们可能患有一种被称为马凡综合症的遗传性疾病，该病使人四肢细长。

其中最重要的一个人戴着饰有镀金铜蝙蝠的头饰，他的鼻饰也是类似的形状。显然，蝙蝠在莫切仪式上占有突出的地位：蝙蝠出现在彩绘陶壶上、在把人作为祭祀贡品和喝人血仪式的场景里。该名男子即使不是一个祭司武士，可能是一个金属师——在莫切社会里，这是一个受人尊敬的职业。

像莫切祭司武士这样的领袖们知道，他们的统治取决于他们是否有能力说服别人，让人们相信他们与强大的超自然的力量之间有着特殊的关联。他们精心制作的服装和装饰品、精心上演的公共仪式和典礼，以及无休止的吟唱，都是为了这个目的；偶尔再杀几个人作为贡品，则加强了这一信息的传递。

要想揭开统治者和被统治者之间的关系，需要慢工出细活儿的野外考古作业，细致的"侦探"工作，并费心费力地去保存好发现的文物。哪怕是像耳环这样的小饰品，都昭示着太阳与月亮、昼与夜之间的对应关系，这是莫切文化信仰的核心部分。祭司武士们认为，自己与超自然之间有着特殊的联系，而这特殊关系赋予了他们力量。为了了解他们复杂的世界，考古学家们不得不依靠许多微小的线索来拼凑出一张图案。多亏了阿尔瓦和他的同事们，我们现在看到了有关莫切统治者的一幅令人难忘的画面——他们的财富甚至可以匹敌埃及的法老。

第三十六章　打通去往宇宙的隧道

　　位于墨西哥盆地墨西哥城以北约48公里的特奥蒂瓦坎[1]，耸立着太阳金字塔。这个巨大的71米高的建筑，让你感觉自己在神的面前渺小有如尘埃——而这正是建设者们所想要的效果。住在特奥蒂瓦坎的人们，生活在一个巨大的神圣地界的中心。这座城中心本身的范围超过21平方公里，包括了盆地以及周围的高地。到了公元100年，至少有8万人曾住在那里；在公元200年到公元750年之间，特奥蒂瓦坎的人口膨胀到15万人以上。当时，除了中国和中东地区最大的城市以外，这里也是世界上最大的城市之一。

　　考古学家在那里考察了近一个世纪。他们了解到，特奥蒂瓦坎是一个巨大的象征性的景观，有人造山脉、山麓、洞穴和开阔

---

[1]　特奥蒂瓦坎（Teotihuacán）是一个同名文明的遗迹所在地。该文明发源于公元前200年左右，对整个墨西哥后来的玛雅文明和阿兹特克文明都有很大的影响。

的空间，是精神世界的再现。在超过八个世纪的时间里，特奥蒂瓦坎人建造了600座金字塔、500个作坊区、一个巨大的市场、2000个公寓建筑群和几个广场或市场。

该市的统治者曾在某个时候决定重建城市的大部分。可能是为了取代拥挤的城市中心，他们在外围建造了标准化的、有围墙的住宅区；其中有些供工匠居住同时当作他们的作坊，其他是军队的营房。来自墨西哥湾沿岸的瓦哈卡山谷和维拉克鲁斯低地山谷的外来者，住在各自不同的居民区里——这一点可以从那个区里出土的独特的陶器风格看出来。

一切都按着纵横方格来排列，街道都以直角相互连通；把城市划分成两半的，是一条南北向的宽阔大道，自从西班牙人占领这里以来，它就被叫作"死亡大道"。

太阳金字塔和月亮金字塔在大道的北端。从公元150年到公元325年之间，城市的统治者将太阳金字塔改造成了目前的样子，并扩大了月亮金字塔，还将"死亡大道"往南延伸了一英里多，把该市新的政治和宗教中心休达德拉圣殿纳入其中。直到本世纪初，人们对这个令人印象深刻的建筑还所知无几。2003年的时候，在墨西哥城的国立人类学和历史研究所开始了一项雄心勃勃的长期计划，以调查和保护休达德拉圣殿。该项目在最近几年里获得了一些辉煌的成果。

休达德拉圣殿建筑群规模庞大，有着深墙大院，可以容纳多达10万人聚集在封闭的空间内，举行重大的公共仪式。羽蛇神是中美洲文明里受崇拜的神灵，羽蛇神庙就坐落在围墙内，面朝开阔的一方。这是一个有六层楼的金字塔，还有一个巨大的阶梯直达塔顶，其中的台阶形成一个个小平台。装饰着这些台阶表面的，是带有羽毛的蛇头，还有像蛇一样的生物，也许是战神蛇。带羽毛大蛇的浮雕也出现在每排的尽头，浮雕上还有表现水的图案。整个寺庙被绘成蓝色，并用雕刻过的海洋贝壳作为装饰。我们还不知道这些颜色、蛇头和其他装饰品代表什么，有可能的是，这些东西代表了宇宙在开创时候的样子——蓝色的平静海洋。

发掘者从零开始。他们先是考查了一座受到严重破坏的寺庙，寺庙受到破坏的部分原因是雨水和地下水位过高，部分原因则是由于游客太多。为保护这一独特的结构，世界文化遗产基金会在2004年提供了资金和技术援助。

墨西哥考古学家在羽蛇神庙旁的大广场里发掘了几座建筑的遗迹。这些建筑物于公元200年时，建造在本是农田的土地上。这些建筑形成了最早的宗教区，其中一个建筑超过120米长，可能是作为一个祭拜礼仪的球类比赛的球场（在这种古老的仪式里，失败的一方可能就会被杀了祭神）。羽蛇神庙的建筑师们在修建现在的休达德拉圣殿的时候，毁掉了这些建筑。

休达德拉神庙前的空地被设计成水池，形成反光的表面。它就像一面水镜一样，象征着在世界和人类被创造之前，就有这面平静的海洋。根据古老的、有关万物起源的神话传说，在时间初始，从一片水里升起了一座神山。所有这一切表明，休达德拉圣殿是举行仪式的地方；在这里，人们重新演绎了有关创造世界的神话。

经过2003年的暴雨之后，羽蛇神庙平台的台阶前，地面凹陷下去，露出了一个深洞。现在，经过多年的工作后，考古学家首次在寺庙地下进行探索。其中，塞吉奥·戈梅斯·查韦斯通过小开口，用绳子吊着降下。他降下差不多14米深后，踩在了坚实的土地上。接着他发现了一条地下隧道：朝东，向着羽蛇神庙，朝西，对着大广场的中心；隧道里堆满了特奥蒂瓦坎人埋放在那里的土砖和雕刻的石头块。

清理和探索地下通道需要周密的规划。在2004年、2005年和2010年，进入地下之前，查韦斯和他的同事们使用地面透视雷达，来绘制地表下的通道。他们发现隧道有100米到120米长，其东部的末端在羽蛇神庙的中心下面。雷达探测显示，在隧道的中部有一个大房间，而在隧道东边有一个更大的房间。雷达探测还为地下考古提供了一个规划行动的方法。

该调查是基于一系列深思熟虑的假设。首先，研究人员假设特奥蒂瓦坎是其居民对宇宙概念的复制品，他们认为神创造了三重世界——天、地和冥界。其平面部分代表了北部、东部、南部和西部，平面的角落意味着世界的角落。

其次，发掘者认为，羽蛇神庙象征着造物的神圣之山，就像从平静的大海中浮现出来的时候那样。寺庙矗立在一个神圣的地点，这个地方是世界的中心。在这里你可以与宇宙的不同层面进行交流。

第三，他们假设有一个神圣的洞穴，该洞穴在神山的下方，是进入冥界的地方。冥界中有神灵和维护宇宙的创造性力量在那里存在。这条隧道有一部分由查韦斯用雷达探测过，它是这个冥界的象征性代表。根据古代宇宙学（关于宇宙起源的信仰或神话）的说法，冥界有它自己的神圣的地理地貌。

最后，他们假设地下通道频繁有人来访，但仅限于那些参与仪式是为了提升他们的影响的人——即统治者。这是那些人通过装神弄鬼的礼仪形式获得"神力"的地方；一些仪式的用品，甚至那些赠送和接受礼物的人的遗体，都可能会出现在这隧道里。

地下发掘始于2006年并持续至今。查韦斯选择在一片大约100平方米的地方开始，他认为隧道的主要入口应该设在那里。地表下约2米，处有一个面积约为5平方米的坑洞，而这洞口有通往金字塔的通道。

文物和石块填满了狭窄的通道，使发掘工作难以规划。查韦斯再次求助于遥感技术，这一次是为了探测地下。他用了激光扫描仪——一种高度精确的测量装置——来计划下一阶段的工作。第一次的测量记录了隧道37米长的地方，2011年的另一次探索达到了73米长。这些测量证实，地底下确实有一条通向金字塔的、很长的隧道，但其确切的整体长度目前仍然还不能确定。

查韦斯接下来用了一个装有摄像机的小型遥控机器人，在隧道里穿过了37米长的距离，以测试其稳定性和潜在的工作环境，并协助发掘以前他用激光扫描过的隧道。在2013年，一个更复杂的机器人带着红外摄像机和微型激光扫描仪，成功地穿过了另外30米长的、过去无法到达的隧道。这可不是一件容易的事情，古代阿兹特克人曾多次来过隧道，并在那里留下了祭品。为了做到这一点，他们不得不强行穿越，经常需要部分拆除超过二十面堵住了隧道的、很厚的墙壁。到了隧道的最里面，整个空间都塞满了祭品，查韦斯和他的同事，是1800年来首批进入隧道的人。

到2013年，发掘工作往隧道里面推进了65米。这次发掘揭开了两个侧室，侧室的墙壁和屋顶用金属矿物制造的粉末刷好，看起来像繁星闪烁的夜晚或波光粼粼的流水一样闪闪发亮。其中一个房间里装了四百多个矿物金属球——这些球体的作用，仍然完全是一个谜。在经过了这两个侧室之后，隧道的深度又往下了2

米，并往东继续挖了35米的长度，在其末端是三个洞窟，各朝着北面、南面和东面。

发掘工作已经出土了超过7.5万件物品，隧道也已经探伸到了长达103米以远、深度离地面有17米的深处。他们发掘出了数以千计的祭品，其中包括玉石、蛇纹石和绿松石等矿物，黑曜石（火山爆发形成的玻璃）和液态汞。与海贝壳一起摆放的，还有数以百计的黏土容器和用抛光的黄铁矿（一种经常被混淆为黄金的矿物）做成的镜子；并且出土了许多不同寻常的黏土容器，还有橡胶球、项链、木质物体和人皮的残片等等。

这些发现意味着什么？查韦斯和他的队友们推论说，休达德拉圣殿是为了表现宇宙的神圣地貌和再现神灵的杰作。羽蛇神庙的金字塔象征着神圣的山脉，作为宇宙中各个层级和区域之间的纽带。地下隧道和寺庙下面的洞穴，把地球上的空间变成了一个潮湿、寒冷、黑暗的地下世界。在那里，统治者获取了加强他们统治的超自然力量。金字塔下的隧道，把城市的统治者带进了冥界，他们从地面上消失，表明他们可以探访另一个未知的世界——而这个行为让他们有能力与超自然领域里的神灵沟通。在这个大型的城市里，每个人都在休达德拉圣殿参加列在仪式日历上的公开仪式。也正是在那里，建筑师们试图建造一个通往冥界的入口。

正在进行的休达德拉圣殿考古项目，不是要快速搜索贵重物品，而是对放在隧道里的物体所带着的含义进行系统、细致的分析。一切东西都带有祭拜仪式上的某种意义——包括隧道在自然水位下开挖，以重建冥界的水系环境。隧道的最后30米，深度更深，因而总是灌满了水——这代表了神灵创造的圣水。

特奥蒂瓦坎的考古工作在一个世纪前就开始了。但是这个城市是那么大，因此考古学家们到现在几乎都还只是蜻蜓点水。目前的重点是研究隧道——不仅仅在休达德拉圣殿本身，而且还在太阳金字塔和月亮金字塔的下面。在这里，对隧道更深处和丰富的祭品以及被陪葬的受害者的研究，将有助于破解这个历史上最伟大城市之一所包含的、复杂的象征意义。

第三十七章 恰塔霍裕克

　　真人一半大小的、黏土做成的雕像，眼睛直视着前方，从博物馆的陈列柜里看着我。有些泥雕有两个头，也许是夫妻合体。当我在房间里走动时，感觉到他们用黑色画出轮廓的眼睛注视着我。我尽可能地靠近一个泥雕，凝视那用贝壳（海螺壳）做成的眼睛。那用黑色沥青（焦油）点画出来的瞳孔，似乎深深地扎进了我的灵魂深处，我被这个大约8000年前与其他三十个泥雕一起埋葬在同一个土坑里的雕塑所施发出来的力量震慑了。

　　这是我少有的一次感受到了古老信仰的力量。另外几次有同样感受的时候是：在法国洞穴和西班牙的阿尔塔米拉看冰河时期的岩画（见第十四章）；在埃及的国王谷，独自一人在一片漆黑的法老墓里待了几分钟；看着黏土陶碗上的绘画，追溯玛雅人有关造物的古老传说……但是我很少有像这样"穿越"的时刻，惊呆在约旦的艾因加扎尔的黏土雕像面前——这些泥雕是用土包着树枝做的,有彩绘的衣服、头发和文身。我觉得自己就像站在祖先面前一样。

像其他早期的农民一样,艾因加扎尔人把自己祖先经过装饰的头颅埋在小屋的地板下。凯瑟琳·肯扬在杰里科建于公元前7000年前的房子里,曾发现了涂有石膏的头颅(见第三十章)。在艾因加扎尔,人们也为他们的祖先做了雕塑,放在房间里的神龛里。即使是在博物馆里看着这些雕像,你也会觉得好像自己家族的先辈正在注视着他们的后人,正在盯着你看。我们对中东早期村民的了解越多,就越能找到证据表明,对逝去先辈的尊重,是当地社会里的一股强大力量。为什么人们要有这样对先辈的关注?

我们从现存的传统社会中了解到,祖先常常被后人认为是一方水土的守护者:他们确保收成的增加和生命的延续,过去的情况也正是如此。自从农耕社会开始以来,对祖先的由衷尊重,一直就是人类信仰的一部分,而且很可能在更早的史前时期就已经是这样。在耶利哥发现的头骨和艾因加扎尔发现的雕像表明,农耕社会的人之所以崇拜祖先,是因为他们要从一个收获季节等到下一个季节的收获才能过活。农作物歉收、饥饿和营养不良,对早期社会和后世的人,都是一样严酷的现实。对生命延续的关注,是早期农耕社会的中心主题,这也就是为什么祖先变得重要的原因。今天,传统社会对祖先的信仰,已经以口头故事或歌谣的形式代代相传给了我们。但是更早期社会的信仰,比如第一批的农民,他们的信仰又是怎样的呢?我们只能依靠考古学和过去的物质遗存来讲述这个故事。幸运的是,一个叫作恰塔霍裕克的土耳其农业定居点，在经过精心规划的长期考古发掘后，为我们了解祖先所发挥的力量提供了一些线索。

詹姆斯·梅拉特（1925—2012）是发现了恰塔霍裕克的英国考古学家，他曾在杰里科跟随凯瑟琳·肯扬学习如何发掘。所以当他看到一个乡村遗址时，就能作出正确判断。梅拉特在20世纪50年代末考察了土耳其中部的科尼亚平原。他本来想寻找青铜时代的遗址，却意外地遇见了恰塔霍裕克的两个土堆，其中较大的一个有20米高。

梅拉特在1961年到1963年间发掘了恰塔霍裕克，挖开了年代约在公元前6000年或公元前5500年前的十三层文化层。他认为在其鼎盛时期，多达8000人曾经住在那里。发掘人员考察了150多个房间和建筑物。这是一个拥挤的地方：房子建得密密麻麻的，没有前门，要从屋顶进出。

这些房间里包括了摆放有黏土公牛头、装饰有石膏浮雕和壁画的神龛，也有小小的女性雕像。梅拉特认为，人们崇拜的是母性女神，这是生育的象征。他甚至认为，一些壁画的图案来自纺织品，其古朴的设计成为现代土耳其地毯的原型。后来由于种种引起人们争议的原因，梅拉特不得不中断他的工作，关闭他的发掘现场。

梅拉特的发掘引起了相当大的轰动。恰塔霍裕克占地13公顷，比该时期大多数的人类定居点要大出不止十倍。许多问题至今仍然没有得到解答，但土耳其当局不再批准新的发掘。直到1993年，另一名英国人伊恩·霍德（生于1948年）开始了一项雄心勃勃的长期研究，该项目一直持续至今。多亏了他精心设计的团队工作，该地的祖先们现在正从暗处浮现出来。

霍德是一位经验丰富、很有想象力的考古学家，是为数不多的、兼具从事这项工作所需要的远见和技能的人。他在发掘中，不仅调动了发掘考古学家，也发动了各门学科的专家。每个人都充分分享信息，包括他们的研究记录。从一开始，该小组就与土耳其当局密切合作；当局同意发掘该遗址，是想把它作为一个潜在的旅游点来开发。

从一开始，霍德就认为，恰塔霍裕克项目的发掘要以人为本。他认为，历史是由人创造的，无论是作为个人还是作为或大或小的群体成员来说。正如我们今天所做的那样，前人与他们同时期的人、与他们的社会，以及与他们的祖先之间相互交流。霍德意识到，恰塔霍裕克有能够揭示这种相互作用的潜力。发掘过程中，长期被遗忘的祖先信仰在以具象物体的形式展现在我们的面前：神龛、寺庙及其他地方。

霍德提出了三项基本原则。首先，我们不能只是通过研究生态学（生物体与环境的关系）、研究技术的发展或研究人们养活自己的方式来看待过去。第二，我们必须将注意力集中在古代社会被忽视的方面，其中包括少数族裔、女性和那些往往是文盲的平民百姓这样无名无姓的人。第三，我们必须始终考虑自己的研究对公众是否有更加广泛的意义。不少考古学家也曾表达过这三原则中的某一说法甚至全部意思，但还没有人像霍德那样，从一开始就真心实践这些原则。

当然，一切都要取决于实地发掘。发掘小组很早就开始思考这两个基本问题：恰塔霍裕克是什么时候形成的？它最早的定居点是个什么样子？在东部土墩的发掘壕沟深及底部，显示了大约公元前7400年前的一个小定居点，在一片湿地附近蓬勃发展。遗址里动物的骨头和种子说明，这里住的是农民。他们还靠吃从周围的环境里捕获的鱼和水禽为生。

有了肥沃的土壤、充足的水源以及农业和畜牧业提供的食品，这个小村庄蓬勃发展了1000年的时间。起初，只有几百个人住在恰塔霍裕克；但是，随着畜牧业起了更重要的作用，他们的人口增长到3500人到8000人之间。梅拉特所发现的，就是在这个时期。这个小村庄发展成建了密密麻麻房子的小镇，这里成了当时远近闻名的一个重要的地方。

村民们很幸运，因为他们住在容易挖到火山熔岩的地方。那里不用花费什么力气就可以开采到黑曜石（火山爆发后形成的玻璃）。闪亮而又精巧的黑曜石是制作石质工具的理想原材料。恰塔霍裕克的居民抓住了这个机会，做了数以千计的标准化的毛坯石块；这些石块很容易携带，并可以磨成锋利的小工具。黑曜石贸易十分活跃，一直卖到叙利亚，甚至卖到了更远的地方。

恰塔霍裕克繁荣起来了，这里发展得非常之好，居住在那里的人在1400年的跨度里把他们的房子重新修建了至少十八次之多，直到公元前6000年人们不再居住于此为止。霍德和他的同事们现在可以真正专注于人及其"声音"。为了达到这个目的，他们发掘了166座房屋——不仅仅是单独的住宅，而且是建在同一地点的、不同时间建过的所有房子。

这一定居点由扁平屋顶的住宅组成，有狭窄的小巷把房子隔开。同样的一群人在同一地点居住并重建房屋，这意味着邻里之间，以及他们和以前住在那里的人之间，有着紧密的亲属关系。将社群团结在一起的，是个人与其家人之间的密切血缘关系，以及其他居住在附近或稍远地区的亲属关系。这些关系也把活着的人和他们的祖先联系起来，这就是为什么亲属关系在恰塔霍裕克是如此重要的原因之一。

该镇的居民从来没有建造过大型的公共建筑、寺庙或礼仪中心，他们做什么事都在自己的房子里面：吃饭、睡觉、制作工具和举行各种仪式。他们也不把死者埋葬到墓地里。日常生活和精神信仰交融在一起——我们知道这一点，是因为许多房屋的墙上都画有人和动物，比如豹子和秃鹰的图案，仿佛动物和人类的祖先都在看着正生活着的人们。许多房子底下都埋着故人，还有野公牛的头骨。死人的头有时会被割下来，脸上涂了石膏；然后，他们的头作为摆设，并一代一代地传下去。所有这些都在展示一个复杂的神话，并给日常生活带来某种象征意义。

我们对这一意义的更多了解，是根据一些显然从未有人居住过的房屋，不同的是，那里是供摆放死者之用。有人居住的房子底下，一般葬有五个到八个人。但这些特别的房子里则埋了更多的人：在其中的一间房子里，在相隔四十年的时间内，共埋了六十二具尸体。这些"葬屋"里放的物品包括有被视为神圣的野牛头骨和公牛头的黏土模型。墙上画有公牛、无头的人和猛禽，显然都是些与神龛有关的东西。

对建造和维护它们的人来说，每座无人居住的房屋都是历史。有时，人们甚至会挖开地板，找出前几代人埋下的珍贵的公牛头骨。他们还有这样一个习惯的做法，就是把牙齿从早期埋葬的尸体上取下来，安放到后来的死者身上。霍德把这几个无人居住的建筑称为"历史屋"，它们是人们可以与自己的祖先以及过去的历史进行交流的地方，用的是为大家所熟悉的那些前人用过的仪式。"历史屋"也可能祭拜了野公牛——对古代中东广泛的农耕社会来说，这些危险动物拥有巨大的精神力量。

人们依赖死者并住在死者头上（房子的地下埋人），并通过反复利用死者身体的部分（比如祖先的头骨），来创造和维护这一历史。无论是人类还是动物的祖先，都会保护死者、房屋及其居民。在壁画中所表现的凶猛动物、无头人体和猛禽之间的关系，增强了生命在此生及来世之间的连续性。

恰塔霍裕克的农民遵循四季变化的日历：春天（播种、出生），夏天（意味着生长），秋天（收获），然后是冬天（死亡）。这是人类生活的终极现实——人们祭拜和尊敬祖先的原因。他们知道自己有一天也会走入历史，这也是为什么女性人体和保佑生育的女神受人尊重的原因：是她们带来了新的生命。

恰塔霍裕克项目的重要性远不限于考古。霍德利用许多专家的发掘和研究，编写了一部深切关注自己祖先的一个社群的复杂历史——这是一个充满了复杂关系和紧张气氛的地方，我们回望的，是一个有着许多嘈杂声音的社区。

还有另外一个声音：现代的当地人。当地的许多农民都参与过发掘工作，恰塔霍裕克是他们历史的一部分，但还远不止于此。该遗址现在正在变成一个考古博物馆，有许多国家的游客来此参观。霍德和他的同事们已经向住在附近的村民们介绍了他们的发现；在土耳其考古学家的帮助下，他们培训了为博物馆提供服务的人员和门卫。霍德甚至写过关于遗址上一个守卫者的人生故事。

来自许多地方的考古学家以及他们的工作，已经成为当地风景的一部分。这就是我们所说的"涉事考古学"——考古学与历史有关，与现代世界有关。考古研究和对考古发现的保护是同等重要的。

考古学家通常把那些与某个遗址有利害关系的人称为"利益相关者"。在恰塔霍裕克，利益相关者也包括来自周围社区的人，还有在工地工作的、来自外国的和来自土耳其的考古学家，以及维持博物馆运作的人。游客也是利益相关者，因为恰塔霍裕克是全人类共同文化遗产的一部分。还有，当我们谈论利益相关者的时候，我们也不能忘记自己的祖先。

第三十八章 察看地形

　　威廉·斯蒂克利（1687—1765）是名律师和医生，也是个古文物研究者，他对英格兰南部巨石阵的石柱圈感到痴迷。他在生活中积极乐观，对过去抱有无穷无尽的好奇心。他处世洒脱不羁，生性聪颖俏皮。斯蒂克利和他的赞助人温切尔西勋爵在1723年爬到巨石阵的三石牌坊（两块直立的石头支撑着一个作为'梁'的第三块石头）的顶上，然后他们在石头上面吃晚餐。斯蒂克利说，只要"头脑冷静"和"脚步灵活"，横放石头上的空间，足够你在那上面跳跳小步舞。

　　抛开他喜欢搞笑这一点不谈，斯蒂克利是一位对古人感兴趣的严肃学者。他认为巨石阵不仅仅是一个奇迹；在更广泛的视野里，这儿还是一个神圣的地方。他完成了对巨石阵的第一次勘测并发掘了附近几个墓葬土墩；最重要的是，他把周围走了个遍。

斯蒂克利敏锐的眼光发现了早已被遗忘的土方工程，包括他所说的"大道"，边上有堤岸和沟渠作为标记。两个世纪后，航拍照片把此条大道追溯到约3公里外阿梅斯伯里镇的雅芳河（又译埃文河）附近。斯蒂克利还发现了一条平行的沟渠，勾画出了他认为是赛马场（他称之为"跑马圈"）的场所；在这个地方的东头还有一个土看台。

威廉·斯蒂克利的实地工作很有感知性和准确性。更早时的参观者只是用几句话来形容巨石阵。而通过在乡野里漫步，斯蒂克利创立了当今考古学的根本方法之一——对古代景观进行系统的研究。

考古学家一直对大而显眼的历史遗迹感兴趣，在对巨石阵的研究中，这种关注点直到最近也是如此。在石圈内和石阵周围的发掘活动，为我们提供了一个临时的（还不是最后的）年表，也带来了很多关于该遗址意义的猜测。只是在过去的几年里，考察人员才扩大了他们的视野——正如斯蒂克利所做的那样——增加了对周围的景观进行相应的考察。斯蒂克利是徒步或骑马走遍乡间的，而今天的考古学家则用电子设备和空间卫星来勘查地形。

好多代人以来，人们一直在思考着如何不用花钱费力地去发掘，就能探索遗址。"非侵入性考古学"——俗称"遥感"——能在不干扰、不依靠发掘遗址的情况下，就对遗址及其周围环境进行研究。遥感最开始依靠航空摄影，而航空摄影在第一次世界大战以后成了考古学的一个得力工具。现在我们有谷歌地球、卫星图像、机载雷达和地表穿透这类技术，这些技术让我们能够探索整个景观。

一些在这个行业里最好的考古学家，已经不再真的想去搞发掘了，因为他们知道，发掘就会破坏历史遗址。当然，有选择的发掘是必要的，这样才能找到确定年代的证据或回答具体的问题。但今天的发掘规模较小，进度缓慢，而且事先经过精心的策划——现在早已经不采用伦纳德·伍利在20世纪20年代到30年代期间在乌尔那样的发掘了。

多亏了放射性碳的测年法和进行了有限的挖掘，我们对巨石阵的了解比斯蒂克利知道的多得多。大石圈竖立于大约公元前2500年，虽然在那之前至少有1000年的时间里，就有人在那里举行仪式活动。但是，过去我们一直对石圈的本身比对周围景观的关注更多一些。这个故事说的是，当遥感技术发挥作用时，我们对巨石阵有了什么样的了解。

文森特·加夫尼是一个遥感专家，他在北海被埋没的冰河时代的多格滩（参见第四十章）进行了开创性的工作。他于2010年开始了一项为期长达四年的巨石阵研究，利用磁力仪和探地雷达描绘出了地表之下遗址的三维图像。他的团队把最新的技术装在四轮车和小型拖拉机上，为巨石阵周围14平方公里的地方绘制了三维图。该研究项目发现了十五个以前不为人所知的石圈、墓葬土墩、沟渠和深坑。事实证明，巨石阵是建在一个复杂而拥挤的地形上，曾有活人在那里居住，死后在那里安葬。

加夫尼考察了斯蒂克利的"跑马圈"，这个地方在巨石阵以北，是一条狭长的地带，有沟渠作为标志，从东向西长度超过3公里。就像斯蒂克利所相信的那样，在巨石阵开始建造前的几个世纪时间里，"跑马圈"很可能是一条神圣的通道。加夫尼和他的同事们在沟渠中发现了几个缺口。这些缺口的作用，可能是作为"通道"，引导从南边和北边来的人，进到东西走向的主道上去。

加夫尼的考察中发现的各种神秘遗址还有待发掘。我们知道，这些遗迹中，有许多对应了一年中最长和最短的白天（即所谓夏至和冬至）时的日出。巨石阵的景观设计具有强烈的精神意义。巨石阵对那些建造起那里的石圈和土方工程的人来说意味着什么，以及巨石阵壮观的景象会激起他们什么样的情感？对于这些，我们目前都还只能猜测；但有些问题，我们现在则可以回答了。

建造巨石阵的农民们生活在一个艰苦的环境中，四季的流逝主导着他们的生活。不管年份是好是坏，象征生命和死亡的播种、生长和收获这样永恒的周期，在岁月交替中轮回。这些是生活在巨石阵环境下的人必须顺从的现实，就像在许多其他社区里的人一样，包括土耳其的恰塔霍裕克人（见第三十七章），都必须听命于这样的现实。幸运的是，位于巨石阵东北部3公里处的杜灵顿墙遗址里的发掘活动，已经帮助我们了解了那儿古老生活中的一些复杂仪式。

杜灵顿墙是一个巨大的圆形土方，俗称"阵"，它曾经有超过3米高，并在其内侧有一个3米深的沟。土方工程占地17公顷，但现在在那儿几乎已经看不到什么了。在它旁边的南侧，曾经立有一个被称为"木圈阵"的木圈。有两个巨石阵大小的木圈，被称为北圈和南圈，就建在这个土圈工程里面。

在大约公元前2525年到公元前2470年之间，在土方工程修造起来之前，这儿曾有过一个在当时的欧洲最大的人类定居点之一，有多达4000人住在约1000座房子里；房子用荆树架起来，有泥墙（用木条贴上泥土）。这些居民可能就是那些建造了杜灵顿墙和巨石阵的人。但在巨石阵附近，则没有发现有建造者建过村庄的迹象。

直到最近，大家都认为这两个地方是在不同的时间建造起来的，杜灵顿墙的建造时间要早好几个世纪。然而，新的放射性碳测年法得来的资料表明，这两个地点的使用时间相同。但为什么巨石阵是用石头建造的，而杜灵顿墙和木圈阵则是用木料建造的呢？巨石阵三石牌坊的石头横条，与在木质结构中用的接口相似，表明其建造者也曾干过木匠活儿。

迈克尔·派克·皮尔逊是一位有着非常广博经验的英国考古学家，他曾经在马达加斯加做过考古工作。在那儿，他与马达加斯加考古学家拉米里索尼拿一起参观了许多墓葬和立起的石头。派克·皮尔逊曾经在埃夫伯里和巨石阵上进行过发掘，并安排拉米里索尼拿访问了这些遗址。拉米里索尼拿看了一眼，就宣称说，用石头建的巨石阵是为了纪念祖先——死者，而用木头筑建的杜灵顿墙是建给活人住的。实际上真的是这样吗？毕竟在巨石阵和附近一带有火化葬地和墓葬土墩，而在杜灵顿墙里就没有这些东西。

派克·皮尔逊和他的团队分析了大量的数据。他们更倾向于采用较为广阔的视野，例如，为什么巨石阵著名的"青石"要从离石圈大约290公里外的威尔士普雷塞利山上一路运来？也许更重要的是，为什么巨石阵要竖立在离最近的水源有近2公里的地方，建在一个相当荒凉的山脊顶上？为什么要花那么大的力气这样搬运石头，还摆成一个像木头栅栏的石头圈呢？

团队研究是解决这些复杂问题的唯一途径。派克·皮尔逊和他的一些考古学家朋友聚集了一个很有才华的研究小组，开展了一项为期多年的"巨石阵河滨研究工程"。研究工作的每个阶段都经过了认真的辩论，不管是在现场、在酒吧或在实验室里，他们都在讨论棘手的问题。接下来是精心组织的一系列发掘和调查，再加上对哪怕是最小的文物都要做的分析。在杜灵顿墙遗址，发掘者找到了一条大约100米长的铺过路面的大道，还有平行的水沟从土方的南面入口一直引到雅芳河。该大道对着南边圈子的入口，而这种安排又是如何对应了更大的巨石阵的景观呢？

团队里有一名成员克里斯托弗·蒂利，曾经研究出了一种被称为"现象学"的新方法来探索史前景观。这种方法试图像古人一样，用古人的眼光来看周围的景观。穿透地面的雷达、地图和其他成熟的测量设备，这些都很好，但观察、了解景观，要比这些更为复杂。首先，研究者必须忽略现代的道路、田野、篱笆和通道。例如，巨石阵的建设者们是如何利用自然景观来设计石圈的？蒂利通过步行，看遍了周围大道和其他古老的地貌，并探看了雅芳河的河道，因为石阵的建造者要使用独木舟在大河与溪流上漂流很长的距离。

蒂利去四处察看时，派克·皮尔逊和他的团队在杜灵顿墙遗址里发掘。他们用机械挖开壕沟上的表土，露出了地基层。一座在地基层的房子面积约25平方米，艰巨的手工发掘发现了这里曾经修建过用黏土糊成墙壁的房子。在墙和地基地板的边缘之间，研究小组发现了曾经放过箱床和储藏柜的浅凹槽；这里五所住宅地面上的泥土，都在实验室用非常细的筛子过滤筛选。

不看巨石阵，就无法理解杜灵顿墙，而我们现在对巨石阵已经了解了很多。在很长的一段时间里，巨石阵被当作一个墓葬之地。巨石阵的建设者把它建在冬至线轴的自然延伸线的末端，最早的巨石阵建于公元前3000年；第二阶段的巨石阵，就是用砂岩质石头建起来的三石牌坊，出现在大约公元前2500年；而用木圈修起来的杜灵顿墙，也在差不多的同时期建起。那些木圈建在一个定居点内，在那里居住的人与他们的牧群来自远方，随着季节逐草而居。

最有可能的是，巨石阵是死者的居所；杜灵顿墙是活人生活的地方。我们知道这一点，是基于两个对齐的地址。周围的风景几乎就像一个巨大的天文台。在盛夏，巨石阵与太阳在日出时呈直线。在日落时，杜灵顿墙大道和遗址的南圈与盛夏的太阳保持一致。

"巨石阵河滨研究工程"是一个很好的、团队紧密结合从事研究的案例，它得益于认真设定的计划和目标。这个团队的专家来自各种各样的专业——其中有些与考古学风马牛不相及。团队成员勇冒风险，提出大胆的问题，而且他们明白知识是要靠积累的——知识积少成多。因此，该项目为今后对巨石阵的深入了解提供了一幅蓝图。

在许多方面，在巨石阵园区里工作的考古学家，代表着考古学的未来。我们不仅仅是发掘某个遗址，而是将之视为更大的场景里的一部分。我们绕了一整个圆圈——又回到了18世纪20年代威廉·斯蒂克利在巨石阵所做的那种研究之中。

第三十九章　照亮不可知的世界

　　对巨石阵的研究，显示了遥感应用在研究过往历史时的威力。再过几年，我们对围绕着石圈的神圣景观就会有更深入的了解。这种考古研究比以往任何时候的规模都更加庞大。但是对巨石阵和杜灵顿墙的研究，和世界另一头的一个不同的遥感研究项目相比，就又是小巫见大巫了。

　　当我在一个炎热潮湿的天气里，第一次看到柬埔寨的吴哥窟时，它的宏观巨制让我彻底折服了。在茂密的丛林里，你突然看到吴哥窟的塔顶刺向天空。黄昏时分，夕阳的余晖在装饰华丽的塔顶上投下柔和的光芒。这个巨大的神坛是个美丽的奇观，其瑰丽和宏伟让人几乎无法想象，我只能惊叹于那个建造这个地方的无名建筑师的构想。这是世界上最伟大的考古奇观之一，其历史连绵延续了上千年。但是废墟被茂密的森林覆盖，使得周围的景观几乎无法察看——至少在当下之前是如此的状况。

在讨论遥感技术运用在这个地方之前，我们要先谈一点背景材料。吴哥窟坐落在湄公河附近，靠近一个名叫洞里萨湖的大湖。这个湖很不寻常：当湄公河在8月和10月之间发大水时，湖的面积扩张到160公里长，最深达16米。随着湄公河水位的消退和湖泊的水面下降，数以百万计的鲇鱼和其他鱼类被困在浅滩中。

肥沃的土壤（十分适合种植水稻）和作为地球上最佳渔场之一，形成了一个非常有利的环境，让成千上万的农民得以谋生。水库和管理良好的运河，将水输送到成千上万公顷的农田里，养育了富裕的高棉文明，使其在公元802年到1430年之间得到蓬勃发展。

起初，洞里萨湖及其周围存在过许多相互竞争的王国，但它们的历史几乎不为人所知。随后，一系列雄心勃勃的高棉国王创造了一个强大的、更加稳定的帝国。他们认为自己是神圣的统治者，并不惜花巨大的代价来为自己建造神坛。吴哥窟及其他几个宏伟的宫殿与神坛，就是盘踞在这里的景观。吴哥窟和附近的吴哥城规模巨大：它们让古埃及的寺庙以及卡瑟伍德和斯蒂芬斯（见第六章）考察过的在洪都拉斯科潘的玛雅人中心都相形见绌。

高棉帝国的统治者创造了至高的王权，他们享受奢华、崇拜财富。所有的一切，包括数以千计的平民的劳动，都是为了国王的享受。公元1113年，国王苏耶跋摩二世开始建造杰作吴哥窟[1]。

这个非凡建筑的每一个细节都反映了高棉神话中的一些元素。在高棉人的宇宙观里，大千世界包括有一个叫作"南瞻部

1　吴哥窟是苏耶跋摩二世（King Suryavarman II，公元1113年至1150年间在位）为供奉印度之神毗湿奴而修建的寺庙。

洲"的中央大陆，其中耸立着一座须弥山。吴哥窟中央的塔顶，比周围的景观高出60米，代表了须弥山的巅峰；其他四个塔则代表了较低一点的山峰。一座气势雄伟的围墙代表环绕着大陆的山脉，而围墙周围的护城河则代表着世外的神秘海洋。

苏耶跋摩二世的杰作，在他死后没能保持多久。在政局动荡了一段时间之后，吴哥窟很快就被遗弃了。另一个君主，苏耶跋摩七世国王，于1151年登上了宝座，他是位佛教徒而不是印度教徒。他建造了附近的吴哥城，它可以说既是个神殿，也是一座首都。

我们很容易就会被吴哥窟迷住。说到底，这是地球上最壮观的考古遗址之一，但它也是考古学家的一个噩梦：该废墟是如此之大与复杂，至今都还没有被完全记录下来。吴哥窟的宏大规模和复杂性，让传统的发掘方法不足以满足其需要。

苏耶跋摩的神殿长1500米长、宽1200米，还有一条很宽的护城河，光是中心区域就有长达215米、宽达186米，要穿过1500米长的护城河的堤道才能走近它。它由装饰有神秘的多头蛇的低墙保护，有三层的广场、护廊和房间环绕着中央塔楼。墙壁上的雕刻表现国王受到官员的膜拜和巡游的场景；有战斗的场面纪念国王的征战；还有美丽的少女在跳舞，祈愿在天堂里得到永生。

宇宙天文台、皇家埋葬地点和寺庙的建筑：所有关于吴哥窟的这一切，都有着宇宙和宗教方面的深刻的象征意义。所有东西都以巨大的规模呈现，该遗址的复杂性和宏伟规模异常醒目，使人们很容易忘记其周围的景观。在过去，甚至连考古学家都没注意到周围的这些景物。

在用上遥感技术之前，对吴哥窟的研究几乎进入了一个死胡同。今天的研究人员受过一些专业训练：利用太空卫星支持的遥感技术来进行研究，他们考虑到了研究周边环境的问题。人们知道，吴哥窟坐落在一个巨大的、人口稠密的地理中心，那里曾经居住和生活着多达75万的人口；但四周的景观现在被茂密的森林覆盖，在厚密的雨林和植被中很难进行测绘工作，因为测量师需要有垂直的"视线"。除非你雇上一小批人，拿着斧头和大刀去砍掉许多树木，否则就很难做成什么事。幸运的是，现在研究人员已经可以用上激光雷达来解决这个问题。

激光雷达——用光来进行勘探和测距——是最早于20世纪60年代用于气象学（大气研究）的激光扫描技术。其工作原理是，当你发出一束光时，它能在目标物体上反射回原点；你测量光线往返物体的时间，就能计算出目标物体的精确距离。因此，激光雷达能够提供非常准确、高分辨率的三维数据。一项调查会产生出数以百万计的数据，再由计算机转换成三维网格。

从考古学家的角度来看，激光雷达比传统的野外调查更加经济、高效。它甚至可以用于地面上，通过非常精准的细节来记录单个建筑。这种先进的技术特别适用于在空中探测位于丛林环境里的遗址，比如像吴哥窟这样的地方。激光设备每秒发送多达60万个脉冲，穿透树叶和其他植被、到达底下的地面。它可以穿过茂密的森林树冠，记录房屋、寺庙和其他建筑物的情况。雨林底下不再有秘密了。

在2012年之前，考古学家克里斯托夫·鲍狄埃、罗兰·弗莱彻和达米安·埃文斯就已经在一系列小规模的研究中，结合实地考察，做过空中雷达探测。令他们吃惊的是，吴哥窟的周围曾经并没有密布的森林，它曾位于一个面积至少有1000平方公里的巨大城市建筑群的中央，估计有75万居民住在这里。考古学家发现了运河和池塘的痕迹，有数以千计的成片稻田被低矮的河岸、住宅群和数以百计的小宗教圣地包围着。但是，哪怕有了这些新的认识，今天的吴哥窟附近被繁茂的森林覆盖，使得考古人员要进行徒步调查几乎是不可能的。

由于对缺乏进展感到沮丧，弗莱彻和达米安·埃文斯他们在2012年求助于激光雷达，因为它可以透过浓密的丛林"看到"东西。埃文斯与负责吴哥遗址的柬埔寨组织密切合作；与此同时，来自澳大利亚、欧洲、柬埔寨和美国的专家小组联合起来，在利用照地雷达探测的同时，结合人力来进行研究。他们将雷达探测的结果与在吴哥窟里精心选择的地面发掘结合在一起。整个城市的景观在研究中渐渐地浮现了出来。

在过去的一个多世纪里，传统的观点认为，吴哥窟是12世纪时的一个寺庙城市和高棉帝国的首都。巨大的围墙里似乎安置了密集的城市人口，特别是统治者宫廷里的相关人员；人们认为，孤立、零落的村庄只是茂密森林间的一部分。激光雷达虚拟式地"清除"了森林覆盖物，使研究人员能够绘制出吴哥窟及其围墙的形状，以及寺庙周围市区的大片区域。

这些新的发现非同寻常。寺庙建筑群比任何考古学家想象过的都要大得多，也更精致。早在附近的吴哥城修建起来之前的半个世纪时间里，吴哥窟里已经有一个发达的道路网；这个道路网远远超过这两个宏大的圣坛，远达吴哥地区所有偏远的寺庙。一条马路和运河网横跨大吴哥地区（包括郊区），那里才是大多数人生活的地方。

几代人以来，考古学家一直认为，古代城市都是紧凑的、人口稠密的实体，比如像苏美尔的乌尔或雅典这样的地方。但是有了戈登·威利早期对玛雅场景的研究，现在又有了在吴哥窟的这些发现，表明了在热带地区，城市的扩张是没有边际、不受城墙限制的。"城市"这个词传统上与古城墙有关，其实比我们所知道的要包含更多的意义。

那些研究吴哥窟的人曾经认为，精英们住在那里，住在最靠近神坛的地方。但是激光雷达调查得出的情况与这个假设相矛盾。这个宏大的寺庙是一个复杂的、相互联通的大场景的一部分；在激光扫描仪出现之前，人们几乎无法看见。当埃文斯和弗莱彻检查激光雷达数据的时候，在地面上工作的研究小组利用他们的雷达进行了仔细的发掘，试图确定到底有多少人曾住在靠近寺庙的地方，以及他们是些什么样的人。他们很想知道，为什么这些人住的地方这么简陋，大部分都是用很快就会腐朽的材料建造的。研究人员现在认为，住在神坛附近的可能不是富人阶层，而是寺庙的工作人员，如僧侣、舞蹈者和官员等等。

遥感再次提供了全面的描述。地面雷达——结合了激光雷达、土壤样品的收集、地面的勘测和选择性的发掘研究——确定了围墙内有大约300个小型家庭式的池塘形成的网格，这远远超过了以前人们所知道的少数几个池塘。利用新发现的池塘和一个中国来客在公元1295年至公元1296年间的描述，考古人员估计，大约有4000人居住在吴哥窟的主要围墙内。

有多少人管理着这个寺庙？该研究团队利用高棉的铭文，计算出管理人员的人数约为2.5万人。但他们大部分住在主围墙之外，可能是在离寺庙很近的地方。同样的题字记载说，另外还有五倍多的人，从事提供食品和其他产品的活动，这些人都住在郊区。

遥感技术为我们提供了一个完全意想不到的观察吴哥窟物流规模的机会。再次感谢激光雷达和早期的遥感工作，我们得以知道：吴哥窟的主要寺庙建于一个由运河、池塘和水库组成的巨大的水系网络之中。这些运河、池塘和水库管理、储存并分流着流经城市的三条小河的水量，最后流入洞里萨湖。其中一个叫作"西大人工湖"的水库就有8公里长、2公里宽。

激光雷达越来越便宜，因此野外考古人员试验了用无人机来运载激光雷达。现在，我们可以看到上一辈人无法想象的那种环绕着古老城市的风景。无论城市是拥挤紧凑还是广为铺开，这些城市的发展都依赖于周边的社区和农业地貌。达米安·埃文斯、罗兰·弗莱彻和他们的同事们完全改变了我们对高棉文明的看法。

激光雷达在别处也被广泛使用。比如在危地马拉的埃尔米拉多这样的古代玛雅人的中心，激光雷达技术可以显示其分散定居点的变迁。在美国马里兰州的安纳波利斯附近，这个技术也被用来描绘殖民时代种植园的发展。

仅仅在一代人的时间里，原来作为考古学家传统标配的铲子，很可能就要再加上各种各样的用气球悬挂、无人机盘旋或卫星传送信号的遥感设备这样的新标配了。

第四十章　考古学的今天与明天

　　想象一下，在一片沼泽地里，有几处凸起的山脊和丘陵，小溪和河水流淌而过。再想象一下，这是在9000年前，一叶独木舟正从高高的芦苇丛中，穿过一条狭窄的河道。阵阵强风吹散了空中的细雨，然而深水静流。女人轻轻地划着桨，她的丈夫站在舟上，手中紧握着刺矛。随着长矛闪电般刺进水中，一条梭子鱼挣扎着冒出水面，惊起一滩鸥鹭。眨眼之间，渔夫把抓到的鱼抛进独木舟，他的妻子则用一根木棒迅速将鱼砸晕并收拾好。水面恢复了平静，捕鱼活动继续进行着。

　　这个故事也许是虚构的，但这并不只是虚幻的场景：这种场面的根据，来源于从北海底部收集到的考古和气候证据。现在，寒冷并且经常是波涛汹涌的海水，把英国与欧洲大陆分离开来。但在9000年前，当全球海平面远低于今天的水位的时候，这里曾经是一片陆地。

地质学家们今天所说的多格兰地区，当时只高于海平面几米。在大多数的时候，这里是一个涝渍的世界，居住在这里的人很多时间都漂在水上。我们从遥感图像上可以知道这里自然景观变迁的细节，但我们对那时人类活动的了解甚少，除了偶然从浅海滩上拾起的骨质鱼叉。我们知道这些人会捕猎和打鱼，因为农业还没有出现。我们也知道，他们生活在一个不断变化的环境中。这里的地势是如此平坦，以至于海平面只要上升几厘米，就会在一代人甚至更短的时间里，淹没独木舟的着陆点或住宿的营地。

最终在冰河期之后，随着全球变暖，多格兰大约于公元前5500年前消失了。幸亏有了考古学，我们越来越多地了解到人们如何适应气候变化（无论这种变化是大还是小）——无论是在多格兰小规模的渔猎族群，抑或是在重大旱灾中濒临崩溃的壮丽文明。我们生活在全球变暖的时代，处于人类活动（19世纪60年代以来的大部分时间）引发的气候变化中。我们的考古学家提供了一个长远的历史观点，来看待气候变化，这为今天人们的担忧提供了独特的探讨视角。

不管是否喜欢，我们都要适应更频繁地出现的"极端天气事件"，比如飓风或旱灾。我们就像早已消失的多格兰居民一样，但现在面临的是全球范围的问题。少量的人群，可以在海平面上升时四处移动；但是今天大城市的众多人口，无法这样做到。

早在规模达到百万人口的城市出现之前，早期的文明就已经受到气候变化的影响。古埃及文明由于尼罗河没有足够的水量而几近崩溃，这是由于公元前2100年的干旱造成的。所幸，当时的法老足够精明，开凿了很多灌溉运河，修建了谷物储藏设施，他们的文明得以持续了2000年。

与此同时，伟大的玛雅城市陷入了社会动荡和混乱，部分原因是因为发生了严重的旱灾。我们从考古成果中了解到，经受不了气候变化的影响并不是什么罕见的事。在这方面，还有在其他许多问题上，考古学让我们了解自己，告诉我们应该如何面对今天的挑战——这些挑战中有许多以前也曾出现过。

考古学一直都是有关人的学科。发生改变的并不只是人本身，而是我们用来研究前人的不同文化层的事物。我们在开始的时候纯粹只是发掘者，想着要找到重大的文物和（有时会想掌握的）知识，我们最喜欢研究的是文明。今天，我们对从人类起源到工业革命，以及第一次世界大战战壕遗址——这所有的一切都会感兴趣。当然，我们仍然发掘雕像和建筑物，或者皇帝的兵马俑军团这样的东西；但是我们也很喜欢在实验室里研究陶罐碎片或动物骨骼，或者讨论玛雅统治者的宗教信仰。考古学正在被新的技术手段所改变，例如激光雷达，它可以揭开整片热带森林下面的所有景观和遗址（参见第三十九章）。我们变得如此专业化，以至于有时会出现忽略以研究人为目的的倾向。

现在很少有真正"壮观"的发现，比如发现某个陪葬丰富的坟墓。可叹的是，考古的珍贵档案正在从我们眼前消失，各地的考古遗址都受到了深度耕作、工业发展和盗掠者的威胁。

在不知情的情况下，成群结队的游客——出于对考古遗址和古代社会遗迹的着迷——正在践踏着金字塔和柬埔寨吴哥窟的石块。与此同时，恐怖组织ISIS（伊拉克和大叙利亚伊斯兰国）和其他犯罪分子蓄意用炸药摧毁了古老的巴尔米拉和尼尼微，并出售从被毁坏的博物馆里掠夺来的文物。

当然，也还有英雄——那些珍视历史并意识到自己是历史的利益攸关者的人。一些国家的考古学家与使用金属探测器的非专业人士联手，这带来了令人印象深刻的发现，包括盎格鲁-撒克逊和维京时期用黄金做的文物。许多商业公司也出力拯救那些因为商业发展而面临威胁的遗址。伦敦的"横轨工程"要在城里修建一条地铁，从一开始就让考古学家参与隧道的承包商的工作。他们从100公里长的地铁隧道超过四十多个工地上，收集了1万多件文物。其中较为引人注目的，是在利物浦街站（伦敦一个重要的站台）的地下发现了约3000具遗骸。其中有42具遗骸来自1665年发生的大瘟疫（即"黑死病"）期间用过的一个墓地。当时有10万伦敦人在那场席卷欧洲的瘟疫中丧生，遇难者在几天之内就会死亡，有的甚至在几小时内就死去。他们身上发出黑疹，经常是倒毙街头。那时没有人知道这是种什么样的致命疾病，它究竟是从哪里来的。

"横轨工程"的研究人员从埋在利物浦街站下的遇难者的牙釉质中提取DNA样本进行研究之前，这种疾病的确切性质仍然难以说清。那些DNA样本带有一种与淋巴腺鼠疫有关的细菌的痕迹，这是由老鼠传播的。DNA证据有力地说明了让这么多伦敦人死去的到底是种什么病。

"横轨工程"探索了伦敦被淹没了数百年的历史。在其他地方，因为城市建设而挖出了一些遗址，然后在发现遗址的公司支持下及时清理了出来，这些清理研究活动进而揭示了历史上的戏剧性时刻。例如，大约3000年前，在英格兰东部靠近彼得伯勒低洼地芬兰兹的沼泽地里，有个小村庄马斯特农场曾经发生过大火。火焰从建在沼泽上的高脚屋烧过；这个定居点很小，建有围栏，村民们逃离火灾现场，身后留下了他们曾经拥有的一切。几分钟后，有五间木屋塌陷没入水中。

这是考古学最能施展身手的时候：一个长期被遗忘的灾难，凝固在某个时光的瞬间里；涝渍地近乎完美地保存了原貌；倒塌的房屋里，一切几乎完好如初。多亏了一个采石场业主的合作，人们现在可以推导出这个引人关注的悲剧故事的由来。

这个遗址被淹浸在水中，考古学家去掉湿泥和细土进行筛选，发现了完全保存下来的小屋子——就好像研究人员只是刚刚走进这些人家一样：在倒塌的屋顶下，部分荆树仍然立在原地；东西扔在地板上、壁炉边上，甚至还有装着食物的黏土盆；还有挂在椽子下的，屠宰好的羔羊骨架的痕迹。

小屋的主人有成排的青铜斧头和剑，以及青铜尖矛（其中有两把被发现的时候还带着完整的木把——这可是一个罕见的发现）。细泥完好地保存了用椴树树皮制成的纺织品——有些纤维比人的头发还细。这是一个基本在水上生活的社区：在小屋附近至少发现了八只独木舟。兹洼地村庄就是英国的"庞贝古城"。

近年来一些戏剧性的发现，揭示了早已被遗忘的自然灾害。赛伦是在中美洲萨尔瓦多的一个玛雅村庄，大约公元580年时因火山喷发而被埋葬。当时在那里生活的人刚吃过晚饭，还没上床睡觉，为了逃命，他们抛弃了房子和财产。

自1976年以来，美国考古学家佩森·希茨和他的团队一直在赛伦工作。他们挖掘了两栋房子、一些公共建筑和三个仓库。很多东西都保存完好，他们已经找到了装着豆子的陶罐、睡垫和园艺工具——有的已经炭化，也有的在灰烬中成了模具。火山喷发掩埋了正在成长和已经成熟的玉米；还有几棵果树，其中有番石榴。

像意大利的赫库兰尼姆和庞贝古城一样，赛伦和英国的马斯特农场让我们近距离观察与详细了解了历史上曾经生活过的古人。归根结底，这就是考古学的意义所在。

考古学是关注发现的——但是今天的发现与半个世纪前所说的，是截然不同的东西。我们追溯了考古学的历史，从早期的像约翰·奥布里、威廉·斯蒂克利和约翰·弗里尔这样的古文物学家，到早期的从欧洲墓葬里挖了一堆艺术品的发掘家。庞贝古城和赫库兰尼姆出土了富有戏剧性的文物。拿破仑将军的科学家们在1800年使古埃及研究变得时髦流行。弗朗索瓦·商博良在1822年破译了象形文字，创立了埃及学。

然后是冒险家，像保罗-埃米尔·波塔、奥斯汀·亨利·莱亚德、弗雷德里克·卡瑟伍德、约翰·劳埃德·斯蒂芬斯和海因里希·施里曼这些人。这是考古学的英雄时代，考古学家揭示了以前未知的古代文明。与此同时，克里斯蒂安·J.汤姆森和J.J.A.沃索在19世纪初，提出了三时代断代体系，为史前时代的研究制定了一些秩序。

随着德国人19世纪70年代在奥林匹亚和巴比伦展开的发掘，冒险和收藏文物的时代开始变化，慢慢地，考古学不再是人们业余的追求。在1900年前后，大多数考古学家都是男性，只有少数女性进入到了该领域，其中包括格特鲁德·贝尔和哈丽特·霍斯。20世纪初是专业精神不断增强和真正壮观的文物被发现的时代，其中之一是：未受过打扰的图坦卡蒙墓，于1922年被揭开。伦纳德·伍利在伊拉克乌尔的发掘是经典式的宏大发掘的活动之一，他对该市皇室墓葬的清理，可以和图坦卡蒙墓的发掘相提并论。到了20世纪30年代，越来越多的专业考古学家到大学里任教。

考古学缓慢而确定地变得更具有全球性——不再仅仅局限于欧洲和中东。格特鲁德·卡顿-汤普森在大津巴布韦的发掘，让世界看到了非洲早期国家的风貌。在佩科斯对印第安人村落的发掘，让美国西南部的考古学（实际上是整个北美洲的考古学）奠定了一个科学的基础。

我们追溯了世界史前史的发展进程，展开了关于农业何时出现的辩论，并加入了利基夫妇和其他人在东非寻找人类第一批祖先的探讨。考古学已经成为一项国际性的事业，考古工作中那些时间漫长、进展缓慢的项目，要研究的是诸如人类的可持续性发展等问题，而不只是为了寻找遗址或给遗址断定一个时间。

考古发掘本身不再是件时髦的事，因为遥感技术已经逐渐实现了考古学家不用发掘就能看到地下的梦想。但考古学仍然令人激情燃烧，它现在具有很高的技术性，让我们能够破译埃及法老的病史；并通过分析遗骸的牙釉质，就能知道某人在哪里出生和曾经在哪些地方生活过。考古学能够帮助解释为什么我们是相似但却又是不同的，它解释了我们为适应环境而改变的生活方式。通过回顾历史，考古学帮助我们展望未来。每一年都有新的发现和技术进步，考古学使人们更容易站到古人的肩膀上眺望——有时候，几乎就像是可以与古人进行交谈。

记得在一个阴郁的日子里，我曾站在英国一座有两千年历史的山顶要塞上。我闭上眼睛，想象着在公元43年，罗马军团和当地居民之间的战斗——进攻者发出的呐喊，剑砍在盾牌上的沉闷声音，伤员的号叫……，在那一刻，我仿佛身临其境。随后，幻觉消失，一阵寒意袭来，我禁不住浑身颤抖。

我们身边的历史就是为了大家能够去体验和欣赏的——不仅仅只是考古学家的工作。所以，当你在下一次参观某个考古遗址时，肆意放飞自己的想象力吧！

译后记

历史是生活的教师，所以古罗马哲学家西塞罗说："一个不懂自己出生前的历史的人，永远是个孩子。"而考古则通过发掘、整理和研究古人在生产、生活中遗留下来的实物，来研究人类社会的历史。考古揭开厚重的尘土，为历史研究提供了生动的实证和细节。如果说历史是"教师"，考古就是个勤奋、扎实、细致的"助教"。

都说"文史哲不分家"，了解考古与历史，还有助于我们理解哲学上的三大问题，即：我是谁？我从哪里来？我要到哪里去？

比如，人们在讨论人类起源问题时，会有不同的说法，而考古学家在非洲大陆发现了许多猿人化石，使我们对于人类历史有了新的认识。由于年代实在太过久远，那些年代常常是以上万年的差距来衡量的，本书第二十九章的故事讲述了考古学家利基夫妇1959年在坦桑尼亚的发现，他们找到了一个几乎完整的猿人头骨化石和劳动工具，经过科学的测定方法，把年代定为距今175万年。1972年，在肯尼亚发现的猿人头骨、腿骨化石和石器，则把年代又向前推进了一大步，现在测定的年代为距今260万年。

放在这么久远的人类历史中来看待自己，看待我们身边的人和事，你是不是能得到一个不同的视角呢?

"考古"并非一般人以为的"挖宝",而是改变人们对历史的认知,为人类文明的发展历史提供依据,也让历史片段有个年代归属。比如,考古学家可以通过交叉断代的方法,即用已知年代的物品来判断某个定居点遗址的年代。

我们高兴地看到,因为和中国的交往,有些地区的历史故事得以保留和讲述。在本书第三十九章中,作者描述了考古学家们在考察柬埔寨吴哥窟大范围的地貌时,利用新发现的池塘和一个中国来客在1295年至1296年间的描述,估算出大约有4000人曾经居住在吴哥窟的主要围墙内。幸运的是,中国的历史文献保存比较完整,浩瀚的古籍让中外文化交流的故事和历史记载得以流传下来,成了境内外考古可以借鉴的资料。

文物是构建历史时间线的重要依据,在本书第二十二章中,作者提到,考古学家们在非洲发掘大津巴布韦遗迹时,刚开始很难断定遗址的年代,后来在发掘的壕沟里发现了从东非海岸带过来的中国瓷器的碎片,而从瓷器的图案可以给这些碎片定出准确的日期,于是,考古学家们肯定地指出,大津巴布韦的年代为公元16世纪,或者再稍早一些时候。

美国考古学家罗伯特·凯利在2016出版的《第五次开始:600万年的人类历史如何预示我们的未来》(*The Fifth Beginning: What Six Million Years of Human History Can Tell Us about Our Future*)一书中说,考古学家的思维方式是观察物质遗存分布的空间和时间模式,运用这些物质遗存重建过去人类的生活。考古学家假定,新的物质类别的出现——诸如石器、陶器、方形房屋、正式的宗教建筑、汽车、电子产品和印刷文字——都暗示了人类生活是如何组织起来的,以及其相关的变化。

这些生动的故事和言简意赅的理论,让人读后倍觉眼界大开。

读书的过程是学习的过程,而翻译则像是研究一本书,不仅需要在文字上精确地解读，更要在内容甚至专业上融会贯通。当年大学毕业后到北京从事新闻工作，有位老记者曾对我说，一个好的记者，就是要能够和各行各业的被采访对象，至少就对方的行业谈论半个小时以上，而不让人觉得你是个外行。同样的，一个好的翻译，至少要在其翻译的领域能和该领域的专家对话，不但要能够熟悉该领域的外延和内涵，也要熟练掌握该领域特有的词汇、语意、行话、动态、发展、变迁，总之，要成为该领域的积极参与者，而不是一个旁观者，当然更不能只是一个偶尔探头探脑看上那么一眼的路人甲。

"信、达、雅"是翻译努力追求的目标。让每一部译作都能达到和原文媲美的程度，让中文读者除了接触到新的知识、新的观点、新的思想外，还能读到精准、简洁、优美的文字，享受阅读，快乐阅读，这正是翻译和出版的价值所在。

在本书翻译中，我承担了主要的翻译工作，甘露则在对原著的理解、资料的整理和校对、译文的把握和通读、跟编辑与出版社的沟通跟进方面做了大量工作；读客文化的编辑沈骏、赵芳葳、许凯南，特别是人民日报出版社资深编辑林薇，他们对书稿提出了许多中肯的建议，在此一并致以衷心的感谢！诚然，译作中疏漏之处在所难免，恳望读者朋友予以指正。

翻译促使我精读。而读书就是一个寻找自我的过程，也代表了一个人成长的过程。听从自己的内心，心无旁骛，志存高远，这是我人生不变的理念，哪怕外界喧嚣嘈杂，哪怕世间风云变幻，我自岿然不动，"则帝力于我何有哉"？！

刘海翔

2020年2月于厦门华厦学院半月楼

马上扫二维码，关注"**熊猫君**"

和千万读者一起成长吧！